汽车维修常用检测工具

主　编　赵　锦　葛建智

副主编　田闯闯　崔宝喜

参　编　李现新　徐玉芹

秦一梅　华　硕　森

机械工业出版社

本书是根据汽车维修行业高素质技能型人才培养的需要，以能力标准为基础编写的。在编写过程中突出职业教育理念，体现“做中学、学中做”的原则，把行业能力标准作为专业课程的教学目标和鉴定标准，按照能力标准组织教学内容，由浅入深，本着“必需、够用”的原则，全面系统地介绍了针对汽车发动机、汽车电器和汽车底盘的42种常用维修检测工具。全书共有3个项目（汽车发动机常用检测工具、汽车电器检测常用工具、汽车底盘检测常用工具）42个教学任务，重点突出应用与学习的结合，能够充分满足学习和工作中的真正需求。

本书将专业内容通俗化、可视化，免费提供与之配套的操作视频，便于学生提升实际操作技能。

本书可作为职业院校汽车检测与维修及相关专业的教材，也可作为汽车服务人员及企业员工的参考用书。

图书在版编目（CIP）数据

汽车维修常用检测工具/赵锦，葛建智主编. —北京：机械工业出版社，2021.6
ISBN 978-7-111-68312-4

Ⅰ.①汽…　Ⅱ.①赵…②葛…　Ⅲ.①汽车－车辆维修设备　Ⅳ.①U472.46

中国版本图书馆CIP数据核字（2021）第094608号

机械工业出版社（北京市百万庄大街22号　邮政编码100037）
策划编辑：陈玉芝　责任编辑：陈玉芝　王振国
责任校对：王　欣　封面设计：王　旭
责任印制：单爱军
北京虎彩文化传播有限公司印刷
2021年8月第1版第1次印刷
184mm×260mm · 15印张 · 257千字
0001—1900册
标准书号：ISBN 978-7-111-68312-4
定价：39.80元

电话服务　　　　　　　　网络服务
客服电话：010-88361066　　机　工　官　网：www.cmpbook.com
　　　　　010-88379833　　机　工　官　博：weibo.com/cmp1952
　　　　　010-68326294　　金　　书　　网：www.golden-book.com
封底无防伪标均为盗版　　机工教育服务网：www.cmpedu.com

前 言

“汽车维修常用检测工具”是职业院校汽车检测与维修及相关专业重要的技术基础课，是汽车类维修技术人员必须掌握的一门应用技术基础课程。

本书是根据汽车维修行业高素质技能型人才培养的需要，以能力标准为基础编写的教材。在编写过程中突出职业教育理念，体现“做中学、学中做”的原则，把行业能力标准作为专业课程的教学目标和鉴定标准，按照能力标准组织教学内容，由浅入深，本着“必需、够用”的原则，系统全面地介绍了针对汽车发动机、汽车电器和汽车底盘的42种常用维修检测工具，突出应用与学习结合，能够充分满足学习和工作中的需要。

本书从对汽车维修工具的认识到对维修工具使用的介绍，既有严谨的专业术语，又有通俗易懂的语言描述，更有配套的操作视频讲解，有很强的针对性和真实性。可视化的教学方式能使初学者在较短时间内掌握技能知识，降低学习难度，提高学习效率。

操作视频观看方式

微信扫描左侧“大国技能”微信公众号

关注后回复“68312＋项目编号.任务编号”

即可观看相应实操视频

本书由赵锦、葛建智任主编，田闯闯、崔宝喜、韩东刚任副主编，参与编写的还有：李现新、徐玉芹、焦方英、秦一梅、华硕和李元森。

由于编者水平有限，书中难免存在疏漏及不妥之处，敬请读者批评指正。

编 者

目　录

前言

项目 1　汽车发动机常用检测工具 …………………………………… 1

任务 1　钢直尺的使用 ……………………………………………… 1
任务 2　塞尺的使用 ………………………………………………… 5
任务 3　刀口形直尺的使用 ………………………………………… 10
任务 4　卷尺的使用 ………………………………………………… 15
任务 5　游标卡尺的使用 …………………………………………… 19
任务 6　千分尺的使用 ……………………………………………… 29
任务 7　百分表的使用 ……………………………………………… 37
任务 8　弹簧秤的使用 ……………………………………………… 42
任务 9　直角尺的使用 ……………………………………………… 46
任务 10　气门弹簧压缩器的使用 ………………………………… 51
任务 11　气缸压力表的使用 ……………………………………… 55
任务 12　燃油压力表的使用 ……………………………………… 61
任务 13　机油压力表的使用 ……………………………………… 65
任务 14　传动带张力计的使用 …………………………………… 69
任务 15　活塞环压缩器的使用 …………………………………… 75
任务 16　散热器测漏仪的使用 …………………………………… 81

项目 2　汽车电器检测常用工具 ……………………………………… 87

任务 1　试灯的使用 ………………………………………………… 87
任务 2　数字万用表的结构与使用 ………………………………… 92
任务 3　冰点测试仪的使用 ………………………………………… 98

任务 4　蓄电池检测仪的构造与使用 …… 103
任务 5　蓄电池的检测 …… 107
任务 6　跨接电缆的使用 …… 115
任务 7　汽车电路检测仪的构造与使用 …… 121
任务 8　跨接线的使用 …… 127
任务 9　解码器的使用 …… 131
任务 10　汽车电器与电路测量 …… 136
任务 11　火花塞测试仪的使用 …… 143
任务 12　示波器的使用 …… 149
任务 13　接地电阻测试仪的使用 …… 158
任务 14　绝缘电阻测试仪的使用 …… 163
任务 15　冷媒检漏仪的使用 …… 169

项目 3　汽车底盘检测常用工具 …… 173

任务 1　定力矩扭力扳手的使用 …… 173
任务 2　千斤顶的使用 …… 178
任务 3　举升机的使用 …… 183
任务 4　制动液检测笔的使用 …… 188
任务 5　制动片检测笔的使用 …… 193
任务 6　汽车手动真空泵的使用 …… 198
任务 7　轮胎压力表的使用 …… 203
任务 8　轮胎花纹深度尺的使用 …… 209
任务 9　前束尺的使用 …… 217
任务 10　车轮动平衡机的使用 …… 220
任务 11　四轮定位仪的使用 …… 225

项目 1

汽车发动机常用检测工具

任务 1　钢直尺的使用

任务目标

通过本任务的学习，学生应实现以下目标：

1. 掌握钢直尺的使用方法。
2. 掌握钢直尺的使用注意事项。
3. 学会对钢直尺的日常保养。

任务描述

掌握钢直尺的使用方法，选用合适规格的钢直尺，对气缸盖长度及制动盘直径进行基本测量，测量完成后对测量工具进行正确归置和保养。

相关知识

钢直尺是最简单的长度量具，一般用不锈钢制成。它可以用于确定两点间的距离，可以粗略地测量出工件的长、宽、高、深和厚等尺寸。它有 150mm、300mm、500mm 和 1000mm 等多种规格，如图 1-1-1 所示。汽车修理厂常使用 150mm（见图 1-1-2）、300mm 两种规格。钢直尺的最小刻度为 1mm 或 0.5mm，而刻线本身的宽度就有 0.1～0.2mm，所以测量时误差较大，一般用于精度要求不高的测量。

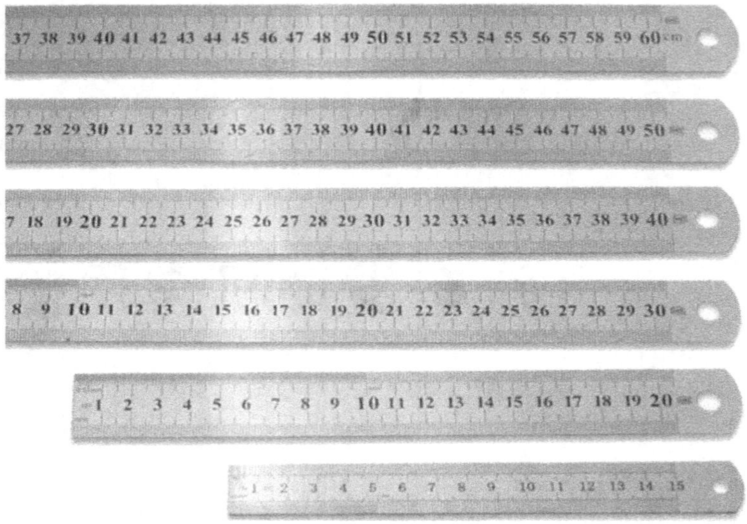

图 1-1-1　钢直尺规格

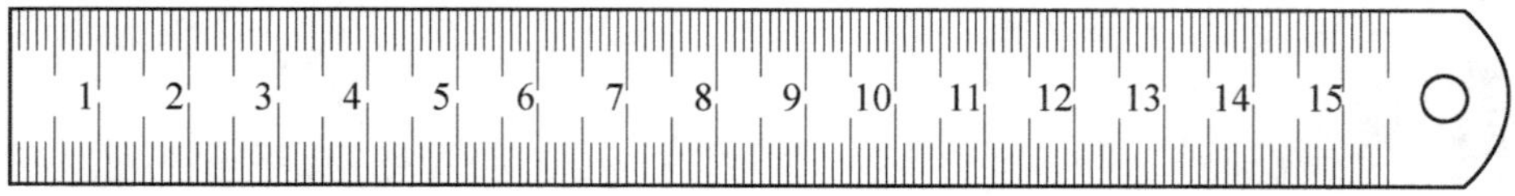

图 1-1-2　钢直尺

任务实施

一、工量具、设备及材料准备

测量所需要的工量具、设备及材料见表 1-1-1。

表 1-1-1　测量所需要的工量具、设备及材料

材料及工量具名称	数　量	是否准备
钢直尺	一把	是□　否□
气缸盖	一个	是□　否□
制动盘	一个	是□　否□
抹布	一块	是□　否□

二、钢直尺的正确使用方法及测量步骤

钢直尺是一种非常常见的测量工具，也是各种尺子中应用最为广泛的，但是

很多人并没有真正正确掌握它的使用方法，而且在读数记录时也存在着很多不规范的现象。那么如何正确使用钢直尺呢?

钢直尺的正确使用方法如下:

1）根据工件的实际尺寸，选择满足测量要求的标称长度和示值精度，见表1-1-2。

表1-1-2　钢直尺的标称长度和示值精度

标称长度/mm	50、150、300	500	1000
示值精度/mm	±0.10	±0.15	±0.20

注：尺的端边至第一条线纹的示值误差为±0.08mm。

2）使用钢直尺时，应以左端的“0”刻线为测量基准，这样不仅便于找正测量基准，而且便于读数。

3）测量时，将钢直尺有刻度的一面向上，钢直尺的侧面应与工件被测尺寸的轴线重合或平行。尺要放正，不得前后、左右歪斜；否则，从尺上读出的数据会比被测的实际尺寸大。

4）用钢直尺测量圆柱形工件的圆形截面直径时，钢直尺的端面要与被测面的边缘相切，然后左右摆动钢直尺，找出最大尺寸，即为所测圆形直径尺寸。在测量矩形工件时，尺的端面要与工件垂直并对准零位。

5）读数时，视线必须与尺面相垂直，以免读数产生误差；被测平面要平，否则测出的数不是被测件的实际尺寸。

钢直尺的几种测量方法如图1-1-3所示。

知识拓展

在使用钢直尺前应注意检查其是否存在影响测量性能的外观缺陷，钢直尺的端面、侧面及背面应光滑平直，不应有毛刺、锋口、锉痕和弯曲等现象；钢直尺的刻度面及刀口平面不应有磨损、锈迹及影响使用的明显斑点、划痕，如图1-1-4所示；线纹必须明晰，垂直到侧面，不应有目视可见的断线现象存在。在使用钢直尺后，应使用干净的丝绵擦去尺面的油垢，然后悬挂起来，使其自然下垂，如图1-1-5所示。若没有悬挂孔，可将钢直尺擦净后平放在平板、平台或平尺上，防止其受压变形。若较长时间不用，则应将钢直尺涂上防锈油，存放在温度低、湿度低的地方。

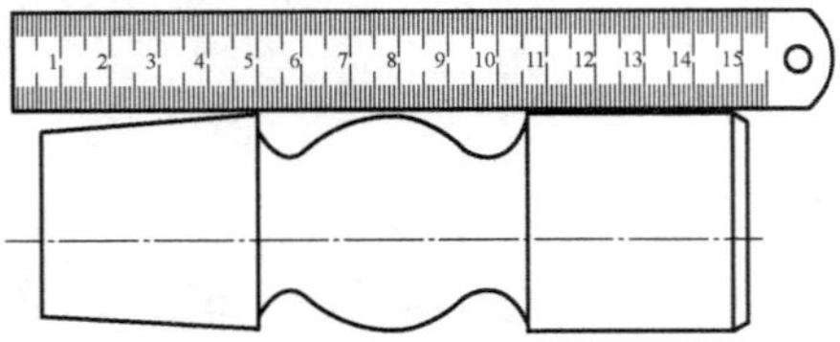

a) 测量长度

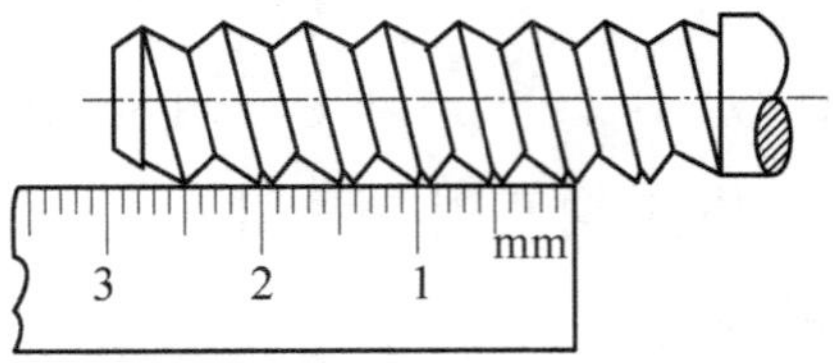

b) 测量螺距

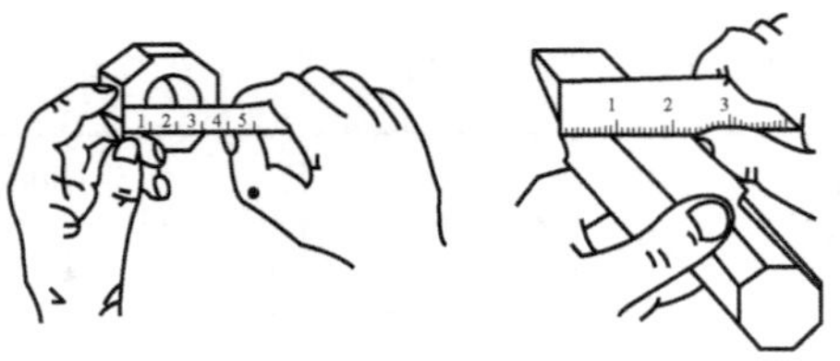

c) 测量宽度

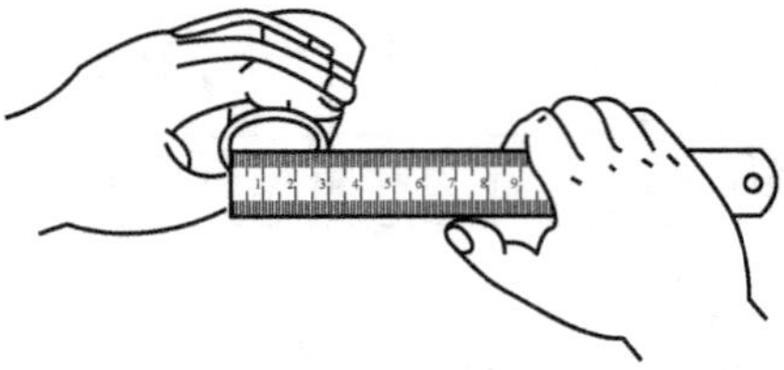

d) 测量内孔直径

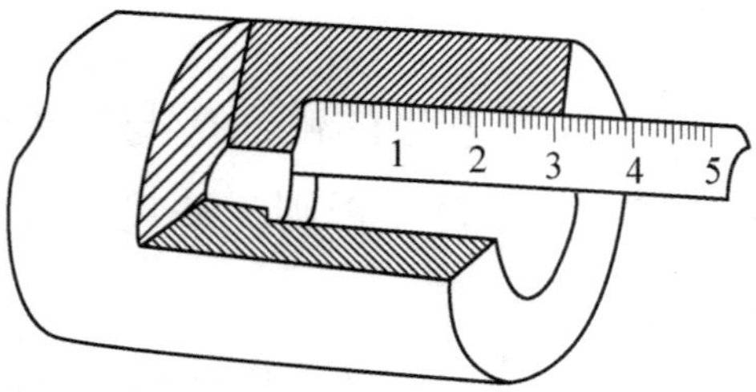

e) 测量深度

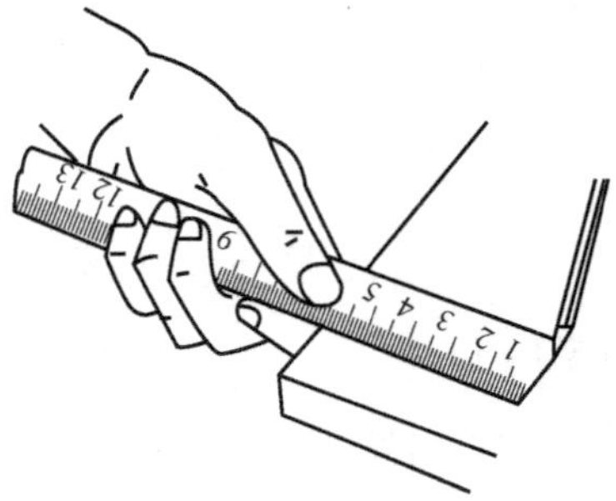

f) 辅助划线

图 1-1-3　钢直尺的几种使用方法

图 1-1-4　钢直尺磨损

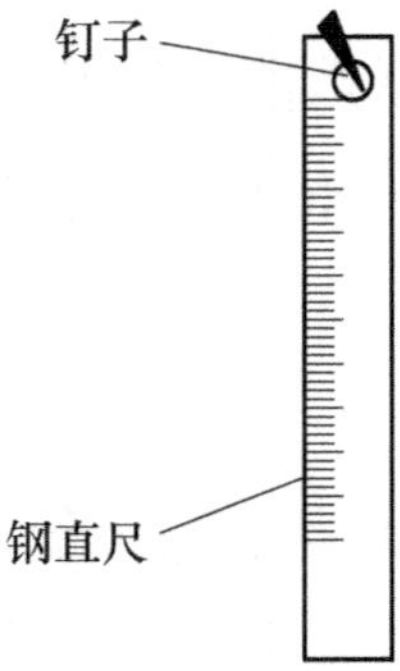

图 1-1-5　钢直尺悬挂存放

知识巩固

一、填空题

钢直尺是最简单的长度量具，一般用________打造而成。

二、选择题

1. 汽车修理厂经常使用的钢直尺的规格有（　　）。

A. 150mm　　B. 300mm

C. 500mm　　D. 1000mm

2. 钢直尺的最小刻度为（　　）。

A. 1mm　　B. 0.5mm

C. 1.5mm　　D. 0.05mm

三、判断题

1. 钢直尺的测量误差较大，一般用于精度要求不高的测量。（　　）

2. 使用钢直尺时，应以左端的“0”刻线为测量基准。（　　）

四、简答题

使用钢直尺有哪些注意事项？

任务2　塞尺的使用

任务目标

通过本任务的学习，学生应实现以下目标：

1. 掌握塞尺的使用方法。
2. 掌握塞尺的使用注意事项。
3. 能对气缸活塞环开口间隙进行测量。
4. 学会对塞尺的日常保养。

任务描述

掌握塞尺的使用方法；选用合适规格的塞尺，对气缸活塞环开口间隙进行测量，测量完成后对测量工具进行正确归置和保养。

相关知识

一、塞尺的用途及结构

塞尺又称为间隙片。成组塞尺由保护板、塞尺及连接件组成，塞尺则由许多厚度不同的单片塞尺组成（图 1-2-1），常用来测量零件之间的小间隙，主要用来检验汽车活塞与气缸、活塞环槽和活塞环、十字头滑板和导板、进排气阀顶端和摇臂、齿轮啮合间隙等两个结合面之间的间隙大小。每把成组塞尺中的每一片均具有两个平行的测量平面，且都有厚度标记，不同厚度的单片塞尺可以组合使用。

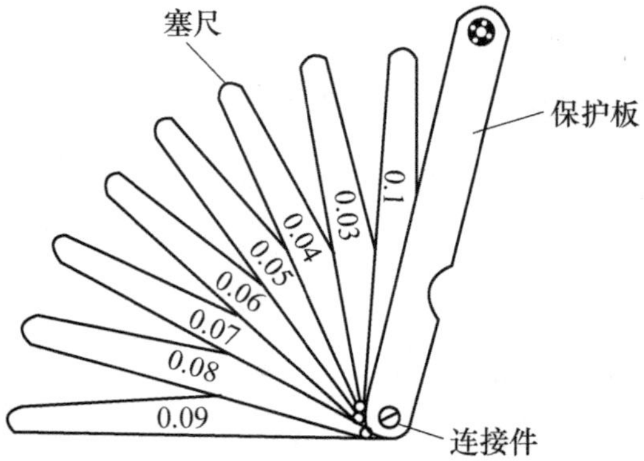

图 1-2-1　成组塞尺的外观及结构

二、塞尺的规格

常用的塞尺长度规格主要有 50mm、100mm、200mm 三种，每个单片塞尺上都会标出厚度，单位为 mm，最薄的为 0. 02mm，最厚的为 3mm。测量时，可根据结合面间隙的大小，用一片或数片重叠在一起塞进间隙内。当用 0. 03mm 的一片能插入间隙，而 0. 04mm 的一片不能插入间隙时，则说明间隙为 0. 03 ~ 0. 04mm，所以塞尺也是一种界限量规。

任务实施

一、工量具、设备及材料准备

气缸活塞环开口间隙测量所需要的工量具、设备及材料见表1-2-1。

表1-2-1 测量所需要的工量具、设备及材料

材料及工量具名称	数量	是否准备
成组塞尺	一把	是□ 否□
气缸体	一台	是□ 否□
活塞环	一个	是□ 否□
抹布	一块	是□ 否□

二、塞尺的正确使用方法及测量步骤

塞尺可以单片使用，也可以多片组合在一起使用，以便获得所要求的厚度。塞尺的正确使用方法如下：

1）检查塞尺的外观，塞尺应无锈蚀、划伤、缺损及明显磨耗，被测表面应无金属屑和毛刺。塞尺绕连接件转动应灵活，不应有松动和卡滞现象。

2）用干净的抹布擦拭塞尺测量表面以及测量工件的表面，不能有油污或其他杂质，必要时用磨石清理，否则会影响测量结果的准确性。

3）形成间隙的工件必须相对固定，以免因松动导致间隙变化而影响测量结果。

4）使用塞尺测量时，应根据间隙的大小，先用薄片试插，逐步加厚，可以一片或数片重叠在一起插入间隙内，插入深度应在20mm左右，当来回拉动塞尺稍感阻力时，说明该间隙值接近塞尺上的数值，累计插入塞尺的尺寸即为被测间隙的尺寸。因为组合使用塞尺将产生较大的误差，所以组合塞尺片数越少越好，最好不要超过3片。

使用及注意事项：

因为塞尺的钢片很薄，所以操作时应当特别仔细，否则稍不注意就会将塞尺扭曲损伤。如果是若干塞尺重合在一起使用，就应将最薄的塞尺夹在中间。塞尺在使用前必须先将尺面擦拭干净。

在台面（平面）上塞缝的操作方法如图 1-2-2 所示，先将塞尺前端一小段塞进缝内，左手拿保护板，右手食指（尽量靠近工件）压住塞尺，靠手指与塞尺的摩擦力（有时衬上细纱布）轻轻地小心往前推（这种方法主要用于 0.10mm 以下的薄塞尺）。

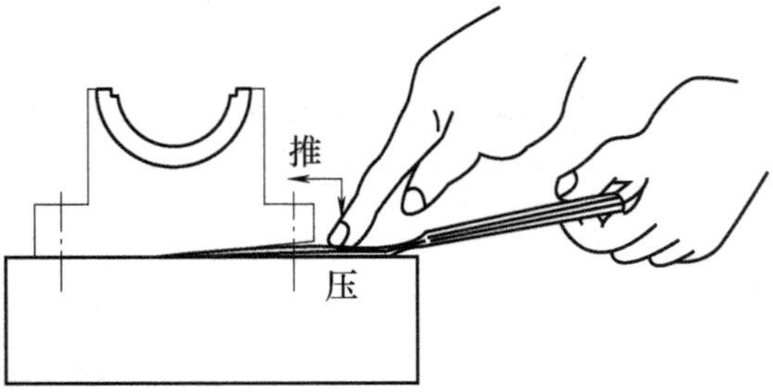

图 1-2-2 在台面上塞缝的操作方法

在弧面上塞缝的操作方法如图 1-2-3 所示，与上述相同，但塞尺要贴在外弧面上。

在立缝上塞缝的操作方法如图 1-2-4 所示，左手拿保护板，右手拇指、食指尽量靠前捏住塞尺，其他三指自然收拢，轻轻地试着向里插。

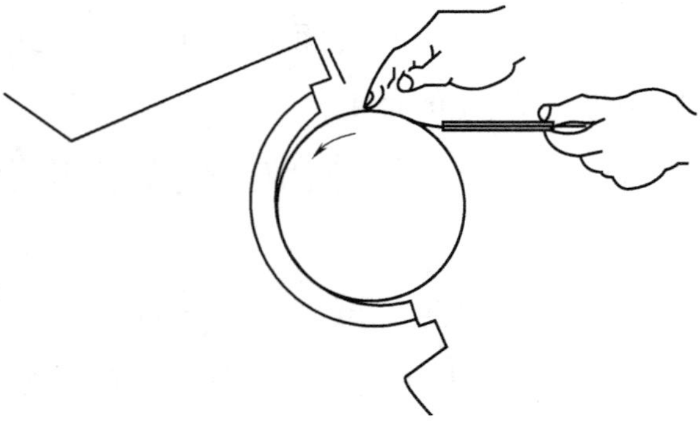

图 1-2-3 在弧面上塞缝的操作方法

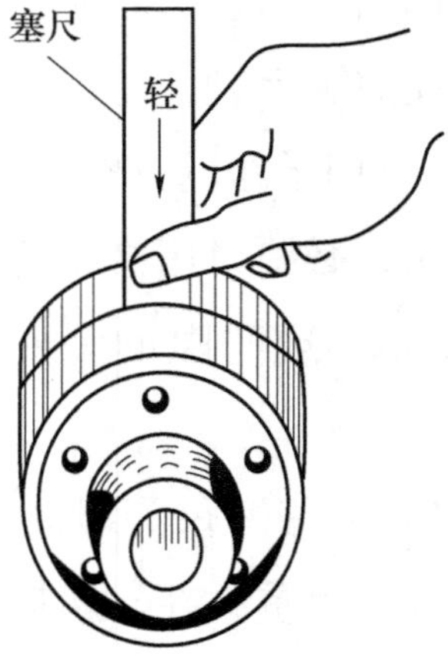

图 1-2-4 在立缝上塞缝的操作方法

知识拓展

一、塞尺的使用保养注意事项

1）塞尺较薄，测量时不宜用力过猛，以免造成塞尺变形或断裂。

2）不允许用塞尺测量温度较高的零部件。

3）塞尺使用完毕，应将塞尺擦拭干净，以防发生锈蚀和变形。

4）塞尺应置于无酸性、无碱性的空间保存，不应与锤子、钳子、刀具等其他工具混放、叠放。

二、修整塞尺

由于塞尺很薄（有的只有0.02mm），工作中难免扭曲损伤，曲伤的塞尺有时可剪去一段，但这种方法非不得已建议尽量不要采用。曲伤的塞尺应当设法修正后再用。修正方法是将塞尺从保护板上取下，放在滚压机上碾平，但这种设备一般工厂不一定具备。塞尺修正办法如图1-2-5所示，将曲伤的塞尺凸面朝上，放在光平的台面上，用一块顶端（立面）修平的硬木按在塞尺上向前推压，用力要适当，并且在整个尺面宽度上受力要均匀。

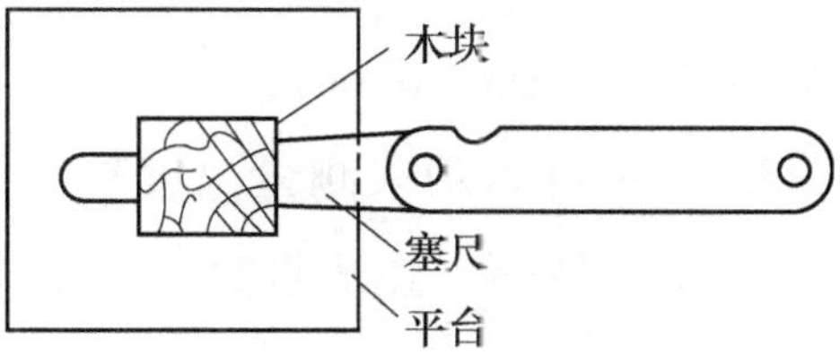

图1-2-5　塞尺修正方法

塞尺用过后，要擦拭干净，涂上防锈油，妥善保管。

知识巩固

一、填空题

1. 塞尺又称为______。成组塞尺由保护板、塞尺及连接件组成，______则由许多厚度不同的单片塞尺组成。

2. 常用的塞尺长度规格主要有______ mm、______ mm、______ mm三种。

3. 由于组合使用塞尺将产生较大的误差，所以组合塞尺片数越少越好，最好不超过____片。

4. 塞尺应置于______、______的空间保存，不应与锤子、钳子、刀具等其他工具混放、叠放。

二、选择题

1. 塞尺的基本形式有（　　）。

A. 扁片式塞尺　B. 线式塞尺　C. 阶梯式塞尺　D. 分段式塞尺

2. 塞尺可以用来检验（　　）的间隙大小。

A. 活塞与气缸　　B. 活塞环槽和活塞环

C. 十字头滑板和导板　　D. 进排气阀顶端和摇臂

三、判断题

1. 成组塞尺的每个单片塞尺上都会标出厚度，单位为 mm，最薄的为 0.05mm，最厚的为 3mm。（　　）

2. 当用 0.03mm 的一片能插入间隙，而 0.04mm 的一片不能插入间隙时，则说明间隙为 0.03 ~ 0.04mm。（　　）

3. 塞尺可以用来测量温度较高的零部件。（　　）

4. 塞尺较薄，在测量时不宜用力过猛，以免造成塞尺变形或断裂。（　　）

任务 3　刀口形直尺的使用

任务目标

通过本任务的学习，学生应实现以下目标：

1. 掌握刀口形直尺的一般使用方法。
2. 掌握刀口形直尺的使用注意事项。
3. 掌握气缸平面度误差检测的方法及步骤。
4. 掌握刀口形直尺的日常保养方法。

任务描述

掌握刀口形直尺的使用方法；了解气缸平面变形的原因，运用刀口形直尺及塞尺对气缸平面度误差进行检测，测量完成后对测量工具进行正确归置和保养。

相关知识

一、刀口形直尺的原理、规格和用途

刀口形直尺分为刀口尺、三棱尺、四棱尺。刀口尺如图 1-3-1 所示。它主要

用于以光隙法进行直线度误差测量和平面度误差测量，也可与塞尺一起用于检验平面精度。它具有结构简单、重量轻、操作方便和测量效率高等优点，是汽车维修过程中常用的测量工具。

刀口尺的规格主要有75mm、125mm、200mm、300mm、400mm和500mm，精度等级分为0级和1级。

图1-3-1 刀口尺

1. 对于刀口形直尺的要求

1）外观：刀口形直尺测量面上不应有影响使用性能的锈蚀、碰伤、崩刃等缺陷。

2）材料：刀口形直尺应选择合金工具钢、轴承钢或其他类似性能的材料制造。

3）装置：刀口尺上应安装隔热板或装置；三棱尺和四棱尺上应带有手柄。

2. 刀口形直尺的硬度和表面粗糙度

1）刀口形直尺测量面的硬度不应小于713HV（或60HRC）；同一测量面的不同部位的硬度差不应大于82HV（或3HRC）。

2）刀口形直尺测量面上的表面粗糙度 Ra 值不应大于0.05μm；刀口尺和三棱尺上与测量面相邻接表面的表面粗糙度 Ra 值不应大于0.8μm；四棱尺上与测量面相邻接表面的表面粗糙度 Ra 值不应大于0.2μm。

3. 刀口形直尺的稳定性和去磁处理

刀口形直尺应经过稳定性处理和去磁处理。

二、气缸平面变形的原因及平面度误差测量方法

刀口形直尺和塞尺配合使用可以检测气缸体与气缸盖接触面的平面度误差。

1. 气缸变形的原因

气缸盖变形位置如图1-3-2所示，常见变形原因如下：

1）发动机过热或受热不均匀。

2）装配时气缸体螺栓拧紧力矩不均匀。

3）缸体螺栓拧紧顺序不合理。

4）螺纹孔中污物清理不干净。

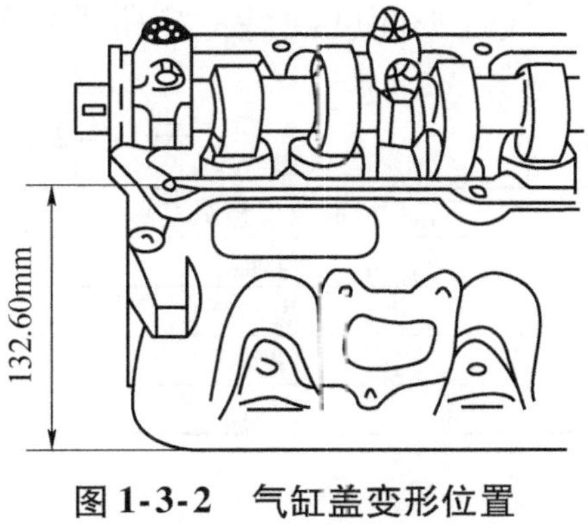

图1-3-2 气缸盖变形位置

2. 气缸变形的种类

（1）整体变形　大面积发生翘曲。

（2）局部变形　小面积产生坑洼。

3. 气缸平面度误差测量标准（见表 1-3-1）

表 1-3-1　气缸平面度误差测量标准　　（单位：mm）

范围	铸铁	铝合金
50×50	0.05	0.05
长度≤600	0.15	0.35
长度>600	0.25	0.5

4. 刀口尺检测方法

将刀口尺按如图 1-3-3 所示的 6 个方向分别平放在气缸体平面上，用塞尺测量刀口尺与气缸体平面之间的间隙大小。这种检测方法的优点是适合大面积翘曲变形的检测，对小面积变形检测有一定的局限性。

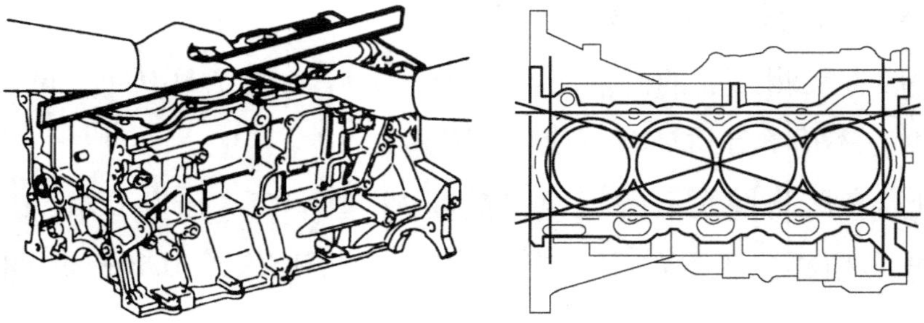

图 1-3-3　刀口尺检测

任务实施

一、工量具、设备及材料准备

气缸平面度误差检测所需要的工量具、设备及材料见表 1-3-2。

表 1-3-2　所需要的工量具、设备及材料

材料及工量具名称	数　量	是否准备
气缸体	一台	是□　否□
吸油纸	一张	是□　否□
塞尺	一把	是□　否□
刀口尺	一把	是□　否□

二、气缸平面度误差检测步骤

1）取出刀口尺（见图 1-3-4），使用吸油纸将气缸体上平面与刀口尺擦拭干净。

2）按图 1-3-5 所示测量位置手握刀口尺隔热板，将刀口尺直尺测量面与气缸体上平面紧密贴合，检测气缸体上平面平面度误差。

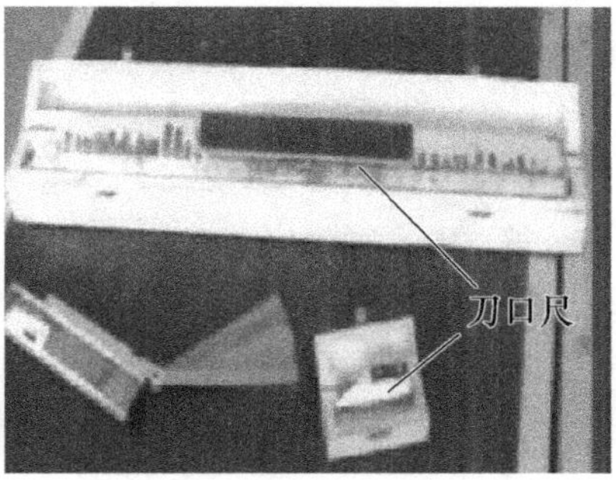

图 1-3-4　刀口尺和塞尺测量工具

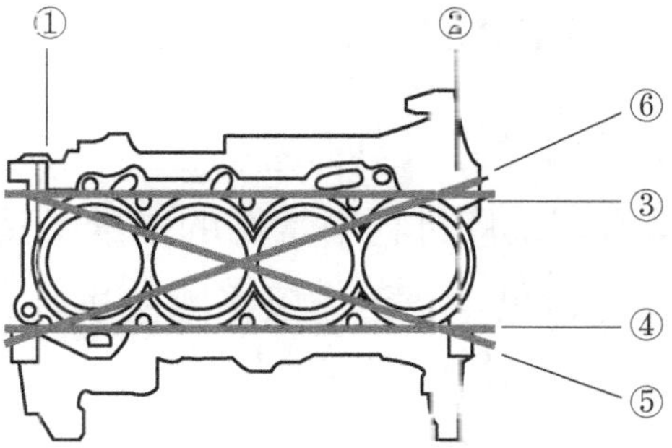

图 1-3-5　气缸平面度误差测量步骤

3）使用塞尺和刀口尺配合测量气缸体平面度，在透光度最大的部位，如图 1-3-6 所示，优先选用较厚的塞尺进行测量，若不能插入，则逐步更换薄的塞尺，直至能够插入缝隙中，略有阻滞的手感，塞尺的厚度即为气缸体平面度误差值，应小于该机型维修手册规定的标准值。

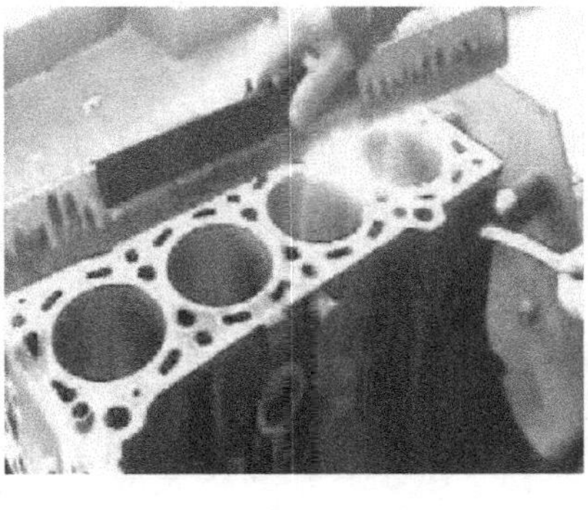

图 1-3-6　漏光间隙检测

知识拓展

一、平面度的概念

平面度的概念是，零件平面的凹凸误差必须控制在平面度公差值规定的两个平行的平面之间。一般精度的检查，是把专用直尺放在零件的平面上，用塞尺测量，若塞尺可以通过间隙，视为不合格。

二、刀口形直尺使用保养注意事项

1）使用时，不应用手加压使用刀口形直尺，而应凭借刀口尺的自重接触被测面，以免损坏刀口形直尺的测量刀口。

2）被测量面不应太粗糙，否则不仅损坏刀口形直尺表面，而且不容易准确判定光隙的大小。

3）使用完毕，应擦净刀口形直尺的测量面及尺身，涂抹防锈油，放入量具盒内保存。

知识巩固

一、填空题

1. 刀口形直尺具有__________、__________、__________、__________等优点，是汽车维修过程中常用的测量工具。

2. 刀口尺主要用于以光隙法进行__________和__________，也可与塞尺一起用于检验__________。

3. 气缸变形的种类有__________和__________两种。

4. 刀口尺的精度等级分为______级和______级。

二、选择题

1. 气缸变形的原因有（　　）。

A. 发动机过热或受热不均匀

B. 装配时气缸体螺栓拧紧力矩不均匀

C. 缸体螺栓拧紧顺序不合理

D. 螺纹孔中污物清理不干净

2. 刀口尺的主要规格是（　　）。

A. 75mm　　B. 125mm　　C. 250mm　　D. 300mm

三、判断题

1. 一般精度的检查，是把专用直尺放在零件的平面上，用塞尺测量，若塞尺可以通过间隙，视为不合格。（　　）

2. 气缸平面度误差检测需要的工量具、设备及材料有气缸体、吸油纸、刀口形直尺、化油器清洗剂。（　　）

3. 刀口尺和塞尺配合使用可以检测气缸体与气缸盖接触面的平面度误差。（　　）

4. 气缸变形的种类有整体变形和局部变形。（　　）

四、简答题

1. 气缸平面度误差测量的标准是什么？

2. 刀口形直尺使用保养注意事项有哪些？

3. 刀口形直尺检测方法的优点和缺点是什么？

任务4　卷尺的使用

任务目标

通过本任务的学习，学生应实现以下目标：

1. 掌握卷尺的使用方法。
2. 掌握卷尺的使用注意事项。
3. 能用卷尺对汽车左右轴距进行测量。

任务描述

掌握卷尺的使用方法，正确使用钢卷尺对汽车左右轴距进行测量。

相关知识

一、认识卷尺

卷尺是日常生活中常用的量具，常用于测量较长工件的尺寸或距离。根据材质的不同，卷尺可分为纤维卷尺、钢卷尺等。根据结构的不同，卷尺可分为自卷式卷尺和自卷制动式卷尺。

我们经常看到的是钢卷尺，常用于建筑和装修中，也是家庭必备的测量工具之一。以自卷制动式钢卷尺为例，它由尺盒、制动键、尺带、尺钩、尺簧等组成，如

图 1-4-1 所示。尺钩在测量外部长度时能卡紧物体，制动键在测量时对尺带起固定作用，尺盒能够保护尺带不受损坏。在汽车维修作业中常用钢卷尺对车轴等进行测量。

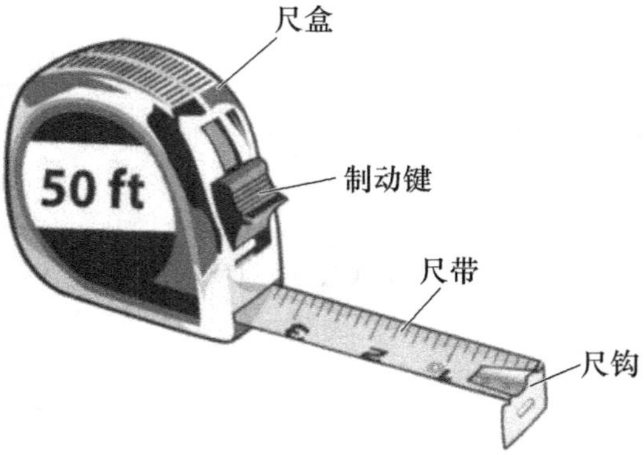

图 1-4-1 钢卷尺

钢卷尺的规格主要有 2m、3m、5m、20m、30m 和 50m 等多种。

二、钢卷尺的使用方法

1）测量前，检查尺面是否有凹凸不平及扭曲现象，表面不得有锈迹、划痕，线纹应清晰，不能有重线或漏线现象。检查钢卷尺的尺带，应能伸缩自如，无卡滞，对于自卷制动式卷尺还应检查制动键是否能有效地控制尺带。用布擦净尺身和工件的被测量面。

2）测量尺寸。对于自卷制动式卷尺，按下制动键，用尺钩钩住被测量面一端，以“0”刻线为测量基准，缓慢拉出尺带，将尺带刻度紧贴被测量面，拉紧尺带，不得前后左右歪斜。

3）读数。对于自卷制动式卷尺，应按下制动键，固定尺带，眼睛视线与尺带刻度面垂直，读出测量值。

4）按下制动键，让尺带缓慢收卷，避免因速度过快导致尺带伤人。

任务实施

一、工量具、设备及材料准备

汽车左右轴距检测所需要的工量具、设备及材料见表 1-4-1。

表1-4-1　检测所需要的工量具、设备及材料

材料及工量具名称	数　量	是否准备
钢卷尺	一把	是□　否□
吊线坠	一个	是□　否□
粉笔或记号笔	一支	是□　否□
抹布	一块	是□　否□

二、汽车左右轴距测量

轴距是通过车辆同一侧相邻两车轮的中点，并垂直于车辆纵向对称平面的二垂线之间的距离，简单地说，就是汽车前轴中心到后轴中心的距离。轴距决定了汽车重心的位置。轴距的改变也会引起前、后桥轴负荷分配的变化，从而对汽车制动性、操纵性及平顺性产生影响。汽车在使用中的很多故障，如行驶跑偏、轮胎异常磨损等，都与左右轴距的偏差有关。轴距测量步骤如下：

1）将车辆停放在平坦的地面上。

2）将吊线坠沿左前轮轮辋后边缘切线方向吊下，使吊线坠的顶部刚好与地面接触。待吊线坠静止后在地面的接触点上用笔做好标记点。

3）将吊线坠沿左后轮轮辋后边缘切线方向吊下，使吊线坠的顶部刚好与地面接触。待吊线坠静止后在地面的接触点上用笔做好标记点。

4）在车辆的右边重复步骤2）和步骤3），在地面上确定出另两个标记点。

5）将车开走，用钢卷尺对地面上的标记点进行测量，左边两点的距离为车辆左边的轴距，右边两点的距离为车辆右边的轴距。

知识拓展

钢卷尺顶部的尺钩有个横向的小孔，如图1-4-2所示，平时我们在测量一个物体时，很容易卡住，而且轻易不会滑脱，就是这个小孔起了很大的作用。尤其是当卡一些钉子类的小物体时，会更加稳固不会滑脱，这就是小孔恰恰卡在了钉子顶部的原因。

图1-4-2　尺钩细孔

其次，一些钢卷尺在顶部的尺钩部位，我们可以发现它的边缘并不是光滑的，

而是带有锯齿状的，在测物体的时候，有时候需要在某个位置做记号，这个锯齿边缘就可以在轻轻滑动下，留下一个淡淡的痕迹，既不需要专门拿笔做记号，又不会太严重而破坏物体的表面。

此外，这个亮片部位是可以活动的，而且第一格会比第二格长度更短一些，这样测量外径的时候，可以将钢卷尺后拉，就能弥补第一格的短缺处，而当我们测量内径的时候，尺钩的厚度同样可以填补第一格短出来的距离，可以让测量的数据更加精确。

钢卷尺使用注意事项如下：

钢卷尺的尺带一般镀铬、镍或其他材料，所以要保持清洁，测量时不要使其与被测表面摩擦，以防划伤。使用钢卷尺时，拉出尺带不得用力过猛，而应徐徐拉出，用毕也应让它徐徐退回。对于自卷制动式钢卷尺，应先按下制动键，然后徐徐拉出尺带，使用完毕按下制动键，尺带自动收卷。尺带只能卷，不能折。不允许将钢卷尺放在潮湿和有酸类气体的地方，以防锈蚀。为了便于在夜间或无光处使用，有的钢卷尺的尺带的线纹面上涂有发光物质，在黑暗中能发光，使人能看清楚线纹和数字，在使用中应注意保护涂膜。

钢卷尺的主要结构为具有一定弹性的整条钢带，钢条具有热胀冷缩的特性。温度对钢卷尺的影响如下：

1）当标准钢卷尺与被检钢卷尺温度都为20℃时，温度所引起的尺寸误差都为零。

2）当标准钢卷尺和被检钢卷尺材质相同、温度相同时，温度所引起的尺寸误差与热膨胀系数和温度成正比。

3）当标准钢卷尺和被检钢卷尺材质相同、温度不同时，温度所引起的尺寸误差与热膨胀系数和两尺的温度差成正比。

4）当标准钢卷尺和被检钢卷尺材质不同、温度相同时，温度所引起的尺寸误差与两尺的热膨胀系数差和温度成正比。

5）当标准钢卷尺和被检钢卷尺材质不同、温度不同时，温度所引起的尺寸误差与两尺的热膨胀系数差和两尺的温度差成正比。

知识巩固

一、填空题

1. 根据材质的不同，卷尺可分为__________、__________等。

2. __________在测量外部长度时能卡紧物体，__________在测量时对尺带起固定作用，__________能够保护尺带不受损坏。

3. 以自卷制动式钢卷尺为例，写出卷尺各个组成部分的名称。

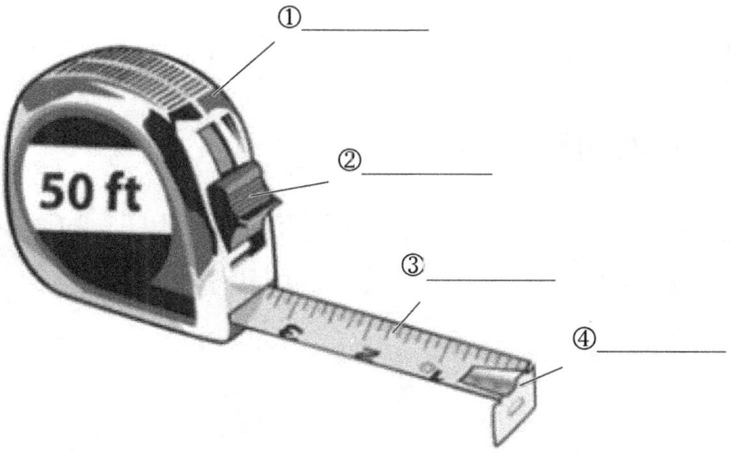

二、选择题

根据结构的不同，钢卷尺可分为（　　）和（　　）。

A. 自卷式　　B. 纤维卷尺　　C. 自卷制动式　　D. 钢卷尺

三、判断题

对于自卷制动式钢卷尺，应按下制动键，固定尺带，眼睛视线与尺带刻度面平行，读出测量值。（　　）

任务5　游标卡尺的使用

任务目标

通过本任务的学习，学生应实现以下目标：

1. 了解游标卡尺的构造及种类，知道游标卡尺各部分的用途及用法，理解并掌握游标卡尺的测量原理。

2. 掌握游标卡尺的读数与使用方法。

3. 掌握游标卡尺的使用注意事项。

任务描述

掌握游标卡尺的使用方法；使用游标卡尺对发动机零部件进行测量，并进行读数。

相关知识

一、游标卡尺的用途

游标卡尺是一种测量长度、内径、外径、深度的量具，如图 1-5-1 所示。游标卡尺是一种比较精密的量具，现已经被广泛应用于工业测量。

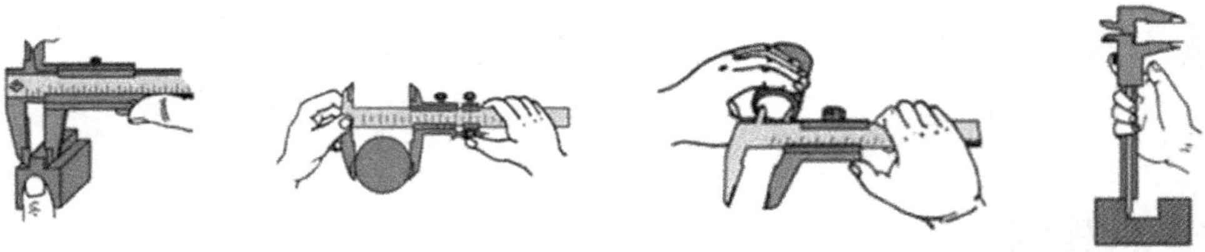

测量长度　　测量外径　　测量内径　　测量深度

图 1-5-1　游标卡尺的用途

1. 测量外径

如图 1-5-2 所示，外测量爪钳住工件，得出测量数据。

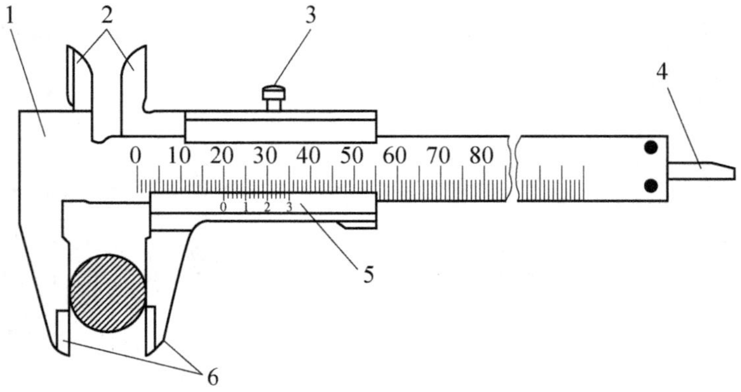

图 1-5-2　测量外径

1—尺身　2—内测量爪　3—制动螺钉　4—深度尺　5—游标尺　6—外测量爪

2. 测量内径

如图 1-5-3 所示，测量工件内径部分，内测量爪两端张开，撑住工件，得出测量数据。

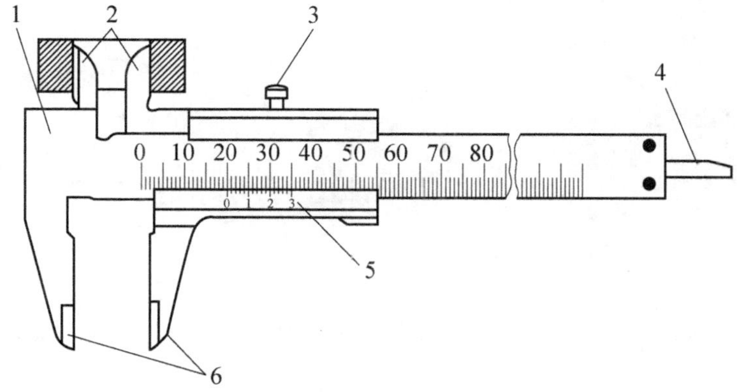

图 1-5-3　测量内径

1—尺身　2—内测量爪　3—制动螺钉　4—深度尺　5—游标尺　6—外测量爪

3. 测量深度

如图 1-5-4 所示，深度尺探入后，固定卡尺，得出测量数据。

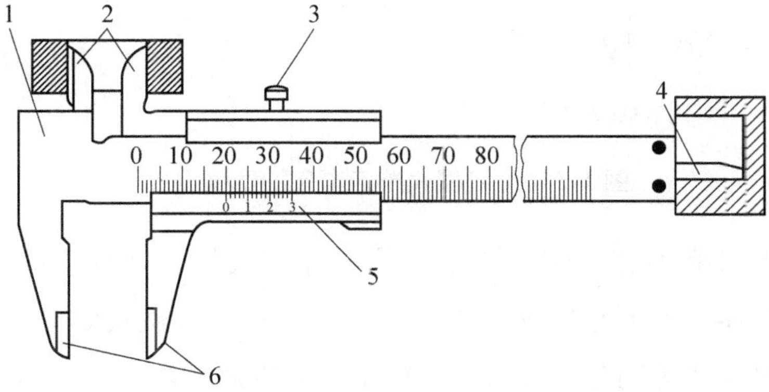

图 1-5-4　测量深度

1—尺身　2—内测量爪　3—制动螺钉　4—深度尺　5—游标尺　6—外测量爪

二、游标卡尺的分类

游标卡尺按照数值的显示方式可以分为三种类型：机械式游标卡尺、数显式游标卡尺和带表式游标卡尺，如图 1-5-5 所示。

三、游标卡尺的结构组成

机械式游标卡尺主要由尺身、游标尺、外测量爪、内测量爪、深度尺和制动螺钉组成，如图 1-5-6 所示。外测量爪常用于测量长度和外径，内测量爪常用于测量内径，深度尺用于测量深度。

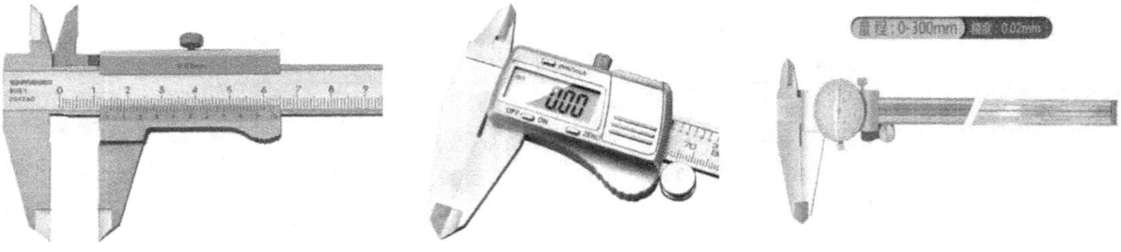

a) 机械式游标卡尺　　b) 数显式游标卡尺　　c) 带表式游标卡尺

图 1-5-5　游标卡尺类型

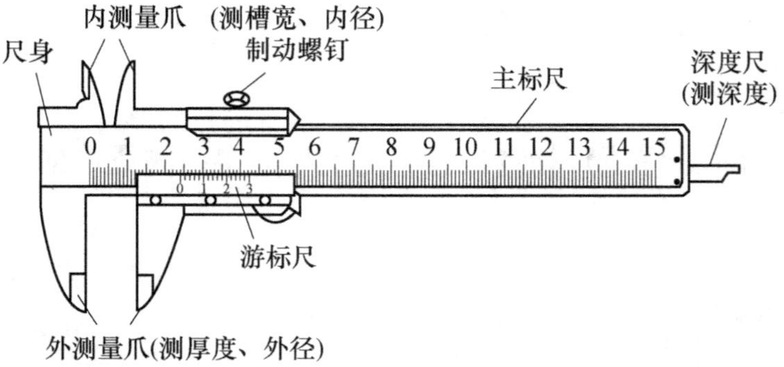

图 1-5-6　机械式游标卡尺的结构组成

数显游标卡尺除了和机械式游标卡尺一样有尺身、外测量爪、内测量爪外，还设有电子数显器、电池仓位等，如图 1-5-7 所示。机械式游标卡尺一般存在读数不清晰，容易读错等问题，而数显游标卡尺可以通过电子数显器直接进行读数，能最大程度减少因读数而造成的误差。

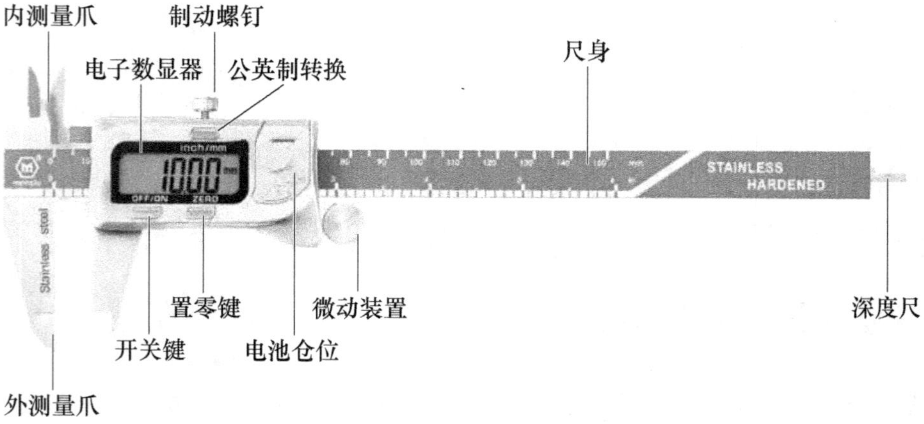

图 1-5-7　数显游标卡尺的结构组成

四、游标卡尺的测量原理及读数方法

1. 测量原理

主标尺刻度以毫米为单位，刻线间距每小格为1mm；机械式游标卡尺根据测量精度一般分为0.05mm和0.02mm。若游标尺上有50个刻线，当两测量爪合并时，游标尺上的50小格刚好与主标尺上的49mm对正。主标尺与游标尺每格之差为：（1－49/50）mm＝0.02mm，此差值即为1/50mm游标卡尺的测量分度值。若游标尺上有20条刻线，则每条刻度线表示0.05mm。

2. 游标卡尺的读数方法

机械式游标卡尺的读数分为三个步骤，下面以0.02mm游标卡尺为例，如图1-5-8所示。

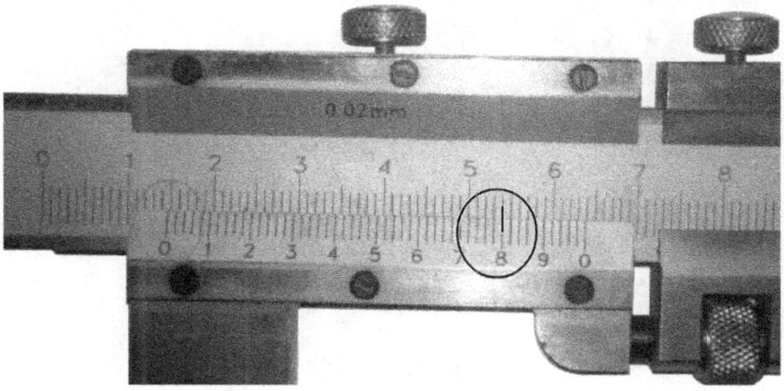

图1-5-8　机械式游标卡尺读数

1）读出游标尺上零刻线左面与主标尺相邻的第一条刻线的整毫米数，为测得尺寸的整数值14mm。

2）读出游标尺上与主标尺刻线对齐的那一条刻线数值（第一条零刻线不算，第二条起每格为0.02mm）为40×0.02mm＝0.80mm。

3）把主标尺和游标尺上的尺寸加起来即为测得尺寸，L＝整数部分＋小数部分，即测量总尺寸为14mm＋0.80mm＝14.80mm。

数显游标卡尺可直接通过电子数显器进行读数。

任务实施

一、工量具、设备及材料准备

检测所需要的工量具、设备及材料见表1-5-1。

表 1-5-1　检测所需要的工量具、设备及材料

材料及工量具名称	数　量	是否准备
游标卡尺	一把	是□　否□
发动机零部件	一套	是□　否□

二、游标卡尺使用方法及测量步骤

1）首先要校对游标卡尺的精确度，当游标尺上的零刻线和主标尺上的零刻线能够对齐时，说明游标卡尺零误差，可以用来测量工件，如图 1-5-9 所示。

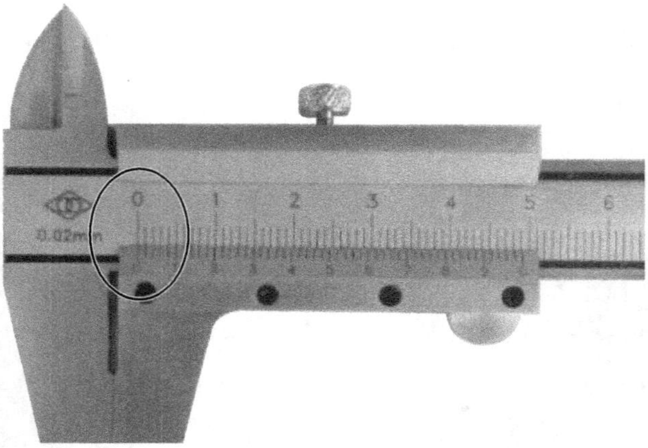

图 1-5-9　校准

2）拿到游标卡尺时，除了校对零位外，还要看清游标卡尺上标识的分度值，如图中画圈处，表明该游标卡尺的分度值是 0. 02mm，如图 1-5-10 所示。

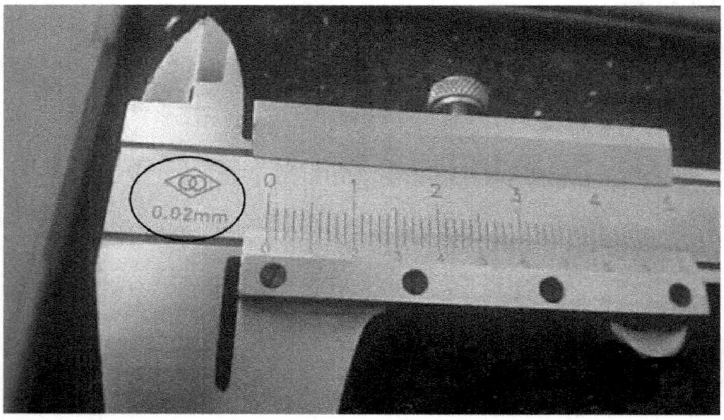

图 1-5-10　分度值标识位置

3）当测量外径时，把被测量的物体放在两个测量爪之间，移动测量爪，直

到游标卡尺的两个外测量爪紧靠被测量的工件，拧紧制动螺钉。游标卡尺、工件要保持在一条平行线上，测量的尺寸才更精确，如图1-5-11所示。当测量内径时，应轻轻拉开游标尺，使测量爪与测量部件保持正确接触，当达到最大尺寸时，锁定制动螺钉。当用游标卡尺测量部件的深度时，移动游标尺，将深度尺的尾部顶住基准面，移动尺身，直到与被测部件的另一基准面接触为止，锁定制动螺钉。

图1-5-11　测量位置

4）读数，如图1-5-12所示。

图1-5-12　读数

知识拓展

一、使用游标卡尺的注意事项

1）测量前应将游标卡尺擦拭干净，检查游标卡尺测量面，当两个测量爪紧密贴合时，应无明显的间隙，校对游标卡尺的零位。

2）移动尺框时，活动要自如，不应过松或过紧，更不能有晃动现象。用制动螺钉固定尺框时，游标卡尺的读数不应有所改变。零位刻线要相互对准。在移动尺框时，不要忘记松开制动螺钉，也不宜过松以免掉落。

3）当测量零件的外尺寸时：卡尺两测量面的连线应垂直于被测量表面，不能歪斜。测量时，可以轻轻摇动游标卡尺，确保位置放正，如图 1-5-13a 所示。

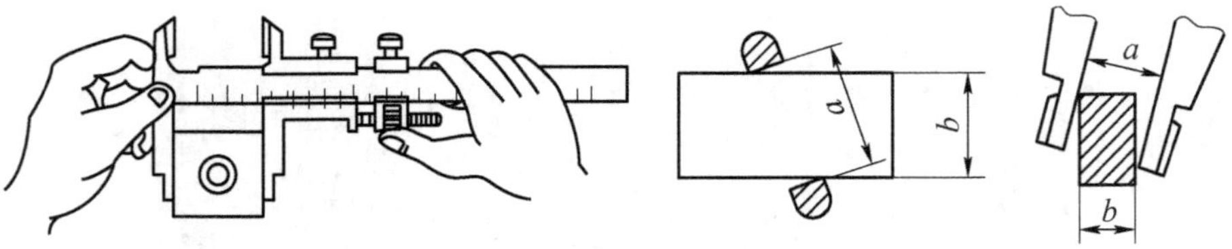

a) 正确　　b) 错误

图 1-5-13　测量零件的外尺寸

若测量爪处在如图 1-5-13b 所示的错误位置上，将使测量结果 a 比实际尺寸 b 要大。此时的处理方法是：先把卡尺的活动测量爪张开，使测量爪能自由地卡进工件，把零件贴靠在固定测量爪上，然后移动尺框，用轻微的压力使活动测量爪接触零件。如游标卡尺带有微动装置，此时可拧紧微动装置上的制动螺钉，再转动调节螺母，使测量爪接触零件并读取尺寸。绝不可把游标卡尺的两个测量爪调节到接近甚至小于所测尺寸，把游标卡尺强制地卡到零件上去。这样做会使测量爪变形，或使测量面过早磨损，使游标卡尺失去应有的精度。

测量沟槽宽度时，也要放正游标卡尺的位置，应使游标卡尺两测量刃的连线垂直于沟槽，不能歪斜。否则，测量爪若在如图 1-5-14b 所示的错误的位置上，也将使测量结果不准确。

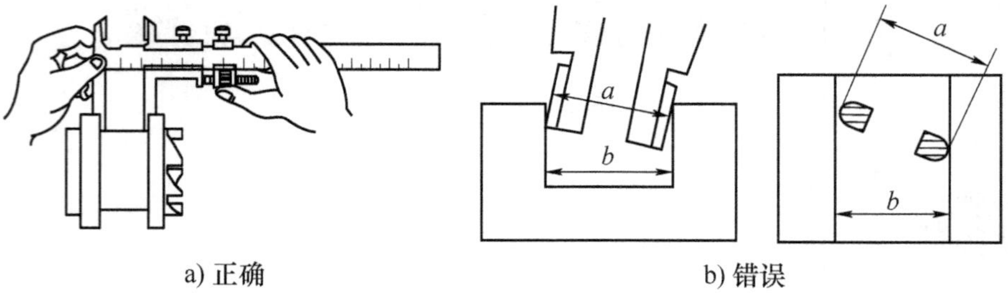

a) 正确　　b) 错误

图 1-5-14　沟槽宽度位置

4）当测量零件的内尺寸时，要使测量爪分开的距离小于所测内尺寸，进入零件内孔后，再慢慢张开并轻轻接触零件内表面，用制动螺钉固定尺框后，轻轻取出游标卡尺来读数。取出测量爪时，用力要均匀，并使游标卡尺沿着孔的中心线方向滑出，不可歪斜，以免影响测量精度。游标卡尺两测量刃应在孔的直径上，不能偏歪，如图1-5-15所示。

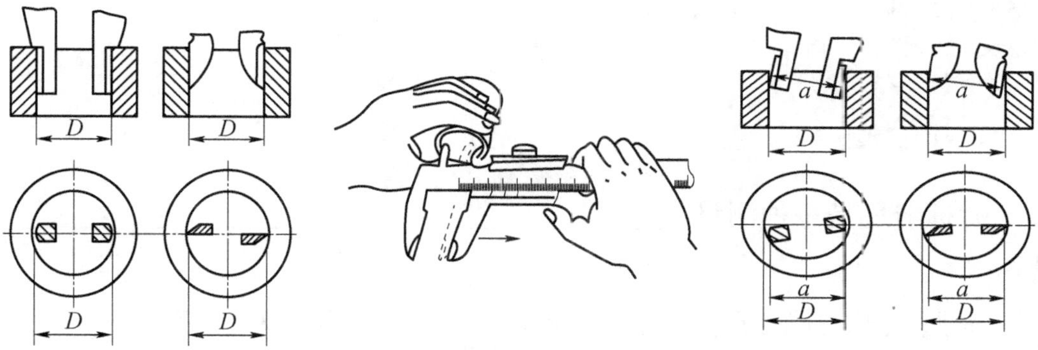

a) 正确　b) 内孔的测量方法　c) 错误

图1-5-15　内孔测量位置

5）用游标卡尺测量零件时，不允许过分地施加压力，所用压力应使两个测量爪刚好接触零件表面。

6）为了获得正确的测量结果，可以多测量几次。

7）在读取游标卡尺上的数值时，应把游标卡尺水平地拿着，朝着亮光的方向，使人的视线尽可能和游标卡尺的刻线表面垂直，以免由于视线的歪斜造成读数误差。

二、游标卡尺的维护保养

使用游标卡尺时，除了要遵守测量器具维护保养的一般事项外，还要注意以下几点：

1）不允许把游标卡尺的两个测量爪当作螺钉旋具用，或把测量爪的尖端用作划线工具、规等。

2）不准用游标卡尺代替卡钳、卡板等，在被测件上来回推拉。

3）移动游标卡尺的尺框和微动装置时，不要忘记松开制动螺钉；但也不要松得过量，以免制动螺钉脱落丢失。

4）测量结束要把游标卡尺平放，尤其是大尺寸的游标卡尺更应注意，否则尺身会弯曲变形。

5）带深度尺的游标卡尺用完后，要把测量爪合拢，否则较细的深度尺露在外边易变形甚至折断。

6）游标卡尺使用完毕，要擦净上油，放到游标卡尺盒内，注意不要锈蚀或弄脏。

知识巩固

一、填空题

1. 游标卡尺是一种测量________、________、________、________的量具。

2. 按照数值的显示方式，游标卡尺可以分为三种类型：________、________和________。

3. 机械式游标卡尺主要由________、________、外测量爪、内测量爪、________和________组成。

4. 若游标尺上有 20 条刻线，则每条刻线表示______ mm。

5. 把________和________上的尺寸加起来即为测得尺寸，L = 整数部分 + 小数部分。

二、选择题

1. （　　）常用于测量长度和外径。

A. 主标尺　B. 游标尺　C. 外测量爪　D. 内测量爪

2. 不同于机械式游标卡尺，数显游标卡尺还设有（　　）。

A. 主标尺　B. 游标尺　C. 电子数显器　D. 内测量爪

3. 按照数值的显示方式，游标卡尺可以分为（　　）。

A. 机械式游标卡尺　B. 数显游标卡尺

C. 带表游标卡尺　D. 液晶游标卡尺

4. 游标尺根据最小刻度一般分为（　　）。

A. 0.05mm　B. 0.01mm　C. 0.02mm　D. 0.1mm

三、判断题

1. 游标卡尺是一种比较精密的量具，现已经被广泛应用于工业测量。（　　）

2. 数显游标卡尺可直接通过电子数显器上的数字进行读数。(　　)

任务6　千分尺的使用

任务目标

通过本任务的学习，学生应实现以下目标：

1. 了解千分尺的构造及种类，理解并掌握千分尺的测量原理。
2. 掌握千分尺的读数与使用方法。
3. 掌握千分尺的使用注意事项。

任务描述

掌握千分尺的使用方法，使用外径千分尺对进气门进行测量并正确读数。

相关知识

一、千分尺的用途

千分尺通常也称为螺旋测微器。常用的机械式游标卡尺分度值可达到0.02mm，数显游标卡尺分度值可到达0.01mm，而千分尺的分度值可达到0.001mm。因此，千分尺是比游标卡尺更精密的长度测量工具，它可用于测量汽车零部件或者其他工件的长度和宽度、各种圆形物体的外径等。

二、千分尺的分类

1. 按照测量范围分类

按照测量范围，主要有0～25mm、25～50mm、50～75mm、75～100mm等多种尺寸规格，如图1-6-1所示。

2. 按照数据显示方式分类

按照数据显示方式的不同，千分尺可以分为刻度机械式、数显式和带表式三种，如图1-6-2所示。

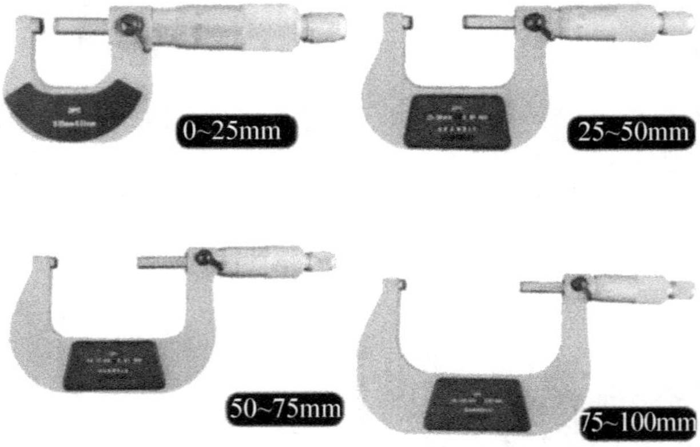

图 1-6-1　按照测量范围分类

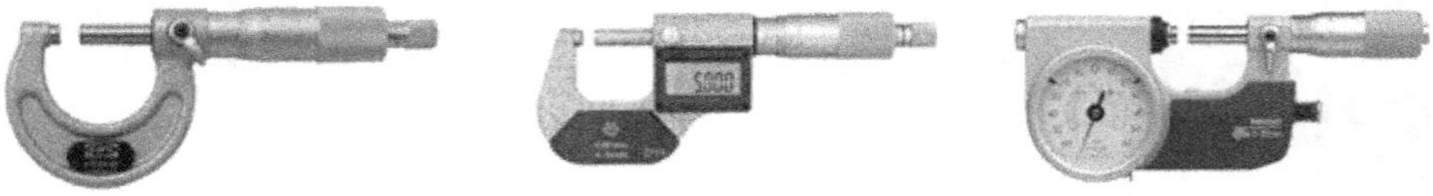

a) 刻度机械式千分尺　　b) 数显式千分尺　　c) 带表式千分尺

图 1-6-2　按照数据显示方式分类

3. 千分尺类型

（1）外径千分尺　用于普通的外径测量，如图 1-6-3 所示。

（2）小测头千分尺　适用于测量钟表等精密零件，如图 1-6-4 所示。

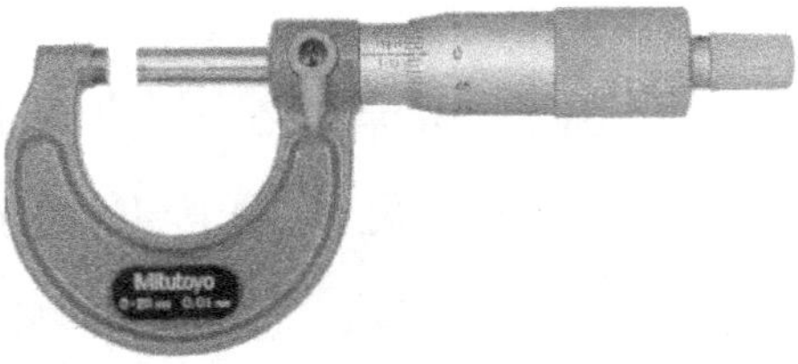

图 1-6-3　外径千分尺

图 1-6-4　小测头千分尺

（3）尖头千分尺　它的结构特点是两测量面为 45°锥体形的尖头。它适用于测量小沟槽，如钻头、立铣刀、偶数槽丝锥的沟槽直径及钟表齿轮齿根圆直径等，如图 1-6-5 所示。

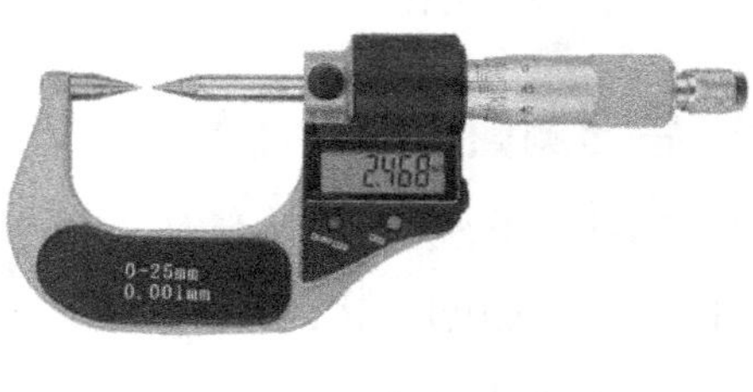

图 1-6-5　尖头千分尺

（4）壁厚千分尺　它的特点是有球形测量面和平测量面及特殊形状的尺架，适用于测量管材壁厚，如图 1-6-6 所示。

（5）板厚千分尺　板厚千分尺是指具有球形测量面和平测量面及特殊形状的

尺架，适用于测量板材厚度，如图 1-6-7 所示。

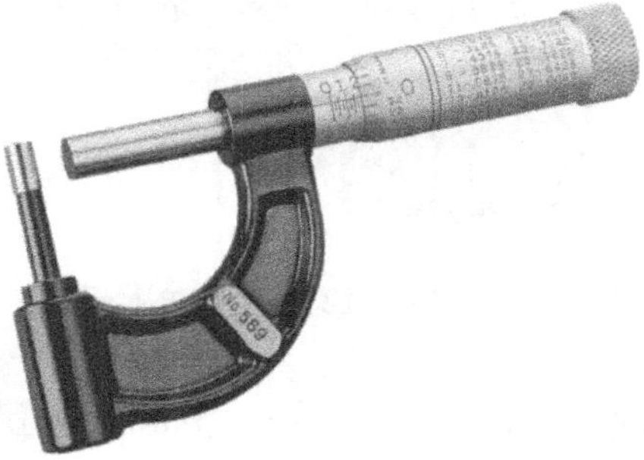

图 1-6-6　壁厚千分尺

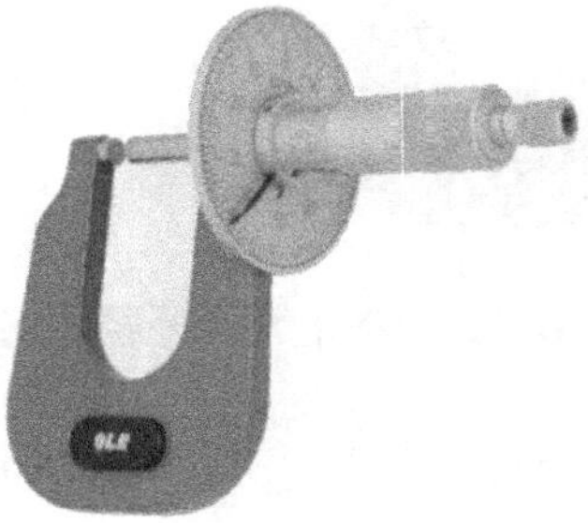

图 1-6-7　板厚千分尺

（6）带测微头千分尺　它的结构特点是，由测微头代替普通外径千分尺的固定测砧，如图 1-6-8 所示。用它对同一尺寸的工件进行分选检查很方便，而且示值比较稳定。测量范围有 0 ~ 25mm、25 ~ 50mm、50 ~ 75mm 和 75 ~ 100mm 四种。它主要用于尺寸比较测量。它的误差较大，应慎重使用。

（7）大平面测头千分尺　其测量面直径比较大（12.5mm），并可以更换，故测量面与被测工件间的压强较小，如图 1-6-9 所示，适用于测量弹性材料或软金属制件，如金属箔片、橡胶和纸张等的厚度。

图 1-6-8　带测微头千分尺

图 1-6-9　大平面测头千分尺

（8）大规格外径千分尺　其特点是可更换测砧或可调整测砧，这对减少千分尺数量、扩大千分尺的使用范围是有好处的，如图 1-6-10 所示。

（9）带计数器外径千分尺　在微分筒上开有小窗口，显示 0.1mm 读数，如图 1-6-11 所示。

（10）数显外径千分尺　是指利用电子测量、数字显示及螺旋副原理对尺架上两测量面间分隔的距离进行读数的外径千分尺，如图 1-6-12 所示。

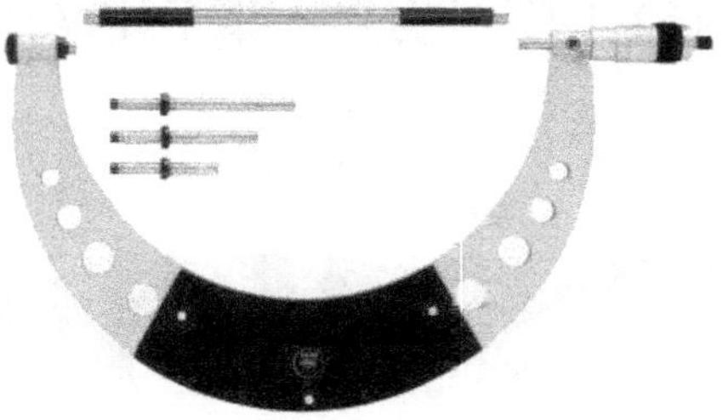

图 1-6-10　大规格外径千分尺

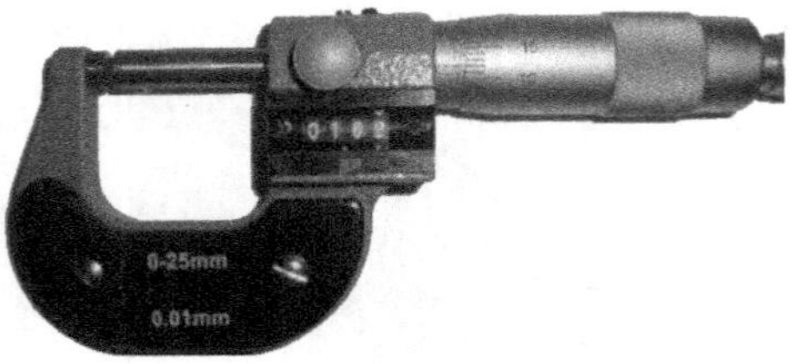

图 1-6-11 带计数器外径千分尺

图 1-6-12 数显外径千分尺

（11）叶片千分尺 用于沟槽直径测量，每次能够减少 5% 的测量误差，如图 1-6-13 所示。

（12）盘式千分尺 测直齿轮和斜齿轮的跨齿长度，如图 1-6-14 所示。

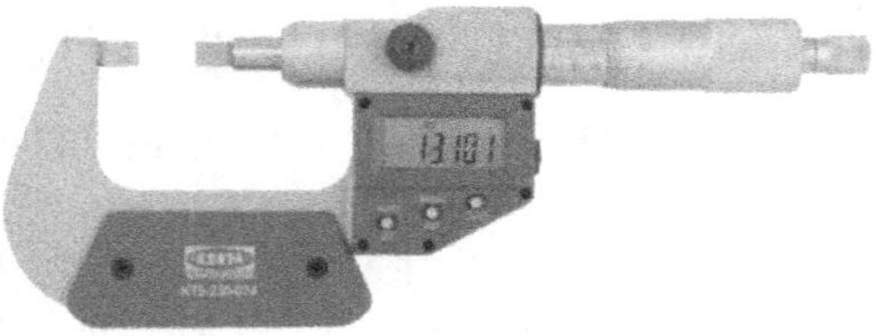

图 1-6-13 叶片千分尺

图 1-6-14 盘式千分尺

（13）奇数沟千分尺 用于奇数丝锥、铰刀外径的测量，如图 1-6-15 所示。

（14）花键千分尺 又名花式千分尺，用于齿轮槽径的测量，如图 1-6-16 所示。

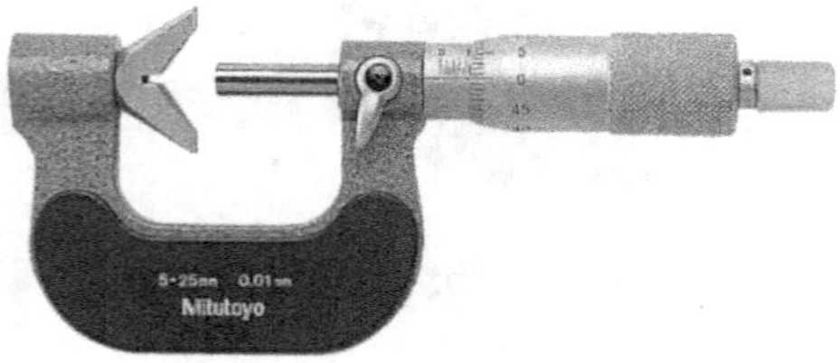

图 1-6-15 奇数沟千分尺

图 1-6-16 花键千分尺

（15）卡尺型内径千分尺 用于小直径窄槽宽度的测量，如图 1-6-17 所示。

（16）螺纹千分尺 用于螺纹有效直径的测量，如图 1-6-18 所示。

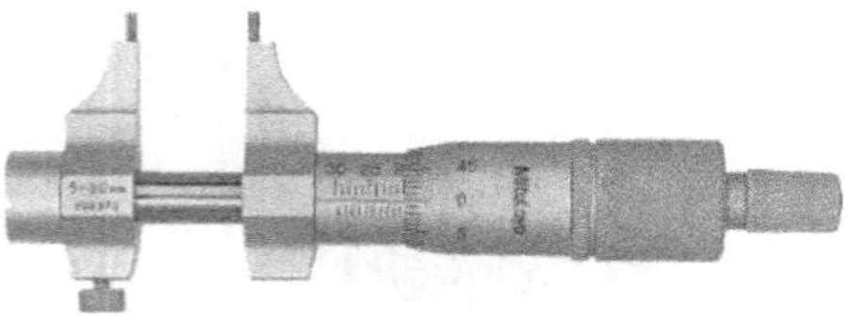

图 1-6-17 卡尺型内径千分尺

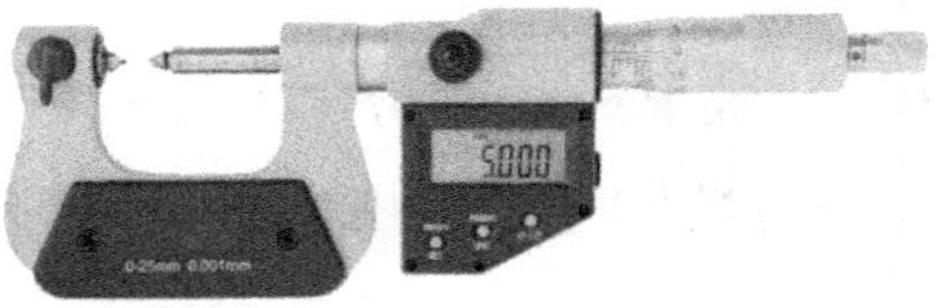

图 1-6-18 螺纹千分尺

三、千分尺的结构

各种千分尺结构大同小异，在此以刻度机械式外径千分尺为例进行介绍。外径千分尺主要由尺架、固定测砧、测微螺杆、锁紧装置、固定套管、微分筒、旋钮、测力装置等部分组成，如图1-6-19所示。固定套管和微分筒上均有刻度，用于读数。

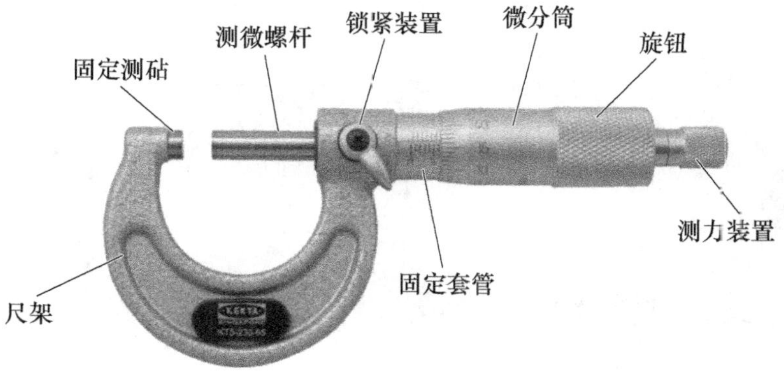

图1-6-19 刻度机械式外径千分尺的结构

四、外径千分尺的测量原理及读数方法

1. 测量原理

外径千分尺的工作原理应用螺旋读数机构，微分筒的圆周上刻有50条等分线，当微分筒旋转一周时，测微螺杆就推进或后退0.5mm，微分筒转过它本身圆周刻度的一小格时，两测量面之间转动的距离为：(0.5÷50) mm=0.01mm。

2. 读数方法

在千分尺的固定套管上刻有轴向中线，作为微分筒读数的基准线。为了计算测微螺杆旋转的整数转，在固定套管中线的两侧刻有两排刻线，刻线间距均为1mm，上下两排相互错开0.5mm。读数方法主要分为以下几步：

1）读取固定套管基准线上方露出的刻度，代表整数部分尺寸。如图1-6-20所示，在固定套管上读出的数据为8mm。

2）察看基准线下方的刻度，如果0.5mm刻线露出，则应把半毫米刻度加上，如果未露出，则不加。如图1-6-20所示为8mm+0.5mm=8.5mm。

3）读取微分筒上与固定套管的基准线对齐的那条刻度线数值，即为不足半毫米的测量值，如图1-6-20所示在微分筒上读出的尺寸为27（格）×0.01mm=

0.27mm。

4）把读数相加，即为测得的实际尺寸 8.5mm + 0.27mm = 8.77mm。

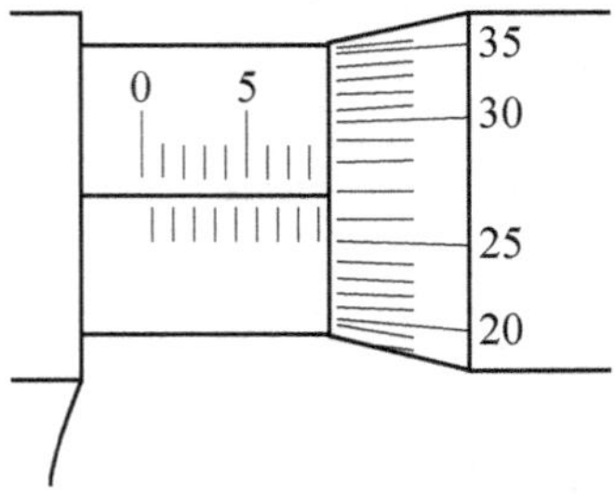

图 1-6-20 千分尺的读数方法

任务实施

一、工量具、设备及材料准备

检测所需要的工量具、设备及材料见表 1-6-1。

表 1-6-1 检测所需要的工量具、设备及材料

材料及工量具名称	数 量	是否准备
外径千分尺	一把	是□ 否□
进气门	一个	是□ 否□

二、外径千分尺使用方法及测量步骤

以刻度机械式外径千分尺测量进气门为例，介绍外径千分尺的使用方法。

1）选择合适尺寸的外径千分尺，使用前应确保零位校正，如图 1-6-21 所示。若有误差，应使用配套的扳手校正零位，或由测量值减去误差。

2）被测部位及外径千分尺的两个测量面应保持清洁，若有油污或灰尘，应使用抹布擦除，以免因脏物存在而影响测量精度，进而产生测量误差。

3）测量时手握外径千分尺的尺架部分，将被测面轻轻顶住测砧，转动微分筒，使得测微螺杆向前推进。

4）当外径千分尺的两个测量面与被测面接触时，停止旋转微分筒，改为旋转测力装置，使两个测量面夹住被测部件，等到发出“咔咔咔”的三声后，就会产生适当的测定压力。

图 1-6-21 外径千分尺校零

5）外径千分尺测量轴的中心线要与工件被测长度方向相一致，不要歪斜。

6）拧紧锁紧装置并进行读数，在读数时，应保持眼睛视线与基准线成直角，为了获取正确的测量结果，可进行多次重复测量。

知识拓展

一、数显千分尺的功能优势

数显千分尺具有极高的测量精度和优秀的性能，分辨率可达到1μm，精度可达到3μm，可保证很高的测量精度；可通过一个手持式控制器（或RS-232C接口）实现远程控制；内置模拟指针显示可轻松实现圆跳动的测量。

二、使用外径千分尺的注意事项

1）不允许猛力转动测力装置，否则测量面靠惯性冲向被测件，装置用力过大时，测量结果不会准确，而且测微螺杆也容易被咬住损伤。

2）退齿时，应旋转微分筒，不要旋转测力装置，以防拧松测力装置，影响零位，以及测力装置部件掉落。

3）测量时，最好在被测件上直接读出数值，然后退回测微螺杆，取下外径千分尺，这样可减少测量面的磨损。如果必须取下外径千分尺进行读数，先用锁紧装置把测微螺杆锁住，再轻轻滑出外径千分尺。

三、外径千分尺的使用与保养

1）检查零位线是否准确。

2）测量时要把工件被测量面擦拭干净。

3）工件较大时应放在V形块或平板上测量。

4）测量前将测微螺杆和测砧擦拭干净。

5）拧微分筒时需要使用测力装置。

6）不要拧松后盖，以免造成零位线改变。

7）不要在固定套管和微分筒间加入黏度较大的机油。

8）用后擦净上油，放入专用盒内，置于干燥处。

知识巩固

一、填空题

1. 千分尺通常也称为__________，分度值可达到__________ mm。

2. 按照数据显示方式的不同，一般可以分为__________、__________和__________三种。

3. 外径千分尺微分筒的圆周上刻有 50 条等分线，微分筒转过它本身圆周刻度的一小格时，两测量面之间转动的距离为______ mm。

4. 请在以下横线处填写千分尺的类型。

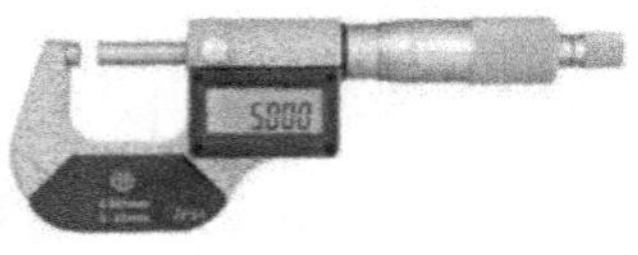

①__________

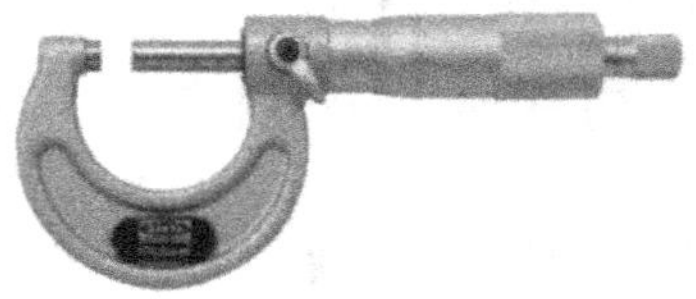

②__________

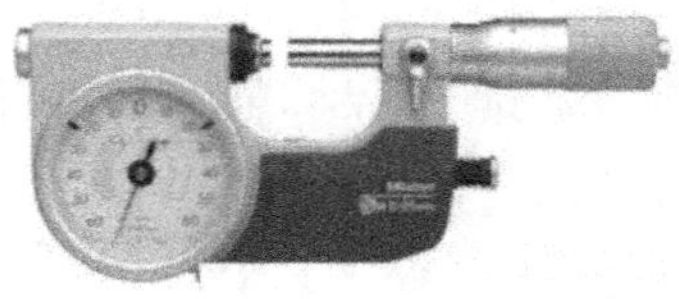

③__________

二、选择题

1. 按照测量范围，千分尺主要有（　　）等多种尺寸规格。

A. 0～25mm　　B. 25～50mm　　C. 50～75mm　　D. 75～100mm

2. 千分尺的（　　）上均有刻度，以供读数。

A. 固定套管　　B. 尺架　　C. 测砧　　D. 微分筒

3. 按照数据显示方式的不同，千分尺一般可以分为（　　）。

A. 刻度机械式　　B. 数显式　　C. 带表式　　D. 常规式

三、判断题

1. 千分尺是比游标卡尺更精密的测量工具，它可用于测量汽车零部件或者其

他工件的长度和宽度、各种圆形物体的外径等。(　　)

2. 游标卡尺的分度值为 0.01mm，而外径千分尺的分度值一般可达到 0.001mm。(　　)

3. 使用外径千分尺时，应选择合适尺寸的外径千分尺，使用前应确保零位校正。(　　)

任务 7　百分表的使用

任务目标

通过本任务的学习，学生应实现以下目标：

1. 掌握百分表的结构原理及读数方法。
2. 掌握百分表的测量方法。
3. 掌握百分表的使用注意事项。
4. 掌握制动盘轴向圆跳动量的检测步骤。

任务描述

掌握百分表的使用方法；使用百分表测量制动盘轴向圆跳动量，并正确进行读数。

相关知识

一、认识百分表

百分表是利用精密齿条齿轮机构制成的表式通用测量工具，如图 1-7-1 所示。百分表的度盘上印制有 100 个等分刻度，每一分度值则相当于测杆移动 0.01mm。百分表要和夹具配合使用，常用于形状和位置误差以及小位移的长度测量，如圆度、圆跳动、平面度、平行度和直线度误差等。

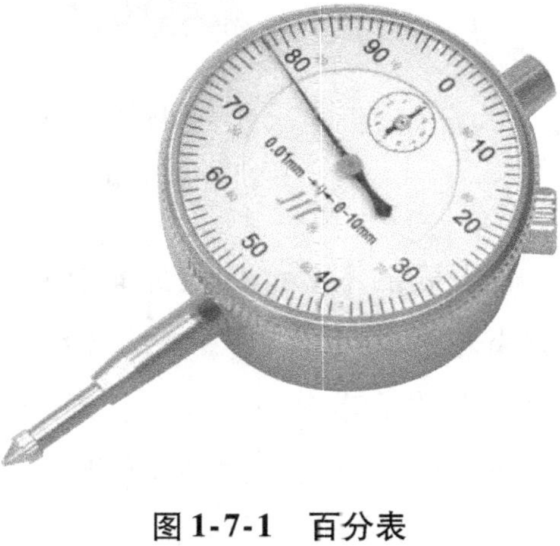

图 1-7-1　百分表

二、百分表的结构及工作原理

百分表主要由表体、度盘、转数指示盘、指针、轴套、测杆、测头等组成，如图 1-7-2 所示。百分表的测头可以根据不同的用途进行更换，改变其测量功能，可制作成厚度百分表、杠杆百分表和内径百分表等，如图 1-7-3 所示。

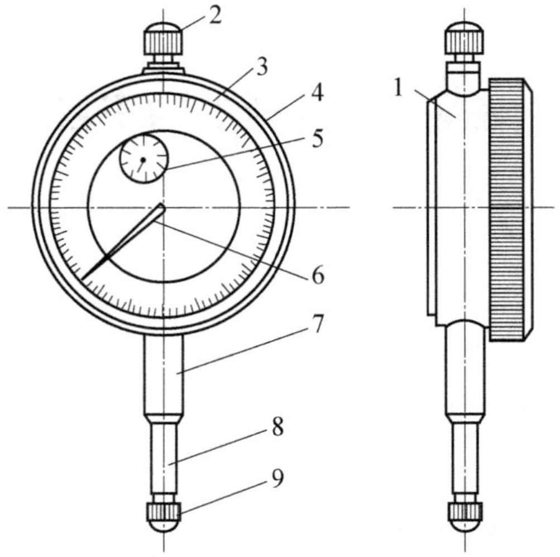

图 1-7-2 百分表的结构

1—表体 2—手提圆头 3—度盘 4—表圈 5—转数指示盘 6—指针 7—轴套 8—测杆 9—测头

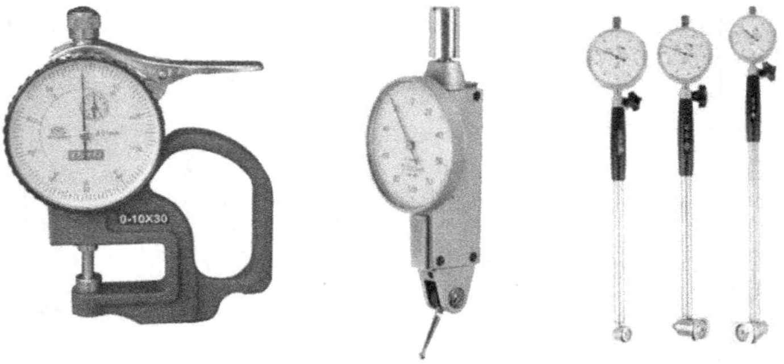

a) 厚度百分表 b) 杠杆百分表 c) 内径百分表

图 1-7-3 不同功能的百分表

百分表的内部结构及原理如图 1-7-4 所示。带有齿条的测杆 1 的直线移动，通过齿轮传动（z_1、z_2、z_3），转变为指针 2 的回转运动。齿轮 z_4 和弹簧 3 使齿轮传动的间隙始终在一个方向，起着稳定指针位置的作用。弹簧 4 是控制百分表的测量压力的。百分表内的齿轮传动机构，使测杆直线移动 1mm 时，指针正好回转一圈。因此，百分表的工作原理是，将被测尺度导致的测杆细小直线移动，经过齿轮传动扩大，变为指针在度盘上的转变，即能放大芯轴的移动量显示在度盘上。

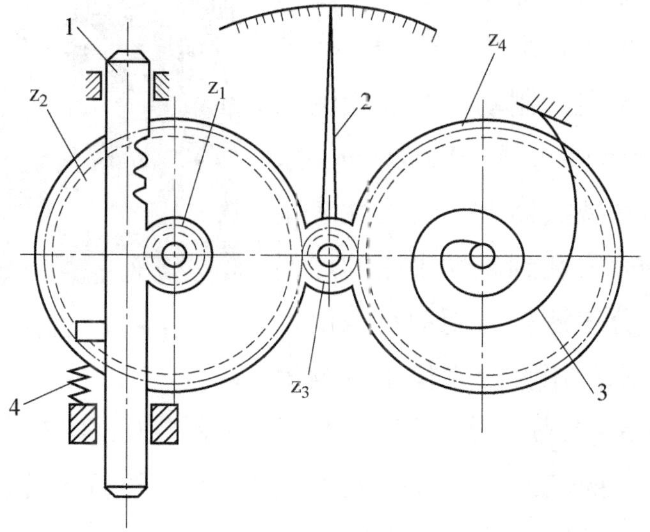

图 1-7-4　百分表的内部结构及原理

1—测杆　2—指针　3、4—弹簧　z_1、z_2、z_3、z_4—齿轮

任务实施

一、工量具、设备及材料准备

盘式制动器检测所需工量具、设备及材料见表 1-7-1。

表 1-7-1　盘式制动器检测所需工量具、设备及材料准备

材料及工量具名称	数　量	是否准备
盘式制动器	一套	是□　否□
百分表	一套	是□　否□
磁性表座	一套	是□　否□
抹布	两块	是□　否□

二、百分表的使用方法

以测量制动盘轴向圆跳动量为例，介绍百分表的使用方法。

1）检查百分表。选择合适测量范围的百分表，在使用前，检查测杆活动的灵活性，轻轻推动测杆时，测杆在套筒内的移动要灵活，没有任何卡滞现象，且每次放松后，指针能回复到原来的刻度位置。

2）安装百分表。使用百分表时，必须把它固定在磁性表座上。取出磁性表座，检查磁性表座的磁力情况。制动盘磨损检测位置一般在距离制动盘外边缘 10～15mm 处，如图 1-7-5 所示。在减振器上安装磁性表座及连接杆。将百分表安装到磁性表座的尾部夹持装置上，使百分表测杆与制动盘表面垂直，如图 1-7-6 所示。用百分表校正或测量零件时，应预压 0.5～1mm，使测杆有一定的初始测力，即在测头与零件表面接触时，测杆应有一定的压缩。使指针转过半圈左右，然后转动表圈，使度盘的零位刻线对准指针。轻轻地拉动手提圆头，拉起和放松几次，检查指针所指的零位有无改变。当指针的零位稳定后，再开始测量或校正零件的工作。

图 1-7-5　制动盘磨损检测位置

3）在制动盘侧做旋转标记，匀速转动制动盘，观察百分表的指针摆动情况，百分表指针最大偏转量之和即为制动盘的轴向圆跳动量，如图 1-7-7 所示。

图 1-7-6　安装百分表

图 1-7-7　盘式制动器轴向圆跳动量检测

知识拓展

一、制动盘轴向圆跳动对汽车的危害

所谓的“制动盘轴向圆跳动量”，是指示制动盘摩擦表面平整程度的一项关键数据。以目前的零部件加工工艺和车辆使用要求，制动盘的轴向圆跳动量一般不超过 0.05mm。如果这项数据超标的话，就会使制动过程中盘面与摩擦片之间的接触压力不均匀，产生制动力矩波动，直观反映给驾驶人及车上成员的感觉就是制动时车辆发生抖动。

二、百分表使用维护注意事项

百分表是灵敏度很高的测量工具，在使用及维护时应该注意以下事项：

1）百分表是精密的测量工具，测量时，不应使测杆的行程超过它的测量范围，不应使百分表受到剧烈的振动和撞击，也不要把零件强迫推入测头下，以免损坏百分表的机件而失去精度。此外，还要避免用百分表测量表面粗糙或有显著凹凸不平的零件。

2）在测量时，百分表的测杆必须与被测面保持垂直，否则会产生测量误差以及损坏百分表；在测量圆柱形工件时，测杆的中心线应垂直通过工件的轴心。

3）不能在测杆上涂抹机油等油脂类产品，这会使测杆与套筒粘连，影响测杆的灵活度。

4）百分表在不使用时应摘下，使其处于放松状态，并将其放在工具盒中，置于湿度低、无酸性的地方加以保存。

5）要定期对百分表进行精密度的检查。

三、维护与保养

1）远离液体，不使冷却液、切削液、水或油与百分表接触。

2）百分表在不使用时应摘下，使其解除所有负荷，让测杆处于自由状态。

3）百分表应成套保存在盒内，避免丢失与混用。

知识巩固

一、填空题

__________是利用精密齿条齿轮机构制成的表式通用测量工具。

二、选择题

1. 百分表的度盘上印制有100个等分刻度，每一分度值则相当于测杆移动（　　）。

A. 0.01mm　　B. 0.02mm　　C. 0.05mm　　D. 0.08mm

2. 用百分表校正或测量零件时，应预压（　　）。

A. 0.5～1dm　　B. 0.5～1cm　　C. 0.5～1mm　　D. 0.5～1m

3. 制动盘的轴向圆跳动量不应超过（　　）。

A. 0.05mm　　B. 0.1mm　　C. 0.15mm　　D. 0.5mm

4. 制动盘磨损检测位置一般在距离制动盘（　　）处。

A. 5mm　　B. 15mm　　C. 25mm　　D. 35mm

5. 通过更换百分表的测头，可以制作成的百分表类型有（　　）。

A. 厚度百分表　　B. 内径百分表　　C. 体积百分表　　D. 杠杆百分表

6. 百分表可以用于形状和位置误差以及小位移的长度测量，比如（　　）误差。

A. 圆度　　B. 平面度　　C. 平行度　　D. 直线度

三、判断题

1. 百分表测量时，一般都是单独使用的。（　　）

2. 当百分表指针的零位稳定后，才能开始进行测量或校正零件的工作。（　　）

四、简答题

1. 百分表的工作原理是什么？

2. 百分表在使用和维护过程中有哪些注意事项？

任务8　弹簧秤的使用

任务目标

通过本任务的学习，学生应实现以下目标：

1. 掌握弹簧秤使用方法。

2. 掌握转向盘转动力检测步骤。

任务描述

使用弹簧秤进行转向盘转动力的检测。

相关知识

一、认识弹簧秤

弹簧秤又叫作弹簧测力计，是利用弹簧的形变与外力成正比的关系制成的测量作用力大小的测量工具，如图1-8-1所示。弹簧秤分为压力和拉力两种类型。压力弹簧秤的托盘承受的压力等于物体的重力，拉力弹簧秤的下端和一个钩子连在一起，将被测物挂在钩上，弹簧即伸长。在弹性限度内，弹簧的伸长量与所受外力成正比，因此作用力的大小或物体重力可从弹簧秤外壳上指针指示的数值直接读出。在汽车维修中，弹簧秤常用于检测转向盘转动力。

图1-8-1 弹簧秤

二、弹簧秤的使用注意事项

使用弹簧秤时应注意所测的力不要超过量程，还应注意它的分度值，检查在弹簧秤未挂物体时指针是否指在零刻度，若不在零刻度可扭动指针进行修正。所测力的方向应沿弹簧的轴线方向。未挂物体前，最好轻轻地来回拉动挂钩几次，防止弹簧指针卡在外壳上。此外还要注意不能使弹簧指针跟外壳摩擦，以免误差过大。

任务实施

一、工量具、设备及材料准备

转向盘转动力检测所需要的工量具、设备及材料见表1-8-1。

表1-8-1 转向盘转动力检测所需的工量具、设备及材料

材料及工量具名称	数 量	是否准备
弹簧秤	1只	是□ 否□

二、转向盘转动力的检测步骤

1）选择合适量程的弹簧秤。弹簧是有一定弹性限度的，超过这个限度测量就会不准确，还有可能会损坏测力计。

2）测量前要检查指针是否指在零刻度线，如果没有指在零刻度线，要通过调节使指针指在零刻度线，此时可以轻轻地来回拉动弹簧测力计的挂钩，以免指针被卡住，给测量带来较大的误差。

3）检查动力转向系统储液罐液位，确保液位处于正常范围。

4）起动发动机，怠速运行，将转向盘从一个极限位置转到另一个极限位置，重复操作几次，来预热部件和转向助力液。

5）把弹簧秤连接到转向盘上，使发动机保持怠速运转状态，将弹簧秤钩在转向盘上边缘切线上，拉动弹簧秤，如图 1-8-2 所示，当转向盘开始转动时读取弹簧秤的测量值。

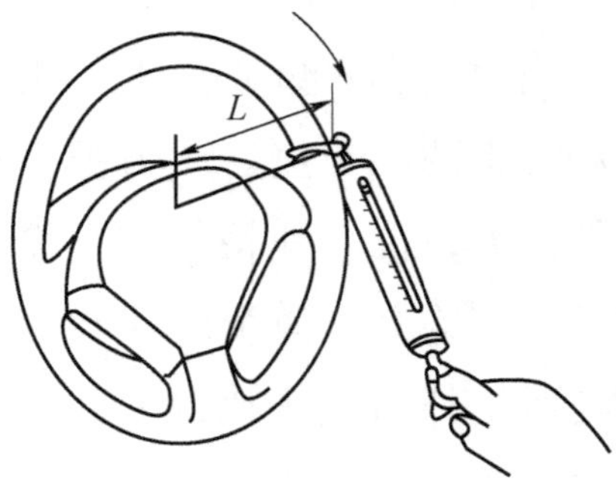

图 1-8-2 使用弹簧秤测量转向盘转动力

6）转向盘初始转动力应为 3.0kgf（1kgf = 9.80665N）。

知识拓展

转向盘转动力的大小会直接影响车辆行驶的安全性和操纵稳定性，转向沉重，无回正感，会增加驾驶人的劳动强度，而且还不能及时敏捷地转向而影响行车安全。转向太轻，则驾驶人会失去“路感”，感觉“发飘”，难以控制汽车行驶方向，同样不利于安全。造成转向盘转动力不符合规定的原因主要有：

1）轮胎气压不足。

2）转向器内部主、从动件啮合间隙过大或过小，或者轴承预紧度不符合要求。

3）转向器、转向节、轴承缺少润滑油或过紧。

4）前轴或车架受损变形。

5）前轮前束值过大或过小。

知识巩固

一、填空题

弹簧秤又叫作弹簧测力计，可以分为______和______两种类型。

二、选择题

1. 弹簧测力计中弹簧的形变与外力成（　　）。

A. 正比关系　　B. 反比关系

C. 没有关系　　D. 以上说法都不正确

2. 在汽车维修中，弹簧秤常用于检测（　　）。

A. 油耗高低　　B. 轮胎摩擦力

C. 转向盘转动力　　D. 气缸压力

3. 压力弹簧秤的托盘承受的压力（　　）物体的重力。

A. 大于　　B. 小于　　C. 等于　　D. 以上都不对

4. 转向盘初始转动力应为（　　）。

A. 1.0kgf　　B. 2.0kgf　　C. 3.0kgf　　D. 4.0kgf

5. 造成转向盘转动力不符合规定的原因有（　　）。

A. 轮胎气压不足　　B. 前轴或车架受损变形

C. 前轮前束值过大　　D. 前轮前束值过小

6. 转向盘转向沉重的影响包括：（　　）。

A. 影响操纵稳定性　　B. 无回正感

C. 增加驾驶人劳动强度　　D. 影响行车安全

7. 转向盘转向太轻的影响包括：（　　）。

A. 难以控制汽车行驶方向　　B. 无回正感

C. 驾驶人感觉“发飘”，失去“路感”　　D. 影响行车安全

三、判断题

1. 弹簧秤的弹簧是有一定弹性限度的。（　　）

2. 使用弹簧秤前，需要检查指针是否归零。（　　）

四、简答题

造成转向盘转动力不符合规定的原因有哪些？

任务9　直角尺的使用

任务目标

通过本任务的学习，学生应实现以下目标：

1. 了解直角尺的用途及分类。
2. 掌握直角尺使用方法。
3. 掌握气门弹簧垂直度误差的检测步骤。

任务描述

使用直角尺对气门弹簧垂直度误差进行检测。

相关知识

一、直角尺的用途

直角尺又称为90°角尺，是检验或划线工作中常用的角度检验量具，常用于检测工件的垂直度误差及通过检测间隙及透光度判断工件相对位置的垂直度误差。直角尺主要由长边和短边组成，如图1-9-1所示。

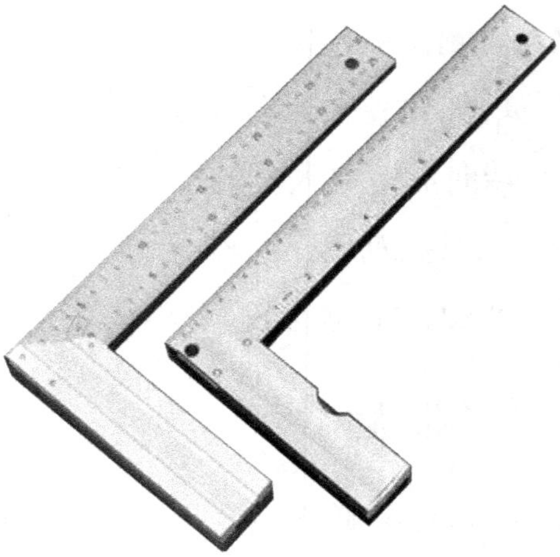

图1-9-1　直角尺

二、直角尺的分类

1. 按照尺寸规格分类

直角尺可分为150mm、200mm、250mm、300mm和500mm等规格，如图1-9-2所示。

2. 按照功能分类

直角尺可分为平面形直角尺、刀口形直角尺、三角形直角尺和多功能型直角尺等，如图1-9-3所示。

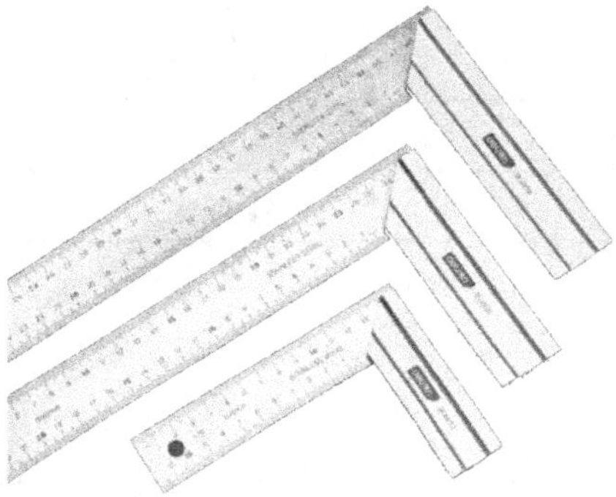

图1-9-2　按尺寸规格分类

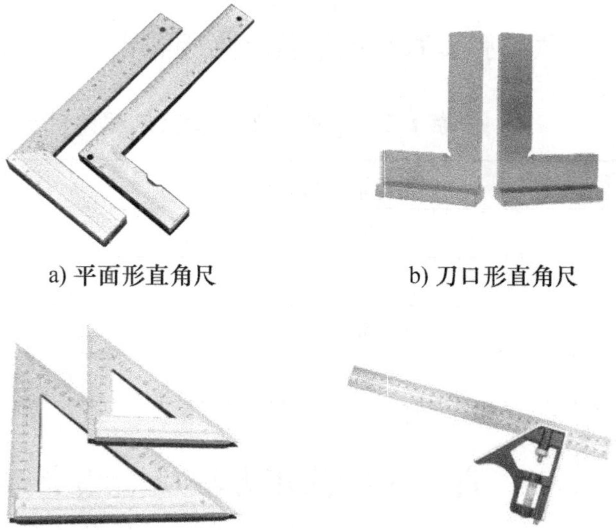

a) 平面形直角尺　b) 刀口形直角尺

c) 三角形直角尺　c) 多功能型直角尺

图1-9-3　按功能分类

3. 按照材质分类

直角尺可分为铸铁直角尺、镁铝直角尺和花岗岩直角尺。

（1）铸铁直角尺　铸铁直角尺按《GB/T 6092—2004》标准制造，材料使用HT250，工作面采用刮研或精密研磨削工艺，用于测量工件的直线度和平面度误差及设备安装，使用温度为20℃ ±5℃。

（2）花岗岩直角尺　花岗岩直角尺采用优质“济南青”石料经机械加工和手工精磨制成。黑色光泽，结构精密，质地均匀，稳定性好，强度大，硬度高，能在重负荷及一般温度下保持高精度，并且具有不生锈、耐酸碱、耐磨性、不磁化、不变形等优点，用于检测、测量、划线、设备安装、工业工程的施工。

（3）镁铝直角尺　镁铝直角尺也叫作镁铝合金直角尺，质量轻，容易搬运。镁铝直角尺不容易变形，屈服点超过一般钢材铸铁等。直角尺指测量面与基面互相垂直，用以检测直角、垂直度误差和平行度误差的测量器具，又称为弯尺、靠尺、90°角尺。它结构简单，使用方便，是设备安装、调整、划线及平台测量中常用测量器具之一。

任务实施

一、工量具、设备及材料准备

气门弹簧垂直度误差检测所需要的工量具、设备及材料见表1-9-1。

表1-9-1 气门弹簧垂直度误差检测所需要的工量具、设备及材料

材料及工量具名称	数 量	是否准备
直角尺	1把	是□ 否□
气门弹簧	1个	是□ 否□
塞尺	1把	是□ 否□
抹布	1块	是□ 否□

二、直角尺的使用方法及检测步骤

1）使用之前要对直角尺进行清理，并检查直角尺的外观，不应有锈蚀、碰伤、裂纹和毛刺等，以免影响检测结果。

2）将气门弹簧置于平板上，然后将直角尺的基面在平板上慢慢移动，使测量面紧靠气门弹簧的外侧垂直面。

3）检查弹簧的弯曲和扭曲变形程度，当 $\delta \leqslant 1.5mm$，弹簧轴线偏移 $\alpha \leqslant 2°$ 时为合格，否则应更换气门弹簧，如图1-9-4所示。

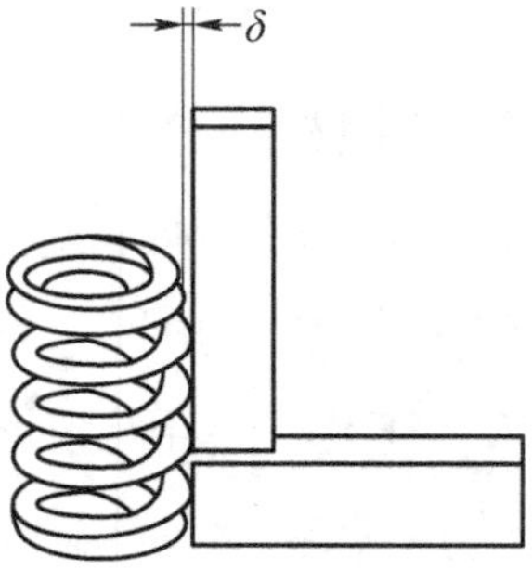

图1-9-4 气门弹簧垂直度误差检测

知识拓展

当使用直角尺检测工件两个外直角或内直角时，观察被测工件测量面与直角尺之间的光隙大小，如图1-9-5所示，可用光隙法来判断被测角相对于90°的误差。如果最大光隙在测量面顶端，说明被测角小于90°；如果最大光隙在测量面的底端，说明被测角大于90°；如果光隙均匀分布或无光通过，说明被测角等于90°。

如果需要定量测量出数据，可以采用塞尺塞入间隙的方法，去测量对应的偏差值。

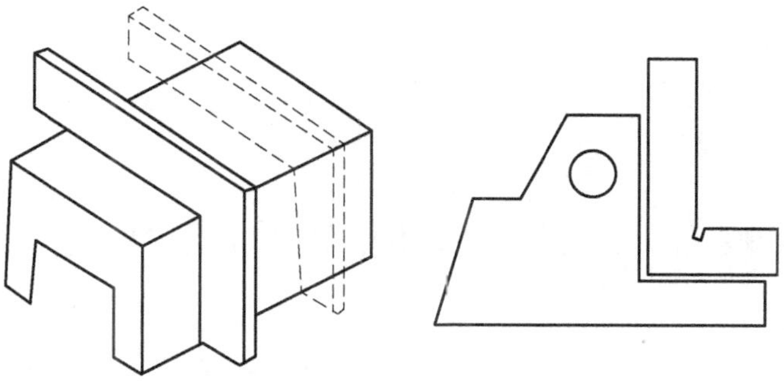

a) 检测外直角　　b) 检测内直角

图 1-9-5　检测外直角或内直角

在使用直角尺时还应遵守以下注意事项：

1）直角尺使用之前应保持清洁，以免影响检测效果。

2）移动直角尺时，应一只手托住短边，一只手扶住长边，避免单独提拿直角尺的一边而致使尺子变形。

3）测量时，直角尺要垂直于工件和平板，不能歪斜。

4）测量完毕，应将直角尺擦拭干净并放于器盒内，存放在干燥的地方。

用直角尺测量圆的直径：

方法一：

1）在圆的一侧作圆的弦 1#，弦长在直角尺刻度范围内。

2）用直角尺量出 1#弦中心点，过中心点作垂线 2#。

3）再在圆上作一弦 3#，与 1#弦大约成 90°角，弦长在直角尺刻度范围内。

4）同步骤 3，作 3#弦的垂线 4#。

5）2#线和 4#线交点为圆心。

6）用直角尺测出半径，直径 = 半径 ×2。

方法二：

1）在圆上作圆的弦 AB，交圆于 A、B，AB 长在直角尺刻度范围内。

2）用直角尺再作一条圆的弦 AC，交圆于 A、C，AC 长在直角尺刻度范围内，并且 AC 要垂直于 AB。

3）用直角尺测量出 AB、AC 的长度。

4）圆的直径 = $\sqrt{AB^2+AC^2}$。

知识巩固

一、填空题

直角尺又称为90°角尺，是检验或划线工作中常用的__________检验量具。

二、选择题

1. 按照不同的长度，直角尺的规格有（　　）。

A. 150mm　　B. 200mm　　C. 250mm　　D. 500mm

2. 按照不同的功能，直角尺可分为（　　）。

A. 三角形直角尺　　B. 刀口形直角尺

C. 六边形直角尺　　D. 多功能型直角尺

3. 在汽车维修中，直角尺可以用来（　　）。

A. 检测工件的受力面积　　B. 检测工件的垂直度误差

C. 检测间隙及透光度　　D. 以上说法都不正确

4. 使用直角尺测量时，直角尺要（　　）工件和平板。

A. 平行于　　B. 垂直于

C. 斜相交于　　D. 以上都可以

5. 测量过程中需移动直角尺时，正确的做法是（　　）。

A. 一只手托住短边，一只手扶住长边

B. 只需一只手单独提拿短边

C. 只需一只手单独提拿长边

D. 不需要用手托拿任何一边

三、判断题

1. 直角尺在结构上主要由两条长度一样的边组成。（　　）

2. 使用直角尺检测之前，应进行清理。（　　）

3. 直角尺虽有锈蚀、碰伤、裂纹、毛刺等，但没有折断，都可以正常使用。（　　）

4. 使用直角尺测量完毕后，应擦净并放于器盒内，存放于干燥的地方。（　　）

四、简答题

当使用直角尺检测工件两个外直角或内直角时，如何使用光隙法来判断被测角相对于90°的误差？

任务10 气门弹簧压缩器的使用

任务目标

通过本任务的学习，学生应实现以下目标：

1. 了解气门弹簧压缩器的用途及分类。
2. 掌握气门弹簧压缩器的使用方法。
3. 掌握气门弹簧压缩器的使用注意事项。

任务描述

使用气门弹簧压缩器拆卸气门弹簧及其他气门组件。

相关知识

一、气门弹簧压缩器的用途

气门弹簧压缩器也称为气门弹簧钳，是专门用于拆卸或安装气门弹簧的工具。在拆卸气门等气门组件前，气门弹簧处于预压缩状态，使用气门弹簧压缩器代替一般的套筒、螺栓等工具对气门弹簧进行拆卸，能避免弹簧弹出伤人以及损坏气门的相关部件，导致气门组件不能正常工作，从而影响发动机的运行。

二、气门弹簧压缩器的类型

根据发动机类型的不同，气门弹簧压缩器有不同的类型，主要有螺杆型凡尔钳气门弹簧压缩器、齿条手柄式气门弹簧压缩器、免拆式气门弹簧压缩器和压杆式气门弹簧压缩器，如图1-10-1所示。其中，螺杆型凡尔钳气门弹簧压缩器是汽车发动机气门拆装中最常用的工具。

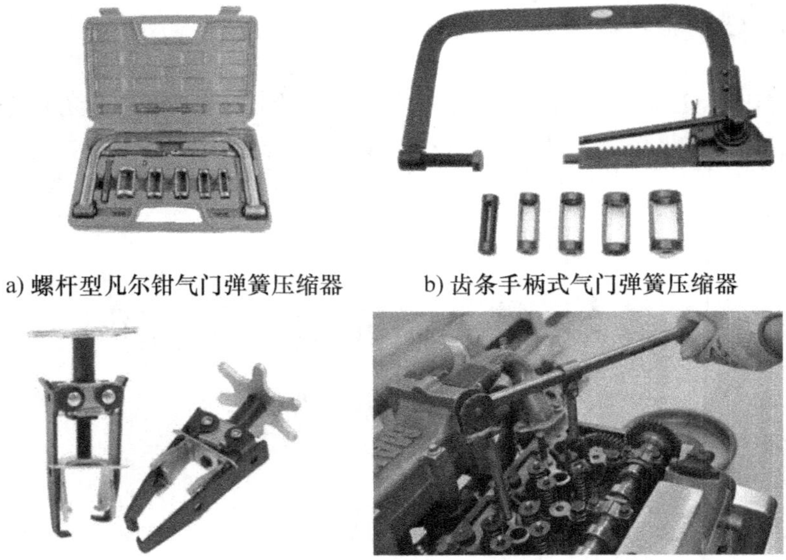

a) 螺杆型凡尔钳气门弹簧压缩器　b) 齿条手柄式气门弹簧压缩器

c) 免拆式气门弹簧压缩器　d) 压杆式气门弹簧压缩器

图 1-10-1　气门弹簧压缩器的类型

任务实施

一、工量具、设备及材料准备

气门弹簧及气门组件拆卸所需要的工量具、设备及材料见表 1-10-1。

表 1-10-1　气门弹簧及气门组件拆卸所需要的工量具、设备及材料

材料及工量具名称	数　量	是否准备
气门弹簧压缩器	1 把	是□　否□
气缸盖	1 个	是□　否□
磁力棒	1 个	是□　否□
抹布	1 块	是□　否□

二、气门弹簧压缩器的使用方法

不同类型的气门弹簧压缩器的使用方法不同，以螺杆型凡尔钳气门弹簧压缩器为例介绍其使用方法。

1）选择合适的接头并组装压缩器。每套气门弹簧压缩器都会配备不同规格的接头和螺杆，如图 1-10-2 所示。根据气缸具体情况挑选合适规格的螺杆及接

头，安装至弯弓的两端。

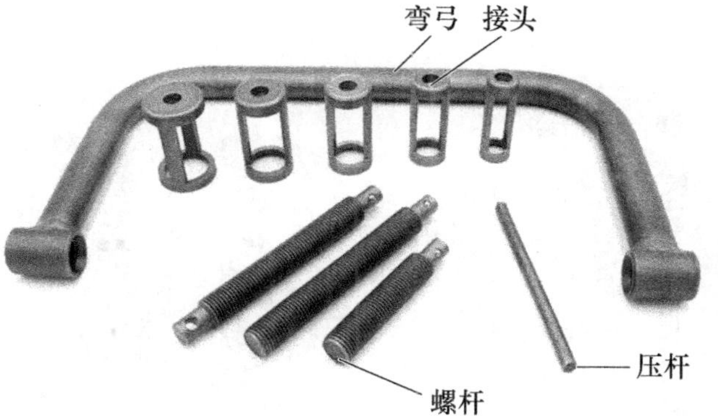

图 1-10-2　组装压缩器

2）将气门弹簧压缩器放置到所要拆卸的气门上，顺时针旋转压杆，直至下部螺杆接触到气门，而上部螺杆与气门座圈也同时完好接触。

3）继续旋转压杆，对气门弹簧进行压缩，当气门锁片与气门达到合适的脱离程度时，停止旋转压杆，如图 1-10-3 所示。

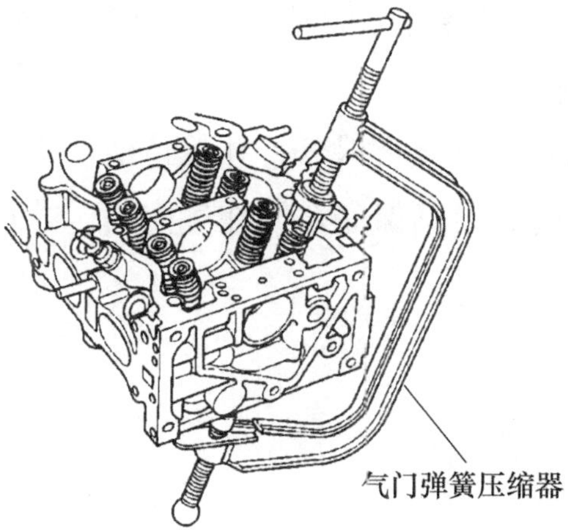

图 1-10-3　压缩气门弹簧

4）吸出锁片，逆时针旋转压杆，依次取出压缩器、气门弹簧、气门座圈、气门，完成气门弹簧及其他气门组件的拆卸。

知识拓展

一、气门组的组成

气门组是汽车发动机的配气机构，负责向发动机内输入燃料并排出废气。它主要由气门，气门座圈、气门导管、气门弹簧、弹簧座和锁片等组成，如图 1-10-4 所示。

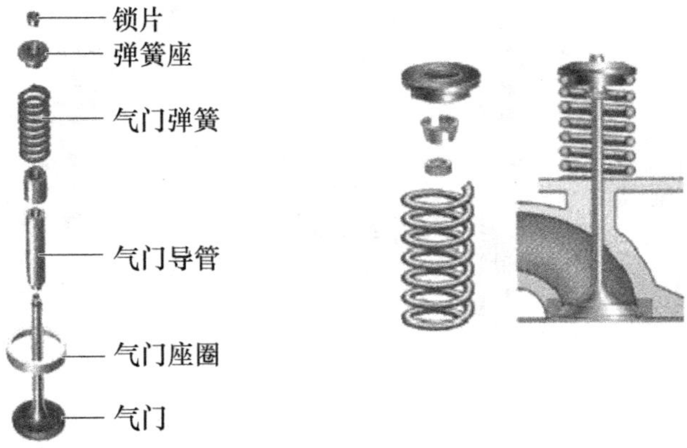

图 1-10-4　气门组的基本组成

二、气门弹簧压缩器的使用注意事项

1）在安装气门弹簧压缩器时，应挑选合适的螺杆和接头，否则容易造成压缩量不足致使气门无法拆卸。

2）气门弹簧压缩器要注意日常保养，并保持活动部分具有良好的润滑。

3）在安装气门锁片时，要确保完全锁住气门后，才可以卸下压缩器。

知识巩固

一、填空题

1. 气门弹簧压缩器是专门用于__________或__________气门弹簧的工具。
2. 气门组负责向发动机内__________并__________。

二、选择题

1.（　　）是汽车发动机气门拆装中最常用的工具。

A. 齿条手柄式气门弹簧压缩器　　B. 免拆式气门弹簧压缩器

C. 压杆式气门弹簧压缩器　　D. 螺杆型凡尔钳气门弹簧压缩器

2. 气门弹簧压缩器也被称为（　　）。

A. 气门压力钳　　B. 气门弹簧钳

C. 气门弹簧刀　　D. 以上说法都不对

3. 气门组是汽车发动机的（　　）。

A. 燃气机构　　B. 发电机构　　C. 配气机构　　D. 动力机构

4. 气门组主要由（　　）等组成。

A. 气门　　B. 气门导管　　C. 气门座圈　　D. 气门弹簧

5. 气门弹簧压缩器的类型包括（　　）。

A. 齿条手柄式气门弹簧压缩器　　B. 压杆式气门弹簧压缩器

C. 螺杆型凡尔钳气门弹簧压缩器　　D. 免拆式气门弹簧压缩器

三、判断题

1. 使用气门弹簧压缩器时，应挑选合适规格的螺杆及接头，安装至弯弓的两端。（　　）

2. 开始使用气门弹簧压缩器拆卸气门时，应逆时针旋转压杆。（　　）

四、简答题

1. 使用气门弹簧压缩器代替一般工具拆卸气门弹簧的优势有哪些？

2. 气门弹簧压缩器的使用注意事项有哪些？

任务 11　气缸压力表的使用

任务目标

通过本任务的学习，学生应实现以下目标：

1. 掌握气缸压力表的用途及分类。

2. 掌握气缸压力表的使用方法以及气缸压力的检测步骤。

3. 了解气缸压力不足的原因。

任务描述

使用气缸压力表对发动机气缸压力值进行测量。

相关知识

一、气缸压力表的作用

气缸压力表是一种专门用于检查气缸内气体压缩压力的量具。当发动机发生运转不稳、动力不足、缺火而又非外部点火、喷油等电控问题时，往往需要对发动机进行检测，其中气缸压力测试就是一项重要的检测项目。

二、气缸压力表的类型

按照发动机不同，气缸压力表可分为汽油发动机气缸压力表和柴油发动机气缸压力表，按照接口形式不同可分为推入式气缸压力表和螺纹式气缸压力表，如图 1-11-1 所示。其中，推入式气缸压力表配有锥形或阶梯形的橡胶接头和金属导管，另一端连接表头，测量时，压紧在火花塞或喷油器孔上即可；而螺纹式气缸压力表配有螺纹管接头，可以拧紧在火花塞或喷油器孔内，一般配有橡胶软管与压力表相通。

三、气缸压力表的结构

气缸压力表一般由压力表头、导管、单向阀和接头等组成，如图 1-11-1 所示。

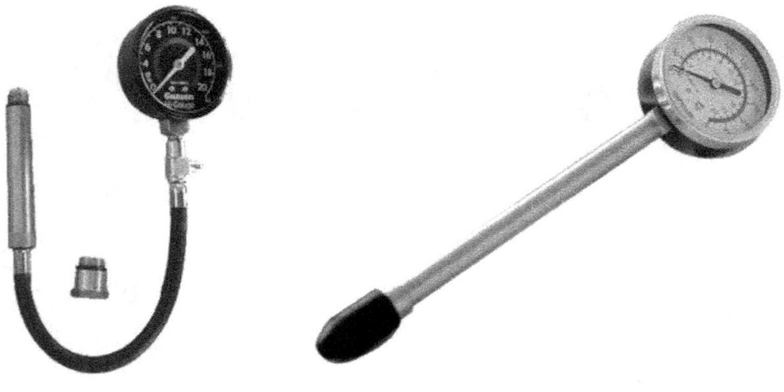

a) 螺纹式　　b) 推入式

图 1-11-1　气缸压力表

四、发动机气缸压力诊断标准

1）汽油机气缸压力应符合原厂规定或不低于原厂规定的标准值 10%，柴油机气缸压力则不低于原厂规定的标准值 20%。

2）为保证发动机运转平稳，各缸的压力差应满足：汽油机一般不超过其平均值的 10%；柴油机一般不超过其平均值的 8%。

任务实施

一、工量具、设备及材料准备

气缸压力测量所需要的工量具、设备及材料见表 1-11-1。

表 1-11-1　气缸压力测量所需要的工量具、设备及材料

材料及工量具名称	数　量	是否准备
气缸压力表	1 只	是□　否□
防护三件套	1 套	是□　否□
翼子板罩布	1 套	是□　否□
前格栅布	1 个	是□　否□
车轮挡块	1 副	是□　否□
吹尘枪	1 只	是□　否□
火花塞拆装专用工具	1 个	是□　否□
常用套筒工具	1 套	是□　否□
5 ~ 25N · m 扭力扳手	1 只	是□　否□

二、气缸压力的检测步骤

（1）车辆预检工作

1）安装三件套（转向盘套、座椅套和脚垫）。

2）打开发动机舱盖并支撑好。

3）安装翼子板罩布、前格栅布。

（2）预热发动机

1）进入驾驶室，确认驻车制动器操纵手柄拉起，变速杆处于空档。

2）起动发动机，怠速运转达正常工作温度后熄火。

（3）拔下分缸线及电插头

1）拆下发动机舱盖。

2）取下高压分缸线。

3）拔下点火模块电插头。

4）拔下喷油器电插头。

（4）拆卸火花塞

1）清理火花塞孔周围的污物。

2）用专用工具拆下全部火花塞。

（5）安装气缸压力表　将气缸压力表归零，将其安装在火花塞孔内并拧紧。

注意：不要将任何异物掉入火花塞座孔内。

（6）检测气缸压力（见图 1-11-2）并记录数据

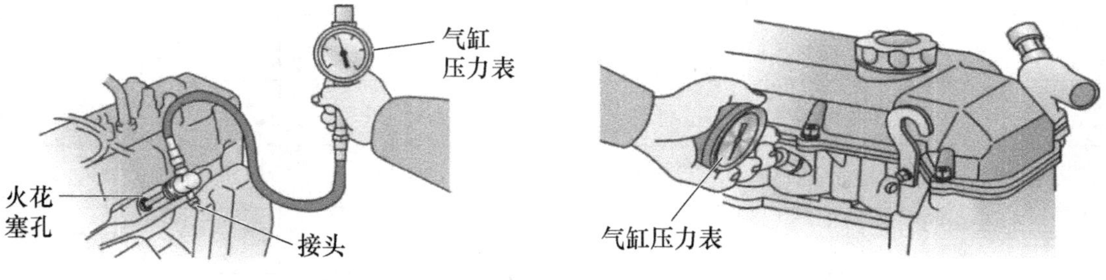

a) 螺纹式气缸压力表　　b) 推入式气缸压力表

图 1-11-2　检测气缸压力

1）起动发动机。

2）踩下加速踏板，让节气门全开。

3）运行 3 ~5s。

4）读取并记录气缸压力值。

5）按下卸压阀，指针归零，再测一次并加以记录，将结果填入实训作业工单。

（7）装复零部件　检测完毕，按照拆卸相反顺序装复零部件，恢复工位。

知识拓展

一、测量气缸压力的原因

气缸压力的大小与气缸密封性的好坏有直接的关系。气缸密封性是影响发动机动力性和经济性的主要因素之一。它与气缸、气缸盖、气缸垫、活塞、活塞环、进气门和排气门等零件状况有关。在发动机使用过程中，零件磨损、烧蚀、积炭、破损等，会引起气缸密封性降低，气缸的压缩压力不足。利用气缸压力表可以诊断气缸、活塞的故障。

二、气缸压力不足的原因

1. 进气阻力大

进气阻力增大，使进气量减少，如空气滤清器堵塞、气门开度减小、气门配气相位不对等，都可能导致进气阻力增大。

2. 压缩比变小

气缸压缩比变小，也就是燃烧室容积增大，燃烧室容积增大后，气缸压力就会下降，而燃烧室容积增大的原因是：修理不当或不及时，如气缸垫太厚；因使用了不合理的气门铰刀而铰削了气缸盖平面；磨修曲轴时，使回转半径减小了；修理连杆时，将其大、小头中心距变小了等。

3. 气缸漏气

气缸磨损、松动和错位，使构成压缩系统的零件间出现不应有的间隙，不能起到密封作用，导致气缸内的空气在压缩过程中发生泄漏。

（1）气缸垫漏气　气缸垫边缘漏气，致使压缩和做功行程中有气体窜出。气缸垫漏气的原因有：气缸盖固定螺栓预紧力不足，或没有按要求的拧紧顺序分次均匀地拧紧；气缸盖和气缸体接合平面翘曲；气缸套凸出高度不够，或相邻两缸凸出高度差过大，发动机工作温度过高而烧坏气缸垫；压缩比过高，使爆发压力过大。

（2）活塞环漏气　可在气缸内注入一些干净的机油，若经检查气缸压力显著提高，则说明活塞环密封不严，否则，说明气缸压力与活塞环无关。另外，还可以观察发动机工作时从加机油口排出的废气量多少来判断。活塞环漏气的原因有：活塞、活塞环、气缸磨损严重，配合间隙过大；活塞环弹力不足、折断或被积炭卡死在环槽里不能活动；活塞环端间隙和边间隙过大。

（3）气门漏气　包括气门与气门座以及气门座圈与缸盖之间产生漏气。气门漏气的原因有：气门杆积炭过多或弯曲，使气门运动不灵活，造成关闭不及时或关闭不严，积炭落入气门与气门座的接触环带斜面上，使气门关闭不严；气门与气门座的接触环带斜面磨损、烧蚀或接触环带过宽，造成气门关闭不严，气门间隙消失，气门弹簧弹力过小或折断，使气门关闭不严，气门座圈松动或镶气门座圈时不密封，造成漏气。

知识巩固

一、填空题

__________是一种专门用于检查气缸内气体压缩压力的量具。

二、选择题

1.（　　）配有锥形或阶梯形的橡胶接头和金属导管，另一端连接表头，测量时，压紧在火花塞或喷油器孔上。

A. 汽油发动机气缸压力表　　B. 柴油发动机气缸压力表

C. 螺纹式气缸压力表　　D. 推入式气缸压力表

2. 为保证发动机运转平稳，各缸的压力差，汽油机一般不超过其平均值的（　　）。

A. 4%　　B. 6%　　C. 8%　　D. 10%

3. 气缸压力表一般由（　　）等组成。

A. 压力表头　　B. 导管　　C. 单向阀　　D. 接头

4. 汽油机气缸压力应符合原厂规定的范围或不低于原厂规定的标准值（　　）。

A. 5%　　B. 10%　　C. 15%　　D. 20%

5. 柴油机气缸压力应符合原厂规定的范围或不低于原厂规定的标准值（　　）。

A. 5%　　B. 10%　　C. 15%　　D. 20%

6. 气缸压力表按照发动机不同可分为（　　）。

A. 汽油发动机气缸压力表　　B. 煤油发动机气缸压力表

C. 柴油发动机气缸压力表　　D. 以上说法都不对

7. 气缸压力表按照接口形式不同可分为（　　）。

A. 直线式　　B. 推入式

C. 螺纹式　　D. 曲线式

三、判断题

1. 气缸压力不足是造成发动机运转不稳、缺火的唯一原因。(　　)
2. 进气阻力大可能造成气缸压力不足。(　　)

四、简答题

为什么要测量气缸压力?

任务12　燃油压力表的使用

任务目标

通过本任务的学习，学生应实现以下目标:

1. 掌握燃油压力表的用途。
2. 掌握燃油压力表的使用方法以及燃油压力检测步骤。
3. 掌握燃油压力表的使用注意事项。

任务描述

使用燃油压力表对汽车发动机燃油系统供油压力进行测量。

相关知识

一、燃油压力表的用途

燃油压力表是主要用来测试发动机工作状态下燃油压力的工具，用以判断电动汽油泵、油压调节器、燃油泵等燃油系统元件的工作情况，是对燃油系统进行检查和故障诊断的专用工具。

二、燃油压力表的结构

燃油压力表主要由表头、连接管路、接头等部分组成，如图1-12-1所示。燃油压力表的刻度单位一般为bar（$1bar=10^5Pa$）、psi（即lbf/in^2，$1lbf/in^2=6.89476kPa$）。

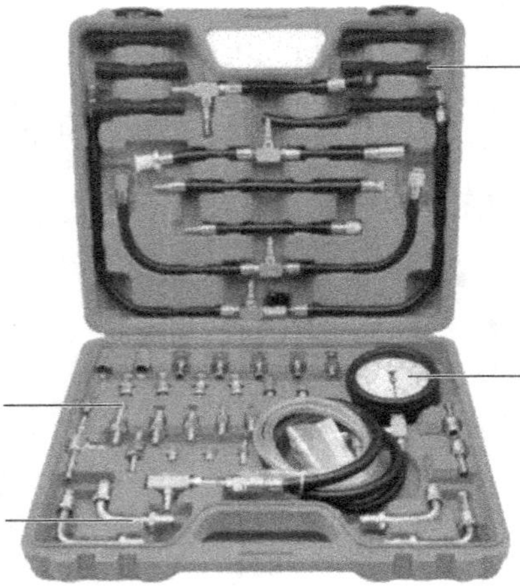

图 1-12-1 燃油压力表

三、燃油压力表类型的选择

使用时注意选择量程与被测系统压力范围相适应的燃油压力表，见表 1-12-1。

表 1-12-1 压力范围参考值

燃油压力表量程/kPa		电控燃油喷射发动机燃油系统压力/kPa	
普通式	专用式	单点喷射系统	多点喷射系统
7～103	7～690	62～69	207～275

任务实施

一、工量具、设备及材料准备

燃油压力测试所需要的工量具、设备及材料见表 1-12-2。

表 1-12-2 燃油压力测试所需要的工量具、设备及材料

材料及工量具名称	数量	是否准备
燃油压力表	1 套	是□ 否□
抹布	1 块	是□ 否□

二、燃油压力的检测步骤

1. 燃油系统放压

1）拧开油缸盖及关闭发动机。

2）截断燃油泵电路。

3）有些汽车设计上是将熔丝取走而令燃油喷射器或整个燃油系统不能工作，视各品牌汽车而定。

4）起动发动机，直至发动机自行停熄。

5）重新起动发动机3～5s，然后拆下蓄电池负极。

6）熄火。

2. 安装燃油压力表

关闭发动机，找出汽车进油管接头，并与燃油压力表检测系统连接。如所测试汽车无燃油阀，则需要拆开油管，同时要防止汽油高压溢射伤及身体、眼睛或引起火灾。连接时，必须正确选用燃油压力检测配件中的接头进行接驳。如果测试的汽车没有标准的接头，则需以软管加接头锁紧，如图1-12-2所示。

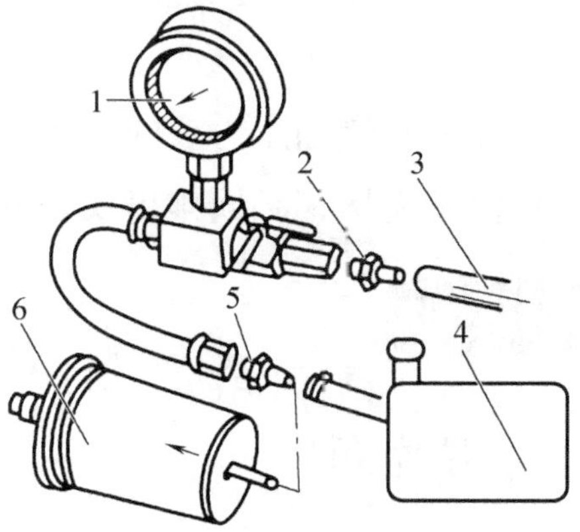

图1-12-2　燃油压力表的连接

1—燃油压力表　2、5—专用接头　3—进油管　4—燃油箱　6—燃油滤清器

3. 燃油压力测试

燃油压力测试的项目主要包括：静态油压测试、怠速油压测试、最大油压测试、残余油压测试等。

（1）静态油压测试　恢复燃油泵熔丝或继电器，不起动发动机，通过诊断仪对燃油泵进行动作测试或直接为燃油泵供电使之运转，读取燃油压力表读数。具体车型的标准数值以维修手册要求为准。

（2）怠速油压测试　起动发动机，使燃油泵在怠速下运转，读取燃油压力表的读数。具体车型的标准数值以维修手册要求为准。

（3）最大油压测试　该测试只适用于双管路燃油供给系统，用钳子夹住回油管，此时的油压表读数即为油泵最大供油压力，一般为正常油压的2～3倍。

（4）残余油压测试　在发动机熄火、燃油泵停止运转10min后，再去读取燃油压力值，油管保持压力应大于规定值，具体车型的标准数值以维修手册要求为准。

4. 拆卸燃油压力表

对燃油压力表执行泄压，拆去燃油压力表，重新起动发动机，检查油管是否渗漏。将燃油压力表检测系统套件内的燃油放出并擦拭干净，然后将燃油压力表装回工具箱，此时便可结束测试过程。

知识拓展

使用燃油压力表时需要注意以下事项：

1）在安装燃油压力表及拆卸油管时，应使用毛巾垫于油管接口下，避免因燃油泄漏在发动机上而引发火灾。

2）上述的燃油压力测试通常只能用于汽油发动机的进气管燃油喷射系统，而对于缸内直喷汽油发动机和柴油发动机，由于其燃油压力过高，不能使用这种测试方法。

3）在安装燃油压力表的过程中，应保证接口密封，确保无泄漏现象。

4）测试完毕，必须排出仪表软管内的残余油液。

知识巩固

一、填空题

燃油压力表的刻度单位一般为________、________。

二、选择题

1. 燃油压力表是主要用来测试发动机工作状态下（　　）的工具。

A. 燃油容量　B. 燃油密度　C. 燃油压力　D. 燃油可燃性

2. 燃油压力表的组成部分主要有（　　）。

A. 气门弹簧　B. 表头　C. 连接管路　D. 接头

三、判断题

1. 最大油压测试只适用于双管路燃油供给系统。（　　）

2. 使用燃油压力表测试完毕后，必须排出仪表软管内的残余油液。（　　）

四、简答题

使用燃油压力表时需要注意哪些事项？

任务13　机油压力表的使用

任务目标

通过本任务的学习，学生应实现以下目标：

1. 掌握机油压力表的用途。
2. 掌握机油压力表的使用方法以及机油压力检测步骤。
3. 掌握机油压力表的使用注意事项。

任务描述

使用机油压力表对发动机主油道进行机油压力检测。

相关知识

一、机油压力表的用途

在发动机工作时，机油压力表可以用来指示发动机润滑系统主油道中机油压力的大小，以便了解发动机润滑系统工作是否正常。在发动机工作时，当机油压力过低时，其各零部件的接触面如果得不到充分润滑，则会引起表面发热和磨损，降低机件的使用寿命，影响发动机的动力性能。因此，机油压力测试是检验发动机润滑系统性能是否正常的重要项目。

二、机油压力表的结构

机油压力表主要由表头、连接管路、接头等部分组成，如图1-13-1所示。

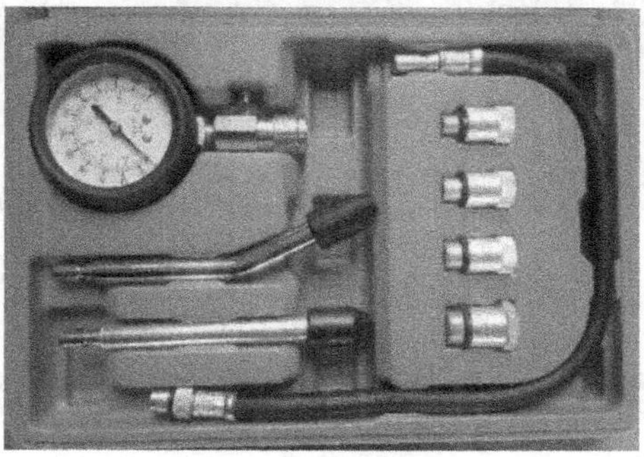

图1-13-1　机油压力表

任务实施

一、工量具、设备及材料准备

机油压力测试所需要的工量具、设备及材料见表 1-13-1。

表 1-13-1 机油压力测试所需要的工量具、设备及材料

材料及工量具名称	数 量	是否准备
机油压力表	1 套	是□ 否□
抹布	1 块	是□ 否□

二、机油压力检测

1. 检查润滑系统

在进行机油压力测试之前，为了保证机油压力测试的准确性，应该对发动机润滑系统进行必要的检查，检测机油的液位、黏度，以及检查机油是否有泄漏或堵塞、机油压力传感器是否有故障、机油滤清器是否正常等。

2. 进行机油压力测试

1）拆卸机油压力开关，将机油压力表接头按力矩要求安装在机油压力开关的座孔上，如图 1-13-2 所示。

图 1-13-2 安装机油压力表

2）起动发动机，查看机油压力表的测量值，如果此时压力表没有显示机油压力，应立即关闭发动机。

3）分别测试怠速时、加速时及发动机转速稳定时的机油压力值等，查看并记录机油压力表的测量值。将读数与标准值进行比较，不同工况的标准数值以维修手册要求为准。

4）取下机油压力表，安装机油压力传感器或机油道塞。

5）起动发动机并检查机油压力开关是否漏油。

6）将机油压力表装回工具箱，结束测试。

知识拓展

一、机油压力故障分析

1. 机油压力过低

如果发动机机油压力低于规定值，则应检查发动机是否有以下一种或多种情况存在：带止回功能的机油滤清器和滤清器气缸体侧的 O 形圈不正常，机油泵磨损或脏污，机油泵至发动机舱盖的螺栓松动，机油泵滤网松动、堵塞或损坏，机油泵调压阀故障，轴承间隙过大，机油油道开裂、有孔隙或堵塞，机油油道塞缺失或安装不当。

2. 机油压力过高

如果发动机机油压力高于规定值，则可能存在的原因有：滤清器堵塞、机油泵限压阀卡滞不回油等。

3. 机油消耗过多

发动机正常的机油消耗量与汽油消耗量的比例，根据《汽车发动机可靠性试验方法》（GB/T 19055—2003）标准，汽车全负荷状态不允许超过0.3%，若大于0.3%就不正常了。机油消耗过多的原因除漏机油外，更多的是烧机油。

二、机油压力表的使用注意事项

1）机油压力表必须与配套的稳压器、传感器一起使用。

2）机油压力表在安装时必须保证接线柱绝缘良好。

3）测量完毕后，应将机油压力表装入工具箱进行保存。

知识巩固

一、填空题

机油压力表可以用来指示发动机________主油道中机油压力的大小，以便了解发动机工作是否正常。

二、选择题

1. 检测时，发现机油压力表没有显示机油压力，应立即（　　）。

A. 关闭发动机　　B. 加大马力

C. 不做任何处理　　D. 离开检测现场

2. 机油压力表可以用来指示发动机润滑系统主油道中（　　）的大小。

A. 机油容量　　B. 机油压力

C. 机油压强　　D. 以上都不对

3. 造成机油压力过低的原因可能是（　　）。

A. 机油泵磨损或脏污　　B. 机油泵调压阀故障

C. 滤清器堵塞　　D. 机油道塞缺失

4. 造成机油压力过高的原因可能是（　　）。

A. 机油泵限压阀卡滞不回油　　B. 滤清器堵塞

C. 机油油道开裂　　D. 机油泵至发动机舱盖的螺栓松动

5. 机油压力表的组成部分包括（　　）。

A. 表头　　B. 接头

C. 压缩弹簧　　D. 连接管路

6. 在机油压力测试之前，应对发动机润滑系统进行检查，检查内容包括（　　）。

A. 机油的液位、黏度　　B. 机油是否有泄漏或堵塞

C. 机油压力传感器是否有故障　　D. 机油滤清器是否正常

三、判断题

1. 机油压力表必须与配套的稳压器一起使用，传感器则无要求。（　　）

2. 机油压力表在安装时必须保证接线柱绝缘良好。（　　）

四、简答题

机油压力表的使用注意事项有哪些？

任务14　传动带张力计的使用

任务目标

通过本任务的学习，学生应实现以下目标：

1. 掌握传动带张力计的用途。
2. 掌握传动带张力计的使用方法。
3. 了解传动带张力计的类型及特点。

任务描述

使用传动带张力计检查传动带功能。

相关知识

一、传动带张力计的作用

传动带张力计是一种专门用于检测传动带张紧程度的专用量具。

二、传动带张力计的分类

传动带张力计的类型繁多，总体来说有机械式传动带张力计、数显式传动带张力计、超声波传动带张力计等。常见的机械式传动带张力计如图1-14-1所示。

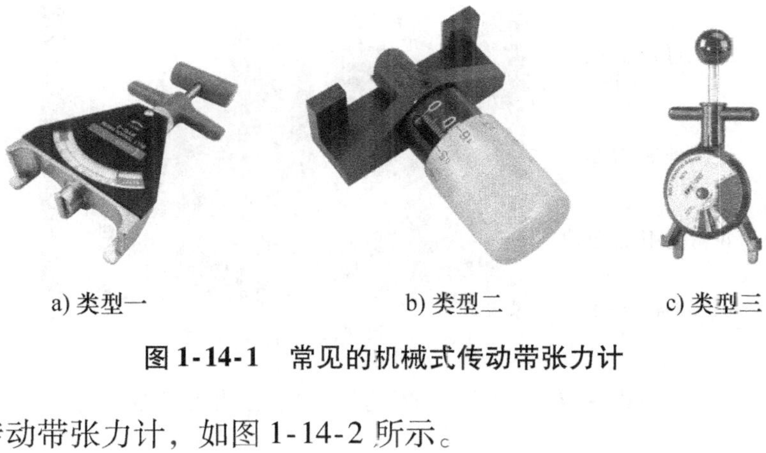

a) 类型一　　b) 类型二　　c) 类型三

图1-14-1　常见的机械式传动带张力计

数显式传动带张力计，如图1-14-2所示。

超声波传动带张力计通过模拟信号处理，可测出不同条件下的振动波形，并可读出波形的周期，通过周波数频率的处理，换算出张力值，如图 1-14-3 所示。

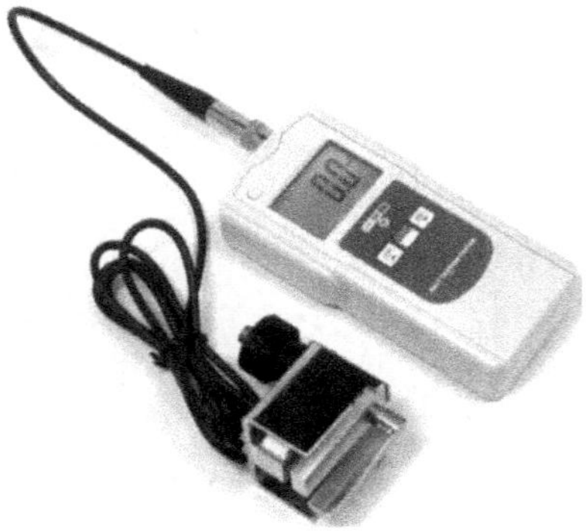

图 1-14-2　数显式传动带张力计

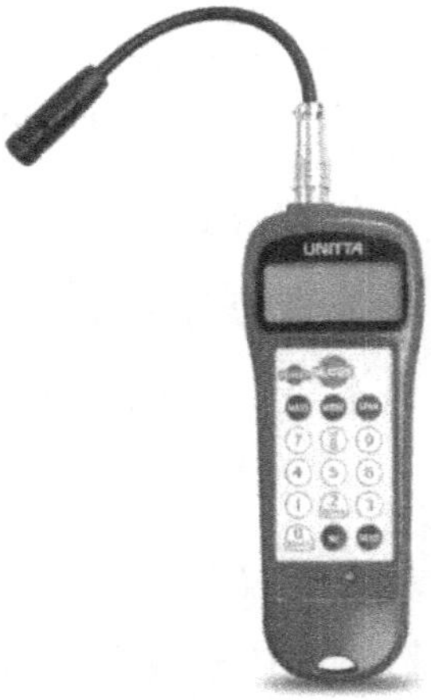

图 1-14-3　U-508 型超声波传动带张力计

三、传动带的张紧标准

不同类型、不同材质的传动带，张力也各有不同，可通过传动带张力计测量的数值，查询标准参数，判断传动带是否符合标准。

如图 1-14-4 所示，传动带张力计的型号为 OTC6673，在完成测量后，根据表盘颜色判断传动带张紧力是否合格。

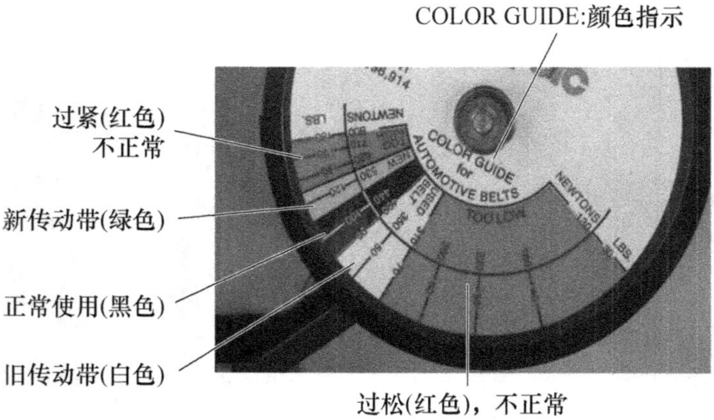

图 1-14-4　OTC6673 型传动带张力计读数

任务实施

一、工量具、设备及材料准备

传动带检查所需要的工量具、设备及材料见表1-14-1。

表1-14-1　传动带检查所需要的工量具、设备及材料

材料及工量具名称	数　　量	是否准备
传动带张力计	1个	□是　　□否
常用套筒工具	1套	□是　　□否
常用扳手工具	1套	□是　　□否
清洁布	2块	□是　　□否
翼子板布	1套	□是　　□否
前格栅布	1个	□是　　□否
车轮挡块	1套	□是　　□否

二、传动带的检查步骤

1. 车辆预检工作

1）打开发动机舱盖（通过拉动发动机舱盖拉索）。

2）铺上护套（翼子板布、前罩）。

3）安装车轮挡块。

4）取出传动带张力计，校零。

2. 测量传动带张力

1）完全按下球形手柄，让挂钩咬合到传动带上，如图1-14-5a所示。

2）传动带张力计必须与传动带保持垂直状态，挂钩压到传动带边上，然后释放球形手柄，如图1-14-5b所示。

3）读取指针刻度盘上的张力数值，确认张力是否正常。

4）测试完成后，按下手柄，取下传动带张力计。

5）根据测试结果，调整传动带的张紧程度。

注意：在起动发动机前，切记取下传动带张力计。

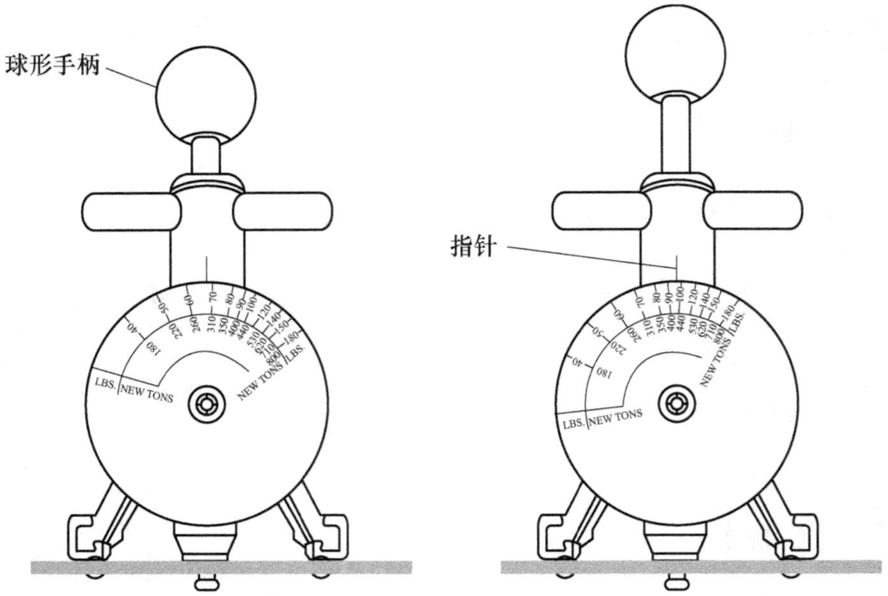

a) 完全按下球形手柄　　b) 挂钩垂直压到传动带边上

图 1-14-5　传动带张力计的使用方法

3. 检查完毕恢复工位

1）将传动带张力计装入盒内。

2）拆卸车内防护三件套。

3）拆卸翼子板布、前格栅布。

4）拆卸车轮挡块。

5）使工具、工位、设备复位。

知识拓展

传动带一般有哪些类型？各有何特点？

根据传动原理的不同，有靠带与带轮间的摩擦力传动的摩擦型带传动，也有靠带与带轮上齿的啮合传动的同步带传动。

在摩擦传动中，按传动带的横截面形状的不同可分为平带传动、V 带传动、多楔带传动及圆带传动等，见表 1-14-2。

同步带传动属于啮合型带传动：靠带齿和轮齿的啮合来传递运动和动力，所需张紧力小；轴和轴承上所受的载荷小；带和带轮间没有滑动，传动比准确且传动比大；带的厚度薄，质量轻，允许高的线速度，传动效率高，如图 1-14-6 所示。

表 1-14-2 传动带的摩擦传动类型及特点

类型		图例	特点
摩擦传动	平带传动	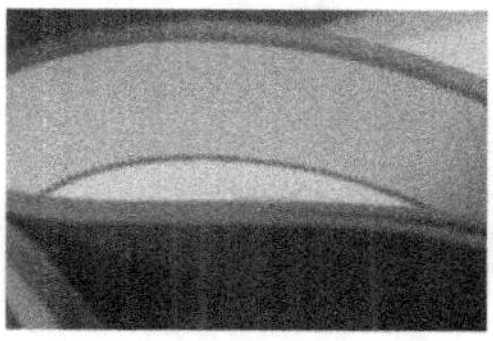	工作时带的内面是工作面，与圆柱形带轮工作面接触，属于平面摩擦传动。高速运行时，带体容易散热，传动平稳，结构简单，带轮也容易制造，在传动中心距较大的情况下应用较多
	V 带传动		V 带传动，在一般机械传动中应用最广。传递的功率大，结构简单，价格便宜。传动时 V 带只与带轮轮槽的两个侧面接触，根据槽面摩擦的原理，在同样的张紧力下，V 带传动较平带传动能产生更大的摩擦力（约大 70%），因而比平带传动的承载能力高。这是 V 带传动性能上的最主要优点
	多楔带传动		多楔带传动兼有平带传动和 V 带传动的优点：柔韧性好、摩擦力大，多楔带是以平带为基体、内表面具有若干等距纵向 V 形楔的环形传动带，其工作面为楔的侧面，它具有平带的柔软、V 带的摩擦力大的特点，主要用于传递大功率而结构又要求紧凑的场合
	圆带传动		圆带传动能力较小，主要用于 $v<15\text{m/s}$，$i=0.5\sim3$ 的小功率传动，如仪器和家用器械中

图 1-14-6 同步带传动

知识巩固

一、填空题

传动带张力计是一种专门用于检测传动带________的专用量具。

二、选择题

1. 传动带张力计的类别有（　　）。

A. 机械式传动带张力计　　B. 数显式传动带张力计

C. 超声波传动带张力计　　D. 红外线传动带张力计

2. 根据传动原理的不同，传动带传动的类型包括（　　）。

A. 光滑型带传动　　B. 摩擦型带传动

C. 异步带传动　　D. 同步带传动

3. （　　）传动带张力计，通过模拟信号处理，可测出不同条件下的振动波形，并可读出波形的周期，通过周波数频率的处理，换算出张力值。

A. 数显式　　B. 机械式

C. 超声波　　D. 上述说法都不正确

4. 不同类型、不同材质的传动带，传动带张力（　　）。

A. 各有不同　　B. 基本一样

C. 完全相同　　D. 上述说法都不正确

5. （　　）在一般机械传动中应用最广，传递的功率大，结构简单，价格便宜。

A. 平带传动　　B. 圆带传动

C. 多楔带传动　　D. V 带传动

三、判断题

1. 靠带与带轮上齿的啮合传动的是摩擦型带传动。（　　）

2. V 带传动是同步带传动中的一种类型。（　　）

3. 使用传动带张力计测试前，需要校零。（　　）

4. 摩擦型带传动属于啮合型带传动。（　　）

四、简答题

1. 传动带的摩擦传动类型中平带传动的特点是什么？

2. 传动带一般有哪些类型？

任务15　活塞环压缩器的使用

任务目标

通过本任务的学习，学生应实现以下目标：

1. 掌握活塞环压缩器的用途及类型。
2. 掌握活塞环压缩器的使用方法。
3. 掌握使用活塞环压缩器安装活塞环时的注意事项。

任务描述

使用活塞环压缩器将活塞环压缩到活塞环槽内，并将活塞安装到气缸内。

相关知识

一、活塞环压缩器的用途及类型

在装配发动机的活塞时，活塞环在自由状态时，其外圆直径比活塞直径及气缸直径大，因此活塞头部便无法进入气缸中，要想将活塞及活塞环装入气缸中，就必须将活塞环包紧在活塞环四周的槽中，而活塞环压缩器就是这么一种工具，它能将活塞环压缩至活塞环槽内，并将活塞顺利地安装到气缸中。需要注意的是，由于活塞环压缩器有不同的大小和型号，在作业时要根据活塞的直径来选择合适的压缩器。

按照结构的不同，活塞环压缩器一般可以分为棘轮缩紧式和钳夹式两种，如图1-15-1所示。

二、活塞环压缩器的结构

在现阶段，较为常用的活塞环压缩器是棘轮缩紧式活塞环压缩器。它主要由棘轮匙、棘轮装置、螺栓、释放爪、缩紧带和压缩圈组成，如图 1-15-2 所示。

a) 棘轮缩紧式

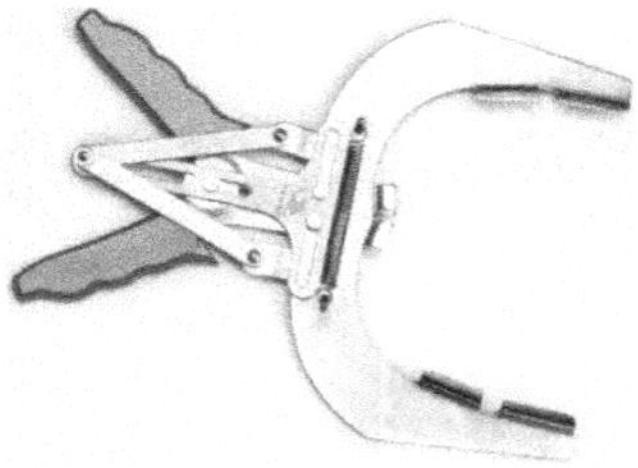

b) 钳夹式

图 1-15-1　活塞环压缩器

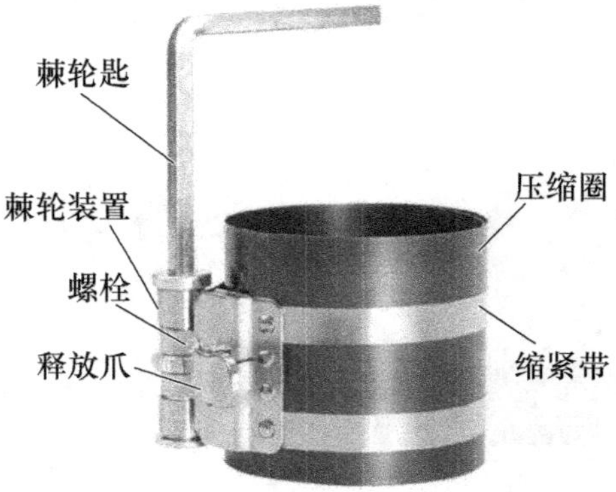

图 1-15-2　棘轮缩紧式活塞环压缩器的结构

任务实施

一、工量具、设备及材料准备

压缩活塞环所需要的工量具、设备及材料见表 1-15-1。

表 1-15-1　压缩活塞环所需要的工量具、设备及材料

材料及工量具名称	数　量	是否准备
活塞环压缩器	1 个	□是　□否
润滑油	1 瓶	□是　□否
活塞环拆装钳	1 把	□是　□否
抹布	1 块	□是　□否

二、压缩活塞环并安装活塞

以棘轮缩紧式活塞环压缩器为例，介绍活塞环压缩器的使用方法。

1. 准备工作

1）在安装活塞环之前，需要按规定检查活塞环的弹力、漏光度，以及活塞

环的开口间隙、侧隙、背隙是否符合标准。

2）在气缸壁、活塞及活塞环四周涂上润滑油，润滑表面。

2. 压缩活塞环

1）安装油环，使用活塞环拆装钳安装气环，调整各个活塞环的开口方向，使各个活塞环的环口位置正确分布，如图 1-15-3 所示。

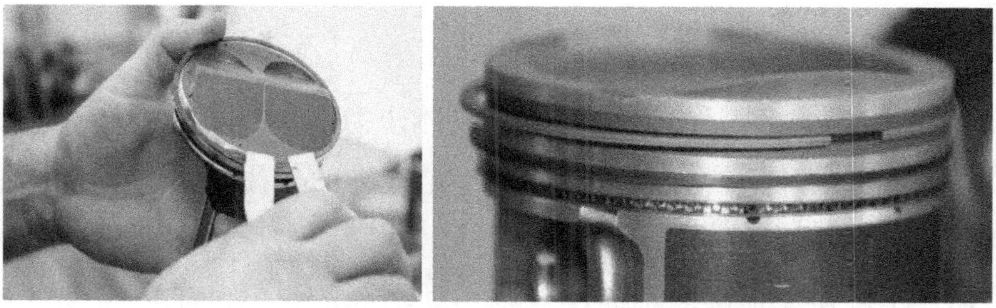

图 1-15-3　安装活塞环

2）选择合适尺寸的活塞环压缩器，压下释放爪。利用棘轮匙逆时针转动棘轮装置，释放压缩圈，将活塞环压缩器包裹在活塞的外面。

3）利用棘轮匙顺时针转动棘轮装置压缩活塞环，将活塞环完全压入环槽内。

3. 将活塞装入气缸

1）将带有压缩器的活塞连杆大头部分先放入气缸内，如图 1-15-4 所示，使压缩器下平面与气缸上平面接合完好。

2）使用木棒等工具轻轻敲击活塞顶部，使活塞顺利进入气缸内，如图 1-15-5 所示。

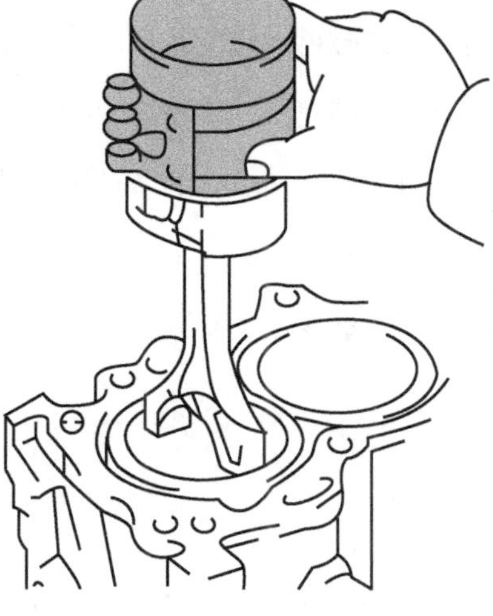

图 1-15-4　将活塞放入气缸

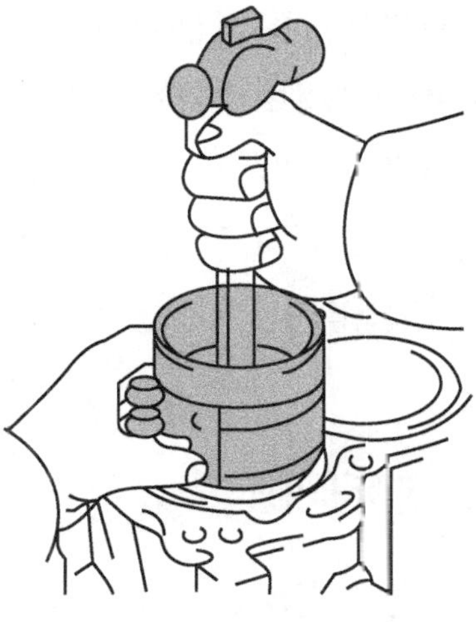

图 1-15-5　敲击活塞顶部

4. 安装连杆轴承盖

当活塞第一道活塞环进入气缸后，活塞环压缩器会与活塞脱离，当活塞完全安装到气缸内后，安装连杆轴承盖，固定连杆盖。

知识拓展

一、活塞环的特性

（1）作用力　作用在活塞环上的力有气体压力、环自身弹力、环往复运动的惯性力、环与气缸及环槽的摩擦力等。由于这些力的作用，活塞环将产生轴向运动、径向运动、回转运动等基本运动。此外，活塞环由于它的运动特点，伴随着不规则运动，不可避免地出现轴向不规则运动引起的浮悬和轴向振动、径向不规则运动和振动、扭曲运动等。这些不规则运动常常妨碍活塞环发挥作用。因此，设计活塞环时，要充分发挥运动有利的一面，控制不利的一面。

（2）导热性　气缸内燃料燃烧产生的高热，将通过活塞环传递给气缸壁，因此活塞环能起到冷却活塞的作用。通过活塞环向气缸壁散出的热量，一般可达到活塞顶部承受热量的30%～40%。

（3）气密性　活塞环的另一个作用是保持活塞与气缸壁之间的密封，将漏气控制到最低限度。这种密封作用主要由气环来承担，即发动机在任何运转条件下，其压缩空气和燃气的泄漏均要控制到最低，以提高热效率；防止因漏气而引起气缸与活塞或气缸与环之间咬死；防止润滑油的劣化而引起的故障等。

（4）控油性　活塞环能够适当地刮落附着在气缸壁上的润滑油，并保持正常的油耗量。当供给的润滑油过多时，部分润滑油将被吸至燃烧室，使油耗量增大，而且它们在燃烧过程中会产生积炭，积炭对发动机性能影响极坏。

（5）支撑性　因为活塞的直径略小于气缸内径，如无活塞环，则活塞在气缸内会很不稳定，就不可能自如运动。同时，活塞环还要防止活塞直接与气缸接触，起到支撑作用。因此，活塞在气缸内上下运动，其滑动面全靠活塞环来承担。

二、活塞环间隙

活塞环工作在高温、高压、高速、润滑不良的工作环境中，同时又要具有良好的气密功能、刮油功能和导热功能，既要确保其密封性能，又要防止活塞环卡死在环槽和气缸中，所以在安装活塞环时必须留有三个间隙，简称活塞环的三隙：一是开口（环口）间隙，二是轴向间隙，三是径向间隙。活塞环的三隙也称为端隙、侧隙、背隙。下面我们来介绍一下活塞环三隙的测量方法。

1. 端隙的测量

端隙即活塞环装到气缸内后，在开口处呈现的间隙，以防活塞环受热膨胀后卡死。检查活塞环端隙时，将活塞环平正地放入气缸内，用活塞顶部把它推平，然后用塞尺测量开口处的间隙，一般为0.25~0.50mm，如图1-15-6所示。第一道环因工作温度高，故其端隙比其余几道环大。

2. 侧隙的测量

侧隙是指活塞环在环槽内的上下间隙。侧隙过大会影响活塞的密封作用，侧隙过小活塞环会卡死在环槽内。测量时，将活塞环放入环槽内，用塞尺测量，如图1-15-7所示。第一道环因工作温度高，一般取值为0.04~0.10mm，其他气环一般取值为0.03~0.07mm，普通油环的侧隙较小，一般取值为0.025~0.07mm，组合式油环没有侧隙。

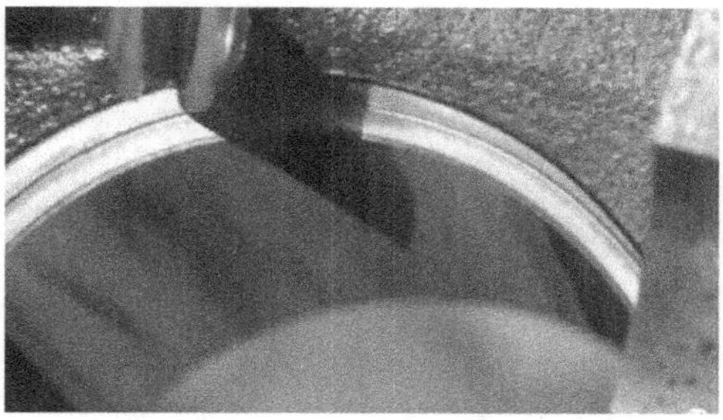

图1-15-6 测量端隙

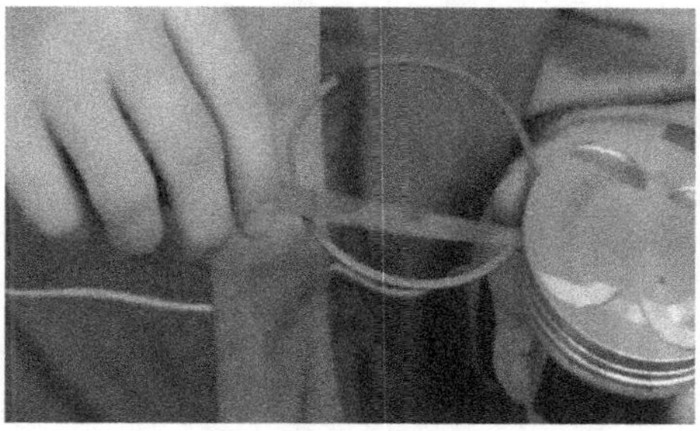

图1-15-7 测量侧隙

3. 背隙的测量

背隙是指活塞装入气缸后活塞环背面与活塞环槽底之间的间隙，一般用槽深与环厚之差来表示，先用游标卡尺尾部的深度尺测量出活塞环槽的深度，再用游标卡尺测量出活塞环的宽度，如图1-15-8所示。用活塞环槽的深度减去活塞环的宽度就是活塞环的背隙。它的间隙值一般为0.5~1.0mm。

三、安装活塞环及活塞时的注意事项

1）敲击活塞顶部时，严禁使用金属棒敲击，防止对活塞造成损伤。

2）安装活塞环时不允许戴手套进行作业。

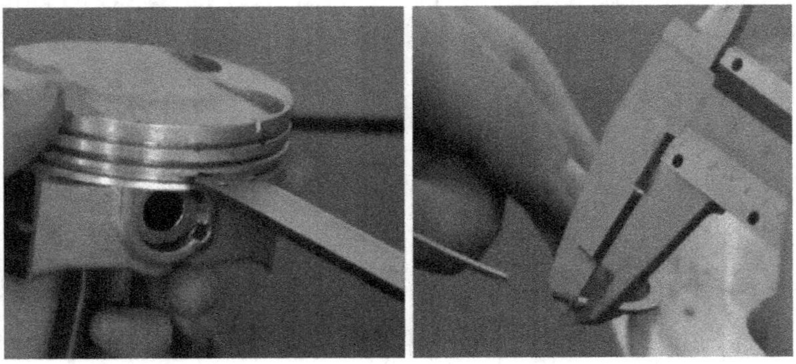

图 1-15-8　测量背隙

3）无论使用哪种活塞环压缩器，都要防止活塞环环口随压缩器的旋转而改变位置。

知识巩固

一、填空题

__________活塞环压缩器由棘轮匙、棘轮装置、螺栓、释放爪、缩紧带和压缩圈组成。

二、选择题

1. 活塞环开口处的间隙，一般为（　　）。

A. 0.05～0.10mm　　B. 0.25～0.50mm

C. 0.50～0.75mm　　D. 0.50～1.50mm

2. 活塞环的背隙的值一般为（　　）。

A. 0.1～0.5mm　　B. 0.5～1.0mm

C. 1.0～1.5mm　　D. 1.5～2.0mm

3. 活塞环在自由状态时，其外圆直径与活塞直径及气缸直径相比（　　）。

A. 一样大　　B. 比较大

C. 比较小　　D. 以上说法都不正确

4. 在检测作业时，要根据活塞的（　　）来选择合适的活塞环压缩器。

A. 材质　　B. 颜色　　C. 直径　　D. 生产年份

5. 按照结构的不同，活塞环压缩器一般可以分为（　　）。

A. 棘轮缩紧式　　B. 摩擦式　　C. 光滑式　　D. 钳夹式

6. 棘轮缩紧式活塞环压缩器主要由（　　）组成。

A. 棘轮匙　　B. 棘轮装置　　C. 缩紧带　　D. 压缩圈

三、判断题

1. 在现阶段，较为常用的活塞环压缩器是棘轮缩紧式活塞环压缩器。（　　）
2. 目前活塞环压缩器的大小和型号基本一样。（　　）

四、简答题

安装活塞环及活塞有哪些注意事项？

任务16　散热器测漏仪的使用

任务目标

通过本任务的学习，学生应实现以下目标：

1. 掌握散热器测漏仪的用途。
2. 掌握散热器测漏仪的使用方法。

任务描述

使用散热器测漏仪检验冷却系统的密封性。

相关知识

一、散热器测漏仪的用途

散热器测漏仪又称为散热器压力表测漏仪或冷却系统压力测试仪，是一种用于冷却系统密封性测试的专用仪器，如图1-16-1所示。冷却系统的作用是使发动机在运行中始终能保持在适当的温度，防止温度过热或过冷，导致发动机出现故障。在汽车维修中，为了检测冷却系统是否存在泄漏故障，必须对系统进行加压，加压工作就是由专用的散热器测漏仪完成的。

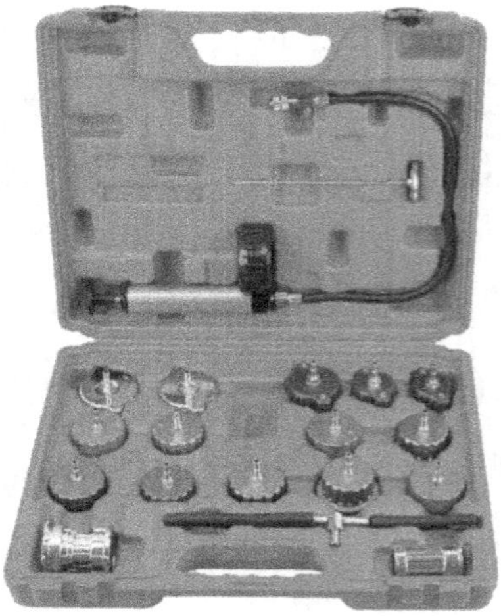

图 1-16-1　散热器测漏仪

二、散热器测漏仪的结构

散热器测漏仪主要由带压力表的手动压力泵、温度计、适配器接头等组成，如图 1-16-2 所示。

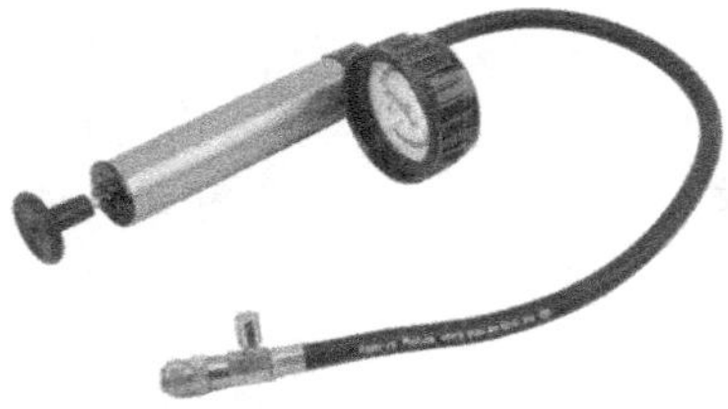

a) 手动压力泵

b) 适配器接头

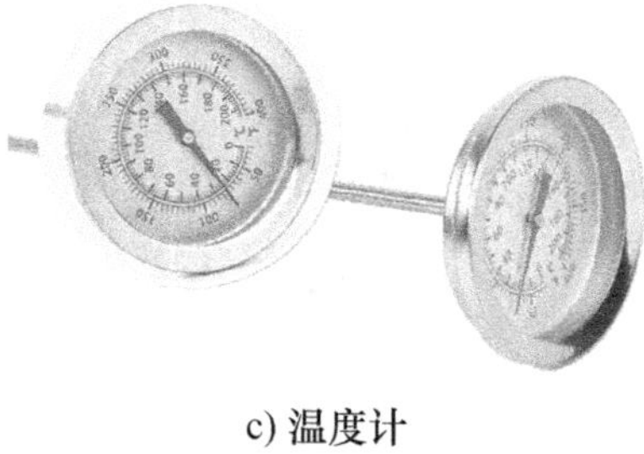

c) 温度计

图 1-16-2　散热器测漏仪的组成

任务实施

一、工量具、设备及材料准备

冷却系统密封性检测需要的工量具、设备及材料见表 1-16-1。

表1-16-1　冷却系统密封性检测需要的工量具、设备及材料

材料及工量具名称	数　量	是否准备
散热器测漏仪	1套	是□　否□
清洁布	2块	是□　否□
翼子板布	1套	是□　否□
前格栅布	1个	是□　否□
车轮挡块	1套	是□　否□

二、冷却系统密封性检查步骤

1. 车辆预检工作

1）安装车轮挡块。

2）打开发动机舱盖（通过拉动发动机舱盖拉索）。

3）铺上护套（翼子板布、前罩）。

2. 冷却系统密封性检查

1）拧下冷却液加注口盖。

2）使用散热器测漏仪，选择合适的接头，将冷却系统加压至140kPa（见图1-16-3b）。

3）检查冷却系统各管路接头有无泄漏现象。

4）使用散热器测漏仪，与冷却液加注口盖连接，加压至加注口盖泄压状态，检查散热器盖密封性，应达到厂家规定的标准值。

注意：在打开加注口盖时，小心缓慢打开泄压后，再拆卸加注口盖。

3. 冷却液液位检查

1）如图1-16-4所示，检查冷却液液位，应处于标记线的上限和下限之间。

2）如果冷却液不足，拧下冷却液加注口盖，进行添加，至上下刻线之间。

注意：按照车辆所使用冷却液型号进行添加，不同厂家、不同型号的冷却液不可随意添加。

4. 检查完毕恢复工位

1）将散热器测漏仪装入盒内。

2）拆卸车内防护三件套。

3）拆卸翼子板布、前格栅布。

4）拆卸车轮挡块。

a) 取出冷却系统测试仪

b) 将冷却系统加压

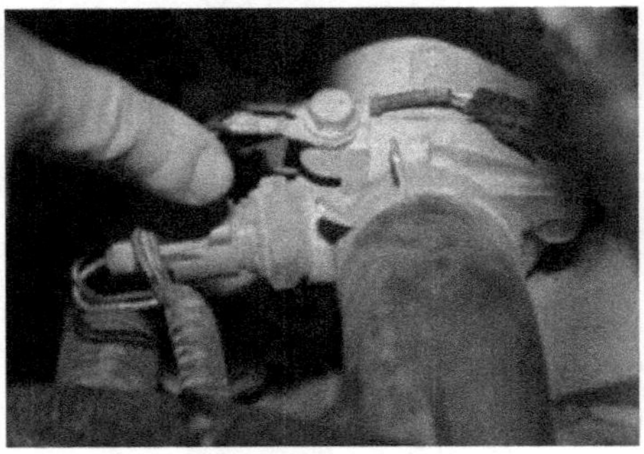

c) 冷却系统管路检查

d) 测试冷却液加注口盖

图 1-16-3　冷却系统密封性检查

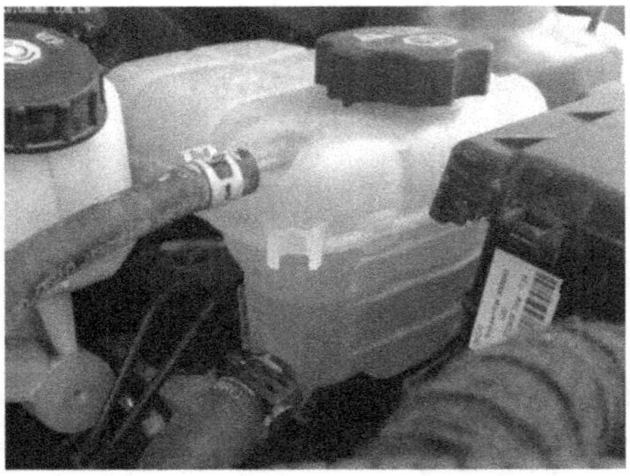

图 1-16-4　冷却液液位检查

5）将工具、工位、设备复位。

知识拓展

一、冷却液的作用

冷却液又叫作防冻液、不冻液，是发动机循环冷却系统正常运转不可缺少的循环传热介质，它主要有防冻、防沸、防腐、防锈和防垢功能。

使用失效过期的冷却液有哪些危害？

使用失效过期的冷却液会导致发动机散热效果变差、堵塞水管、腐蚀加重。如果长期使用就会导致发动机过热，而发动机过热又会导致油耗上升、动力下降、磨损增加等故障。

二、冷却液的更换周期

冷却液更换周期应以主机厂使用手册为准，一般是 2 年或 4 万 km。

知识巩固

一、填空题

散热器测漏仪可以检验冷却系统的______。

二、选择题

1. 冷却液更换周期应以主机厂使用手册为准，一般是（　　）。

A. 1 年或 2 万 km　　B. 2 年或 2 万 km

C. 2 年或 4 万 km　　D. 4 年或 4 万 km

2. 冷却系统密封性检查时，使用散热器测漏仪，将冷却系统加压至（　　）kPa。

A. 120　　B. 140　　C. 160　　D. 180

3. 冷却液的作用有（　　）。

A. 防冻功能　　B. 防沸功能　　C. 防腐功能　　D. 防垢功能

4. 散热器测漏仪又称为（　　）。

A. 散热器压力表测漏仪　　B. 油箱压力测漏仪

C. 冷却系统压力测试仪　　D. 以上说法都正确

5. 散热器测漏仪的主要组成部分是（　　）。

A. 密度计　　B. 带压力表的手动压力泵

C. 温度计　　D. 适配器接头

三、判断题

1. 冷却系统可使发动机在运行中始终能保持在适当的温度，防止温度过热或过冷。（　　）

2. 如果发现冷却液不足，应及时进行添加。(　　)

3. 冷却液的液位，应处于标记线的上、下刻线之间。(　　)

4. 添加冷却液时，不同厂家、不同型号的冷却液，只要是正品，均可添加。(　　)

四、简答题

1. 冷却液的作用是什么？

2. 使用失效过期的冷却液有哪些危害？

项目 2

汽车电器检测常用工具

任务 1　试灯的使用

任务目标

通过本任务的学习，学生应实现以下目标：

1. 掌握试灯的使用方法。
2. 掌握试灯使用注意事项。

任务描述

掌握试灯的工作原理和使用方法，了解试灯的分类及不同种类试灯之间的区别，能够运用试灯检测电路。

相关知识

一、试灯的功能与结构

汽车检测试灯的作用是检测汽车电路中的被测点是否有电。其结构很简单，如图 2-1-1 所示。试灯有一个笔杆，笔杆前端是金属笔尖，笔杆里有一个发光二极管（或小灯泡），笔杆后端带有一根导线，导线端部通常有个小夹子。为了安全起见，有的试灯还装有熔丝。

二、试灯的分类

1. 根据试灯的发光元件划分

根据发光元件不同，一般把试灯分成发光二极管试灯和白炽灯试灯。

（1）发光二极管试灯　内部发光元件是发光二极管，可以有一个发光二极管，也有的里边有两个发光二极管，一红，一绿，两个发光二极管安装方向相反。发光二极管具有单向导通的性质，那么根据红或者绿的发光，可以判断出电流的方向，从而分辨正负电极。由于很小的电流就可以使其点亮，因此不会对电气元器件造成损坏。发光二极管试灯如图 2-1-2 所示。

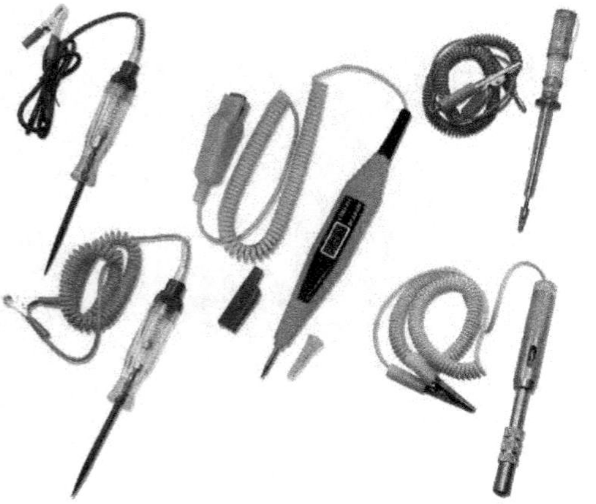

图 2-1-1　汽车检测试灯

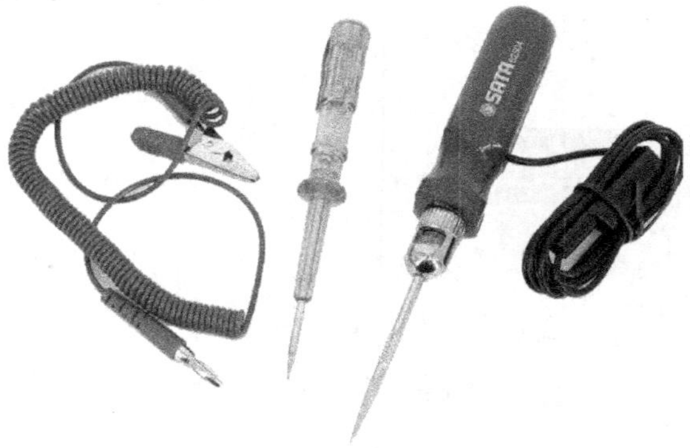

图 2-1-2　发光二极管试灯

（2）白炽灯试灯　内部发光元件是一个灯泡，5W 试灯（见图 2-1-3a）电流小，电阻为 30 ~ 35Ω，适合测试驱动电路，比如喷油器的驱动电压；21W 试灯（见图 2-1-3b）电流大，电阻在 8Ω 左右，适合测试功率电路或短接测试，比如油泵电路。

a) 5W 试灯　　　b) 21W 试灯

图 2-1-3　白炽灯试灯

白炽灯试灯与发光二极管试灯的区别：以5W白炽灯试灯为例，发光二极管试灯只要有感应电流就会亮，但是5W白炽灯试灯必须达到额定电压才会亮。比如测试喷油器或者点火线圈的插头时，刚打火的时候应该有一个脉冲的电压，如果线路有虚接，用发光二极管试灯会亮，但5W白炽灯试灯就不会亮。

2. 根据试灯有无内部电源划分

根据试灯有无内部电源，可分为有源试灯和无源试灯。两者的区别很简单，一个自带电源和一个内部没有电源。我们常见的是无源试灯，比如上面介绍的二极管试灯和白炽灯试灯都是无源试灯。有源试灯可以测试电线是否断路和开关的好坏。

还有一种说法是正试灯和负试灯，小夹子夹在正极就叫作正试灯，相反就叫作负试灯。

三、试灯的使用

使用试灯时，首先将小夹子夹在汽车电源负极或汽车搭铁点上，保证接触良好，然后将试灯的金属尖端与测试点相接触，如果试灯亮了就表明该测试点有电。

试灯使用简单、方便且直观，所以在汽车检测中应用十分广泛。但是要注意，在检测与汽车电控单元相连接的电路时不能使用普通灯泡制作的试灯，而只能使用由发光二极管制作的试灯，否则会损伤汽车电子元器件。

使用试灯检查电路的方法：

1）利用试灯可以检测电路是否带电。试灯的一端连接蓄电池负极或者接地，另一端与被测部位连接，若试灯亮，说明电路有电，否则说明电路没电。

2）利用试灯可以检测一条电路是否存在断路。若用试灯检测电器电源电路中某一点有电，但检测电源电路的下一点没电，则说明该段电路存在断路。

3）利用试灯可以检测信号电路中是否有信号存在。如点火信号、霍尔式凸轮轴位置传感器等信号电路在用二极管试灯检测时，试灯应有规律地闪烁，否则说明电路或者相关部件存在故障。

任务实施

一、工量具、设备及材料准备

汽车电路测量所需要的工量具、设备及材料见表2-1-1。

表 2-1-1 汽车电路测量所需要的工量具、设备及材料

材料及工量具名称	数 量	是否准备
发光二极管试灯	1个	是□ 否□
别克威朗汽车	1台	是□ 否□
KT600 诊断仪	1台	是□ 否□
208 接线盒	1个	是□ 否□

二、电路检测

以别克威朗远光灯控制电路（见图 2-1-4）为例，电路检测方法如下：

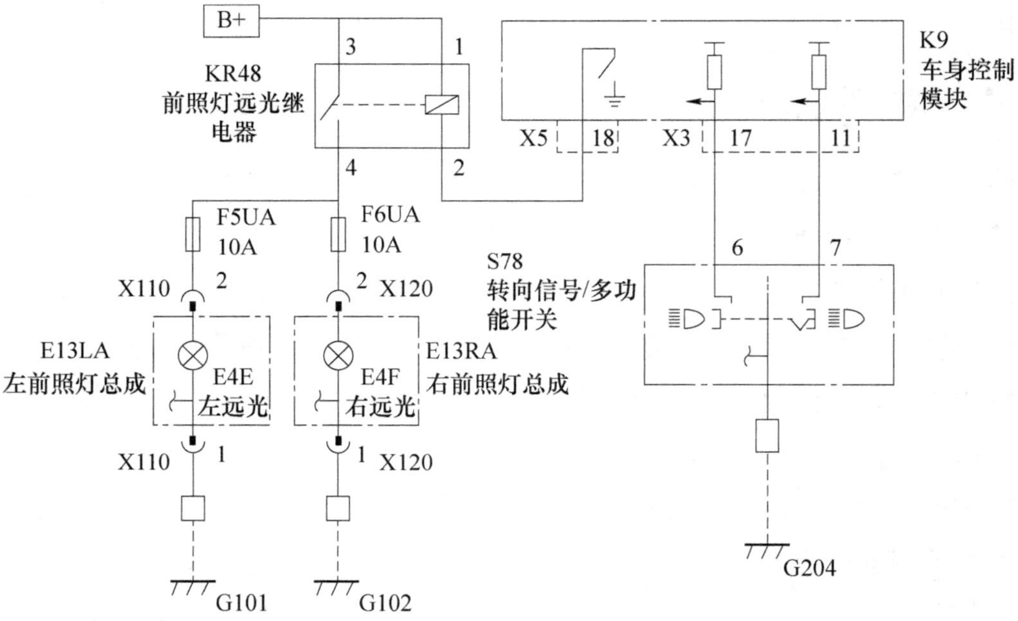

图 2-1-4 别克威朗远光灯控制电路

插入汽车钥匙，将点火开关置于“ON”位置。

打开远光灯，用试灯测量 F5UA 熔丝输出端，测量结果为：试灯不亮，由此可判断 F5UA 熔丝存在问题。

用熔丝钳夹出 F5UA 熔丝，用万用表的电阻档测量 F5UA 熔丝的电阻值，测量结果为无穷大，说明 F5UA 熔丝损坏。将点火开关置于“LOCK”位置，更换 1 个新的 10A 熔丝，重新打开远光灯，发现左侧远光灯亮，由此判断是 F5UA 熔丝损坏。

知识拓展

一、试灯的适用范围

试灯适用于汽车电源系统和常规电气系统的检测，但不适用于电控系统的检测。这是因为，将试灯接在电路中，相当于在电路中并入了一个负载，在现代电控汽车上，电路中某点的电位就是ECU（电子控制单元）的输入信号，在车辆运行状态下测量会造成ECU的错误判断。另外，由于试灯内阻小，测量时容易造成短路，轻则产生故障，重则损坏电路或电子元器件。

因此，一般试灯可以检测电路是否断路、搭铁，不要用试灯检测ECU板和ECU板连接电路，否则会烧ECU板，可以用发光二极管试灯和万用表检测。

二、电气火灾的预防

实训安全重于泰山，尤其是消防用电安全，电器使用不合理，极易发生安全事故，造成极大的损失，因此实训车间用电安全十分重要。

要实现用电安全，避免电气火灾的发生，必须扎实细致地做好用电安全预防措施。

1）按照标准，规范操作。使用设备时，必须按照设备作业指导书和设备安全注意事项来操作。

2）专人负责，维护保养。设备要设专人管理，每天要对设备进行维护、保养和清理工作，并及时做好设备的运行和保养记录。

3）防止短路，常查保险。要防止配电电路短路、过载等情况的发生，禁止使用不合格的保险装置，负责人定期检查总闸以及插座护盖。

4）定期检查，及时处理。测量全部接地装置的流散电流，电气设备除经常性检查外，每年至少应当进行两次绝缘检查，发现问题及时处理。

5）严禁过载，下班断电。实训安全电器应避免集中用同一排插座供电，确保电路正常运行，下班前关闭所有电源。

知识巩固

一、填空题

试灯的作用就是______________________。

二、选择题

1. 使用试灯时，需要将小夹子夹在汽车（　　）或汽车搭铁点上。

A. 电源正极　　B. 电源负极

C. 电源正极或电源负极　　D. 以上说法都不正确

2. 发光二极管试灯属于（　　）。

A. 有源试灯　　B. 无源试灯　　C. 正试灯　　D. 负试灯

3. （　　）可以测试电路是否断路和开关的好坏。

A. 无源试灯　　B. 有源试灯

C. 白炽灯试灯　　D. 发光二极管试灯

4. 发光二极管试灯中的两个发光二极管安装方向（　　）。

A. 相同　　B. 相反　　C. 随意　　D. 垂直

5. 根据试灯的发光元件一般把试灯分成（　　）。

A. 发光二极管试灯　　B. 有源试灯

C. 无源试灯　　D. 白炽灯试灯

6. 根据试灯有无内部电源把试灯分成（　　）。

A. 正试灯　　B. 负试灯　　C. 有源试灯　　D. 无源试灯

三、判断题

1. 用试灯测试时，一定要保证接触良好。（　　）

2. 试灯主要适用于电控系统的检测。（　　）

四、简答题

简述试灯的使用方法。

任务2　数字万用表的结构与使用

任务目标

通过本任务的学习，学生应实现以下目标：

1. 掌握万用表的使用方法。
2. 掌握万用表使用注意事项。

任务描述

掌握数字万用表的使用方法，能够运用万用表测量电压和电阻；了解数字万用表与指针式万用表的区别，以及数字万用表的功能和结构。

相关知识

一、数字万用表的功能

数字万用表（DMM）与指针式万用表相比，读数直观、方便，通过液晶显示屏可直接读出被测量的数值，而且还具有测量精度高、测量范围宽、输入阻抗大、全功能过载保护电路等优点。例如，汽车用数字万用表的阻抗一般在10MΩ以上，在对现代电控汽车进行检测时不易对汽车的ECU和传感器造成危害。数字万用表最基本的几个功能：

1）电阻的测量。

2）直流、交流电压的测量。

3）直流、交流电流的测量。

4）二极管的测量。

5）晶体管的测量等。

二、数字万用表的结构

如图2-2-1所示，数字万用表主要由数字及模拟量显示屏、功能按钮、测试项目选择开关、温度测量座孔、公用座孔（用于测量电压、电阻、频率、闭合角、频宽比和转速等）、搭铁座孔、电流测量座孔等构成。另外，为了实现某些功能，例如测量温度、转速等，汽车万用表还配有一些配套件，如热电偶适配器、热电偶探头、电感式拾取器，以及AC/DC感应式电流夹钳（5～2000A）等。

图2-2-1　数字万用表的结构

任务实施

一、工量具、设备及材料准备

汽车电路测量所需要的工量具、设备及材料见表2-2-1。

表2-2-1 汽车电路测量所需要的工量具、设备及材料

材料及工量具名称	数　量	是否准备
数字万用表	1块	是□　否□
实训车	1台	是□　否□
蓄电池	1个	是□　否□

二、万用表的使用

1. 直流电压的测量（以测量蓄电池电压为例）

1）按下电源按钮，将电源开关（POWER）置于打开位置，如图2-2-2所示。

2）如图2-2-3所示，根据需要将量程开关拨至DC（直流）的量程，量程应尽可能与被测值相符，以减小误差。

3）将红表笔插入“V/Ω”孔，黑表笔插入“COM”孔，如图2-2-4所示。

图2-2-2 电源按钮

图2-2-3 直流档位

图2-2-4 表笔的连接

4）将表笔与被测电路并联，红表笔接被测线路正极，黑表笔接被测线路负极，显示屏显示的数值即为电压值，如图2-2-5所示。

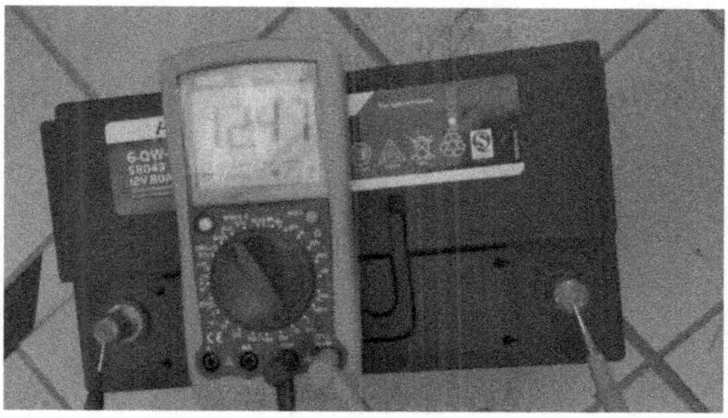

图 2-2-5　电压测量

2. 电阻的测量

1）将量程开关拨至电阻档的合适量程，如图 2-2-6 所示。

2）红表笔插入“V/Ω”孔，黑表笔插入“COM”孔，如图 2-2-7 所示。

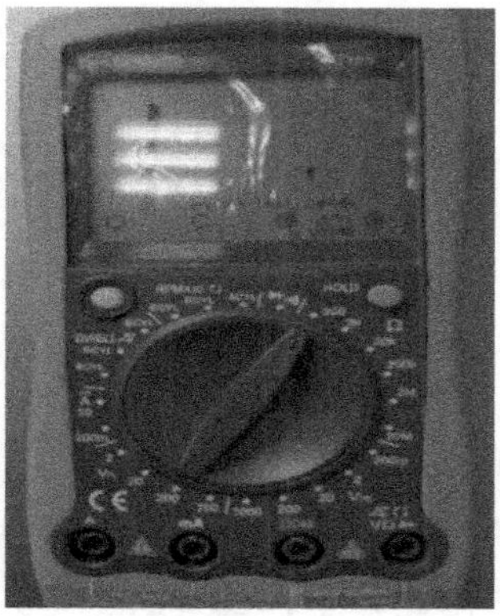

图 2-2-6　量程开关旋转至 200Ω

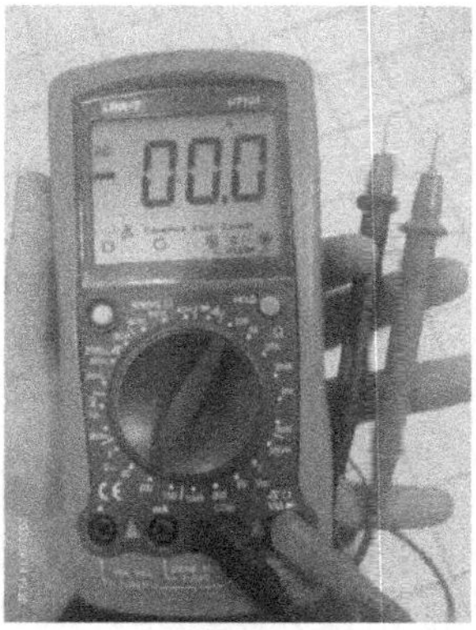

图 2-2-7　连接红、黑表笔

3）将两表笔并联在被测电阻两端，不必考虑正、负极性，显示读数如图 2-2-8a 所示。

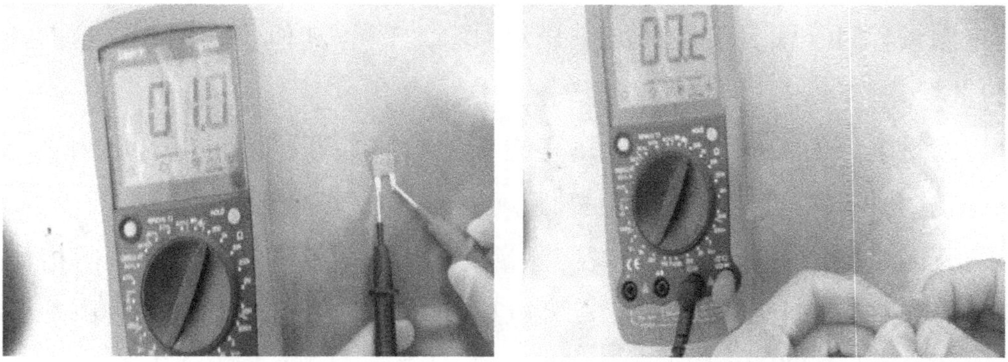

a) 正确的测量方法　　b) 错误的测量方法

图 2-2-8　电阻测量

4）测量电阻时应在断电的条件下进行测试。

5）不能用两手接触电阻端，避免将人体电阻接入测试电路中，如图 2-2-8b 所示。

知识拓展

一、电压、电阻和电容单位简介

（1）电阻单位　电阻的国际单位制单位是欧姆，符号为 Ω，常用单位还有千欧（kΩ）和兆欧（MΩ）。

电阻单位换算：$1M\Omega = 1000k\Omega = 10^6\Omega$，$1k\Omega = 1000\Omega$。

（2）电压单位　电压的国际单位制单位是伏特，符号为 V（伏特），常用单位还有千伏（kV）。

电压单位换算：$1kV = 1000V$。

（3）电容的单位　电容的国际单位制单位是法拉，符号为 F，常用单位还有微法（μF）和皮法（pF）等。

电容单位换算：$1F = 10^6\mu F = 10^{12}pF$。

二、数字万用表操作注意事项

1）使用前和使用过程中，如发现数字万用表损坏，或者怀疑数字万用表没有正确地工作，应停止使用。

2）如果无法预先估计被测电压或电流的大小，则应先拨至最高量程档测量一次，再视情况逐渐把量程减小到合适位置。测量完毕，应将量程开关拨到交流最高电压档，并关闭电源。

3）满量程时，仪表仅在最高位显示数字“1”，其他位均消失，这时应选择更高的量程。

4）测量电压时，应将数字万用表与被测电路并联；测电流时应与被测电路串联；测量电阻时不必考虑正、负极性。

5）若测量数值前有“ - ”，说明测量的电压或电流方向与实际方向相反。

6）当误用交流电压档去测量直流电压，或者误用直流电压档去测交流电压时，显示屏显示“000”，或低位上的数字出现跳动。

7）禁止在测量高电压（220V 以上）或大电流（0.5A 以上）时变换量程，

以防止产生电弧，烧毁开关接触点。

8）数字万用表出现电量不足提示时，应及时更换电池。

知识巩固

一、选择题

1. 汽车用数字万用表的阻抗一般在（　　）以上。

A. 5MΩ　B. 10MΩ　C. 15MΩ　D. 20MΩ

2. 电压的国际单位制单位为伏特，符号为 V，电压单位换算：1kV =（　　）V。

A. 10　B. 100　C. 1000　D. 10000

3. 数字万用表的基本功能有（　　）。

A. 二极管的测量　B. 晶体管的测量　C. 四极管的测量　D. 电阻的测量

4. 数字万用表的优点包括（　　）。

A. 测量精度高　B. 测量范围宽

C. 输入阻抗大　D. 全功能过载保护电路

5. 测量电压、电流和电阻时，以下说法错误的是（　　）。

A. 测量电压时，应将数字万用表与被测电路并联

B. 测量电阻时，应将数字万用表与被测电路串联

C. 测量电流时，应将数字万用表与被测电路串联

D. 测量电流时，应将数字万用表与被测电路并联

6. 电阻的单位包括（　　）。

A. Ω　B. kΩ　C. MΩ　D. NΩ

二、判断题

1. 测量电压时，应将数字万用表与被测电路串联。（　　）

2. 测量电流时，应将数字万用表与被测电路并联。（　　）

3. 使用数字万用表时，禁止在测量高电压或大电流时变换量程，以防止产生电弧，烧毁开关接触点。（　　）

4. 使用数字万用表测量时，若测量数值前有“-”，说明测量的电压或电流方向与实际方向相同。（　　）

三、简答题

数字万用表由哪几部分组成?

任务3 冰点测试仪的使用

任务目标

通过本任务的学习，学生应实现以下目标：

1. 掌握冰点测试仪的使用方法。
2. 掌握冰点测试仪的数据读取方法。

任务描述

掌握冰点测试仪的检测方法和数据读取方法，掌握冰点测试仪的使用和养护，了解冰点测试仪的功能、工作原理和结构。

相关知识

一、冰点测试仪的功能

冰点测试仪，又叫作冰点密度计、防冻液冰点仪，是为测量电解液及防冻液的浓度而设计的便携式检测仪器。通过测得的百分比可以知道以丙二醇和乙二醇为基的防冻系统的冰点和汽车风窗玻璃清洗液的冰点，还可用来检查铅酸蓄电池内电解液的密度及使用状态。

二、冰点测试仪的工作原理

冰点测试仪是根据不同浓度的液体具有不同的折射率这一原理设计而成的，只要在冰点测试仪的棱镜表面滴几滴液体，然后向着光观察，就可以快速读出溶液的测量值。

三、冰点测试仪的结构

如图2-3-1所示，冰点测试仪主要由检测棱镜、盖板、调节螺钉、镜筒、光学系统管路和目镜以及视度调节手轮等组成。

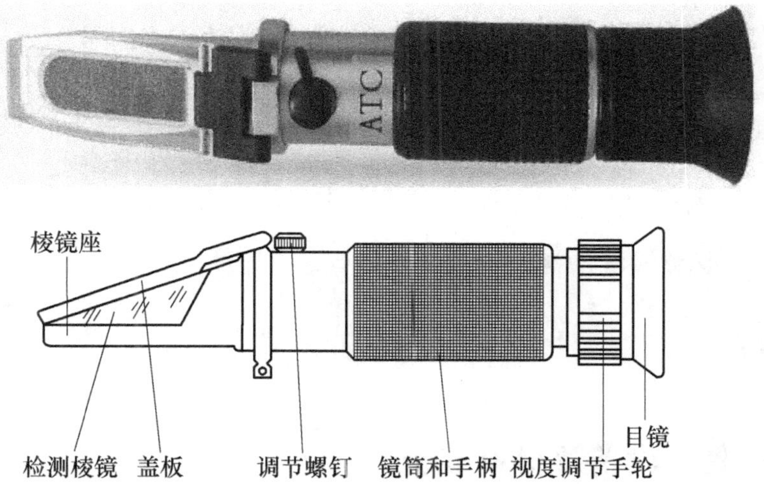

图 2-3-1 冰点测试仪的结构

四、冰点测试仪的数据读取

图 2-3-2 所示为冰点测试仪的数据观察窗，图中有三部分刻线，分别对应着蓄电池电解液密度、发动机冷却液冰点温度、玻璃清洗液的冰点温度。

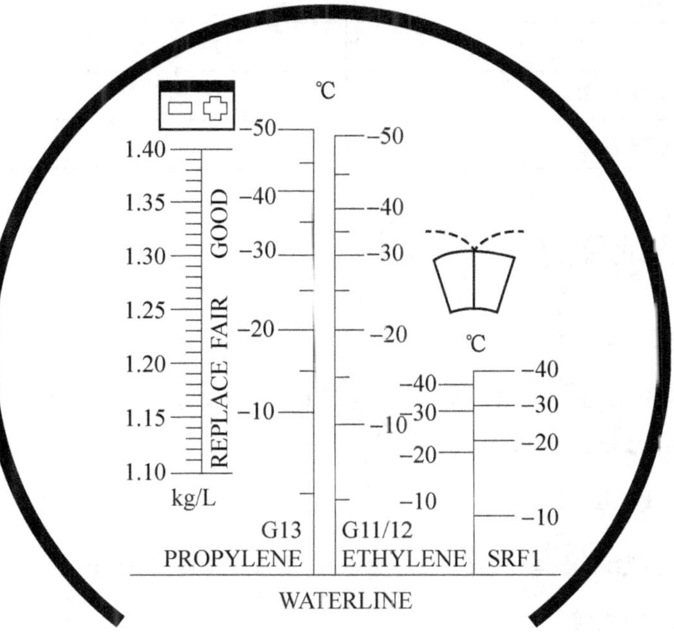

图 2-3-2 冰点测试仪识读

左侧标尺：电解液密度

1.10～1.20	REPLACE	蓄电池需充电
1.20～1.25	FAIR	电量够用
1.25～1.40	GOOD	电量充足

中间标尺：（G13 ETHYLENE） 乙二醇型防冻液

（G11/12 PROPYLENE） 丙三醇型防冻液

右侧标尺：玻璃清洗液冰点

任务实施

一、工量具、设备及材料准备

冰点检测所需要的工量具、设备及材料见表2-3-1。

表2-3-1 冰点检测所需要的工量具、设备及材料

材料及工量具名称	数量	是否准备
冰点测试仪	1只	是□ 否□
玻璃清洗液	1瓶	是□ 否□
发动机冷却液	1瓶	是□ 否□
清洁布	2块	是□ 否□
翼子板布	1套	是□ 否□
前格栅布	1个	是□ 否□

二、冰点测试仪的检测步骤

1. 车辆预检工作

1）打开发动机舱盖（通过拉动发动机舱盖拉索）。

2）铺上护套（翼子板布、前罩）。

3）安装车轮挡块。

4）取出冰点测试仪盒中吸管，吸入适量清水清洗管壁。

2. 冷却液冰点检测

1）取出冰点测试仪，打开冷却液加注口盖，吸取适量冷却液，滴在冰点测试仪测量面上，如图2-3-3a所示。

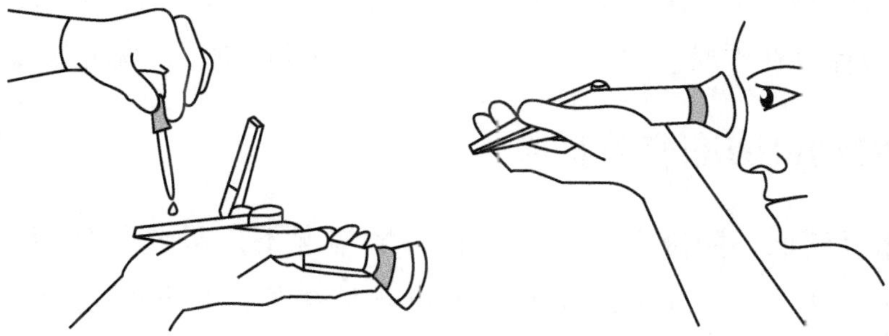

a) 准备测量冷却液　　b) 读取冷却液冰点

图 2-3-3　冷却液冰点检测

2）观察冰点测试仪，读取数值，如图 2-3-3b 所示。

3）吸管再次吸入适量清水，清洗吸管管壁和冰点测试仪。

3. 玻璃清洗液冰点检查

1）取出冰点测试仪，打开玻璃清洗液加注口盖，吸取适量玻璃清洗液，滴在冰点测试仪测量面上。

2）观察冰点测试仪，读取数值。

3）吸管再次吸入适量清水，清洗吸管管壁和冰点测试仪。

4. 检查完毕恢复工位

1）将冰点测试仪装入盒内。

2）拆卸车内防护三件套。

3）拆卸翼子板布、前格栅布。

4）拆卸车轮挡块。

5）将工具、工位、设备复位。

知识拓展

一、冰点测试仪使用注意事项

冰点测试仪在使用和养护过程中的注意事项如下：

1）使用过程中，不要使电解液等液体溅到身体上、衣服上等地方，电解液为稀硫酸溶液，有很强的腐蚀性。

2）使用完毕，严禁用水直接冲洗，以免光学系统管路进水。

3）在使用与保养过程中应轻拿轻放，不得任意松动仪器各连接部分，不得发生跌落、碰撞等现象，仪器要精心保养，光学零件表面不应碰伤、划伤。

4）仪器应保存在干燥、无尘、无腐蚀性气体的环境中，以免光学零件表面发霉。

二、对发动机防冻液的要求

防冻液冰点越低，防冻性能越好吗？一般情况下，只要防冻液冰点低于当地的最低温度5～10℃就可以了，并不是冰点越低越好。各种成分防冻液的冰点是不一样的，这是按不同地区、不同环境的温度来确定的。市场上销售的防冻液的冰点一般为－15～－68℃，应根据环境温度选择使用。

知识巩固

一、填空题

1. 市场上销售的防冻液的冰点一般为________～________℃。
2. 冰点测试仪又叫作________、________。

二、选择题

1. 冰点测试仪是为测量电解液及防冻液的（　　）而设计的便携式检测仪器。

A. 浓度　　B. 体积　　C. 温度　　D. 颜色

2. 一般情况下，只要防冻液冰点低于当地的最低温度（　　）即可。

A. 0～5℃　　B. 5～10℃　　C. 10～15℃　　D. 15～20℃

3. 冰点测试仪的功能有（　　）。

A. 测量乙二醇为基的防冻系统的冰点

B. 测量汽车风窗玻璃清洗液的冰点

C. 检测火花塞的性能和使用情况

D. 检查铅酸蓄电池内电解液的密度及使用状态

4. 关于冰点测试仪的使用和养护，说法正确的是（　　）。

A. 使用完毕，严禁用水直接冲洗

B. 使用与保养中应轻拿轻放

C. 不得任意松动仪器各连接部分

D. 在干燥、无尘、无腐蚀性气体的环境中保存

5. 冰点测试仪的结构组成有（　　）。

A. 检测棱镜　　B. 调节螺钉

C. 光学系统管路　　D. 调节手轮

6. 冰点测试仪的数据观察窗中的刻线，对应着（　　）的冰点温度读取。

A. 蓄电池电解液　B. 汽油燃油　C. 发动机冷却液　D. 玻璃清洗液

三、判断题

1. 发动机冷却液、玻璃清洗液的冰点越低越好。(　　)

2. 冰点测试仪使用过程中，不要使电解液等液体溅到身体上、衣服上等地方。(　　)

四、简答题

冰点测试仪的工作原理是什么？

任务4　蓄电池检测仪的构造与使用

任务目标

通过本任务的学习，学生应实现以下目标：

1. 掌握蓄电池检测仪的使用方法。
2. 掌握蓄电池检测仪的工作原理。

任务描述

掌握蓄电池检测仪的使用方法，能够运用蓄电池检测仪测量蓄电池的容量，并能根据结果判定蓄电池的健康状况。了解蓄电池检测仪的功能和结构组成。

相关知识

一、蓄电池检测仪功能概述

蓄电池检测仪又称为蓄电池测试仪或蓄电池分析仪，是针对汽车蓄电池的工作能力进行判断的专业分析检测设备。汽车蓄电池对于汽车来说，尽管在成本上所占的比例不高，但它对整部汽车却起着举足轻重的作用。所以，了解汽车蓄电池是否仍然良好，提前更换将要报废的蓄电池，能有效提高企业的服务水平和用户满意度，为蓄电池生产企业、汽车生产线、汽车维修企业和蓄电池经销企业以及其他用户在蓄电池的检测工作中带来极大的便利。

二、蓄电池检测仪的结构

蓄电池检测仪由蓄电池夹、散热孔、提手、液晶显示器、指示灯、负荷开关和铜夹子线等组成，如图 2-4-1 所示。

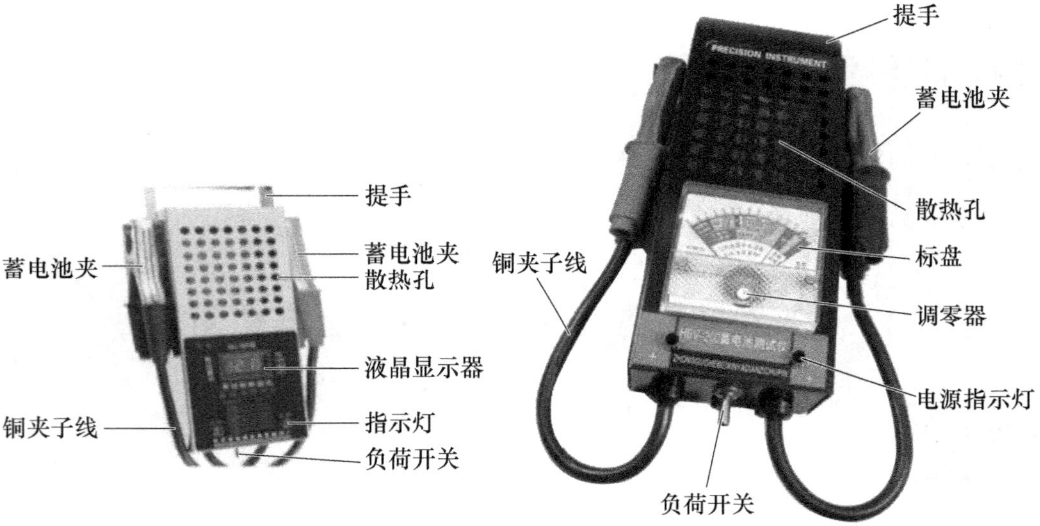

图 2-4-1　蓄电池检测仪的结构

三、蓄电池检测仪的工作原理

蓄电池随着使用时间的增加，会逐渐老化，其老化的主要原因正是蓄电池极板表面发生硫化、腐蚀，活性材料脱落，无法再进行有效的化学反应。这是绝大部分蓄电池无法继续使用的主要原因。蓄电池检测仪的工作原理就是通过测量极板表面的情况，判定其化学反应能力，并通过极板的变化来推断蓄电池容量的变化，从而判定蓄电池的健康状况。蓄电池检测仪所进行的测试工作就是以蓄电池目前测得的实际电导值与蓄电池完好时的标准电导值进行比较，如果差异大到一定程度，就可以判定该蓄电池需要更换了。

任务实施

一、工量具、设备及材料准备

蓄电池检测所需要的工量具、设备及材料见表2-4-1。

表2-4-1　蓄电池检测所需要的工量具、设备及材料

材料及工量具名称	数　　量	是否准备
蓄电池	1块	是□　否□
蓄电池检测仪	1台	是□　否□

二、蓄电池检测仪的使用

使用HBV-200型蓄电池检测仪检测蓄电池的电量状况。

1）将检测仪的两个铜夹子夹到蓄电池的正负两极上，这时指示灯亮。

2）若指示灯不亮或电压表指针不动，要检查铜夹子与蓄电池极柱是否接触良好。

3）扭动纽扣开关，时间不得超过3s，蓄电池额定容量为3～500A·h，放电电流为100～120A（此时检测仪以100A给蓄电池放电），电压表的指针向左偏移，根据偏移位置判断该蓄电池的电量状况。

① 指针在绿区表示电量充足。

② 指针在黄区且指针稳定表示电量不足，需充电。

③ 指针向左快速回落，表示蓄电池已不存电。

④ 指针回零，表示蓄电池可能断格。

⑤ 指针在红区表示蓄电池电量很低，蓄电池可能有缺陷。

知识拓展

以HBV-200型蓄电池检测仪的使用为例，进行高效放电判断蓄电池好坏。

1）测试范围：蓄电池额定电压为2V、6V、12V，容量为32～500A·h，放电电流为100～120A。

2）测试方法：将铜夹子夹在蓄电池极柱上，指示灯亮为正极，可以不分正负极进行测试，按动负载开关直至指针稳定，时间不得超过3s。

3）注意事项：严禁火种，不要让金属件跌落到蓄电池上，以防产生火花引起爆炸。测试单格蓄电池时，红色夹头必须夹在正极上，测试棒插入表底孔内进行测试。

知识巩固

一、填空题

蓄电池检测仪又称为__________或__________，是针对汽车蓄电池的工作能力进行判断的专业分析检测设备。

二、选择题

1. 使用HBV-200型蓄电池检测仪检测，电压表的指针在绿区表示（　　）。

A. 电量充足　　B. 电量不足，需充电

C. 蓄电池已不存电　　D. 电量很低

2. 使用HBV-200型蓄电池检测仪检测，指针回零表示（　　）。

A. 电量不足　　B. 电量充足

C. 蓄电池可能断格　　D. 蓄电池已不存电

3. 蓄电池额定电压为2V、6V、12V，容量为32～500A·h，放电电流为（　　）。

A. 80～100A　　B. 100～120A

C. 120～140A　　D. 140～160A

4. 使用HBV-200型蓄电池检测仪检测，指针在红区表示（　　）。

A. 蓄电池可能断格　　B. 电量充足

C. 蓄电池已不存电　　D. 蓄电池可能有缺陷

5. 蓄电池检测仪的结构组成有（　　）。

A. 蓄电池夹　　B. 散热孔

C. 液晶显示器　　D. 铜夹子线

6. 关于HBV-200型蓄电池检测仪的使用注意事项，正确的是（　　）。

A. 测试单格时，红色夹头必须夹在负极上

B. 检测和保管过程中，严禁火种

C. 不要让金属件跌落到蓄电池上

D. 测试单格蓄电池时，测试棒插入表底孔内进行测试

三、判断题

1. 汽车蓄电池对于汽车来说，在成本上所占的比例非常高。(　　)

2. 蓄电池检测仪进行高效放电判断蓄电池好坏，按动负载开关直至指针稳定，时间不得超过10s。(　　)

四、简答题

1. 蓄电池检测仪的工作原理是什么？

2. 蓄电池老化的主要原因是什么？

任务5　蓄电池的检测

任务目标

通过本任务的学习，学生应实现以下目标：

1. 掌握汽车蓄电池的检测方法。

2. 掌握汽车蓄电池的养护方法。

任务描述

掌握汽车蓄电池的检测方法和养护方法，能够使用工具对汽车蓄电池的性能和电量进行检测，了解汽车蓄电池的功能和结构组成。

相关知识

一、汽车蓄电池概述

蓄电池是汽车必不可少的一部分，可分为传统的铅酸蓄电池和免维护型蓄电池。新型蓄电池采用铅钙合金作为栅架，所以充电时水的分解量少，水分蒸发量

也低，加上外壳采用密封结构，释放出来的硫酸气体也很少。因此，与传统蓄电池相比，具有不需添加任何液体，电量储存时间长等优点。

二、蓄电池的结构

蓄电池主要由极板、隔板、外壳、电解液等组成，如图 2-5-1 所示。盛装有电解液，插入多个用隔板隔开的正负极组便成为单格电池。每个单格电池的标准电压为 2V，将 6 个或 12 个单格电池串联后便成为一只 12V 或 24V 蓄电池总成。

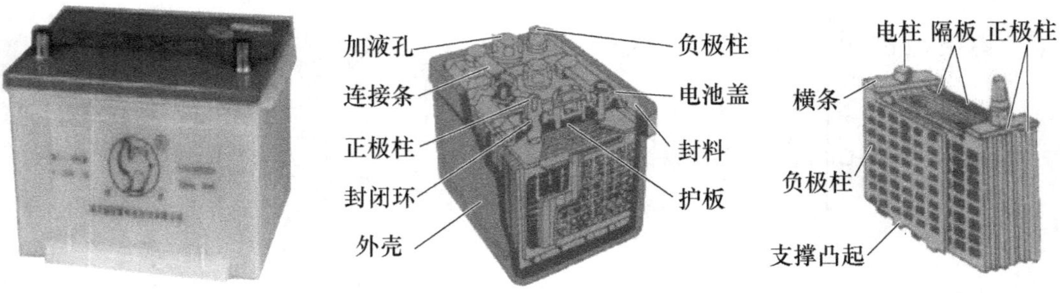

a) 蓄电池　b) 蓄电池的组成　c) 单格电池的组成

图 2-5-1　蓄电池的组成

三、蓄电池的主要功能

蓄电池是一种可逆直流电源，在汽车上与发电机并联，其主要作用有以下几个方面：

1）发动机起动时，向起动机和点火系统供电。

2）当发电机不发电或电压较低时，向用电设备供电。

3）当同时接入较多用电设备使得发电机超载时，协助发电机供电。

4）当发电机的端电压高于蓄电池的电动势时，蓄电池可将电能转变为化学能储存起来。

任务实施

一、工量具、设备及材料准备

蓄电池检测所需要的工量具、设备及材料见表 2-5-1。

表 2-5-1 蓄电池检测所需要的工量具、设备及材料

材料及工量具名称	数 量	是 否 准 备
蓄电池	1 块	是□ 否□
万用表	1 个	是□ 否□
密度计	1 个	是□ 否□
玻璃管	1 个	是□ 否□
蓄电池检测仪	1 个	是□ 否□

二、蓄电池检测步骤

1. 检查外观是否损坏

如果蓄电池外壳破裂或端子松动（见图 2-5-2），应予以更换。

2. 检查指示灯

指示灯颜色取决于蓄电池制造商，如果指示灯显示蓄电池需要充电（见图 2-5-3），转至步骤“3. 检查电压值”。

图 2-5-2 检查蓄电池外观损坏情况

图 2-5-3 检查指示灯

3. 检查电压值

连接蓄电池检测仪，测试蓄电池负载容量，并施加蓄电池安培小时率 3 倍的负载。负载施加正好 15s 时，蓄电池电压读数应始终高于 9.6V。

1）如果电压读数始终高于 9.6V，则说明蓄电池正常，应清理端子和壳体，并将其重新安装。

2）如果电压读数保持在 6.5 ~9.6V，此时应连接蓄电池充电器，并以初始电流 40A 将蓄电池充电 3min。

注意：电流将随着电压的升高而减小，不要通过增大电流进行补偿，否则将损坏蓄电池。

3）在整个3min内观察蓄电池电压，最高电压读数应始终低于15.5V。

注意：如果电压读数始终低于15.5V，则蓄电池正常，应清理端子和壳体，并将其重新安装；如果在快速充电的3min内，电压读数高于15.5V，则说明蓄电池已损坏，应将其更换。

4）如果电压读数降至低于6.5V，应连接蓄电池并慢速充电，并以5A的电流充电不超过24h（或直到指示灯显示充满，或电解液比重至少为1.270），然后再次测试负载容量。

注意：如果电压仍然降至低于6.5V，则表明蓄电池已损坏，应将其更换。

知识拓展

一、蓄电池的充电

1. 蓄电池初充电

对于干式荷电铅酸蓄电池，因其在制造过程中经过极板化成处理，所以初次使用时只需按规定加足电解液后，静放20min即可装车使用。

2. 蓄电池补充充电

1）清除蓄电池外部的脏污以及极柱上的氧化物，疏通通气小孔或拧下加液孔盖。

2）将充电机的正、负极连接到蓄电池的正、负极上，准备充电。

3）补充充电可选择恒压充电法或恒流充电法：恒压充电时间短，充电电流大小不能调整，恒流充电正好相反，恒流充电中，一般采用改进恒流充电，分两阶段进行，第二阶段电流减半。充电电流：第一阶段为蓄电池额定容量的1/10，至单格电池电压达2.3～2.4V；第二阶段为1/20，至单格电压达2.5～2.7V。

① 恒压充电时蓄电池的连接：恒压充电时，充电机的正、负极连接到被充蓄电池的正、负极，被充蓄电池采用并联连接法，如图2-5-4所示。要求各蓄电池电压相等，但容量不一定相同，并联蓄电池的数目必须按充电机的最大输出电流来确定。

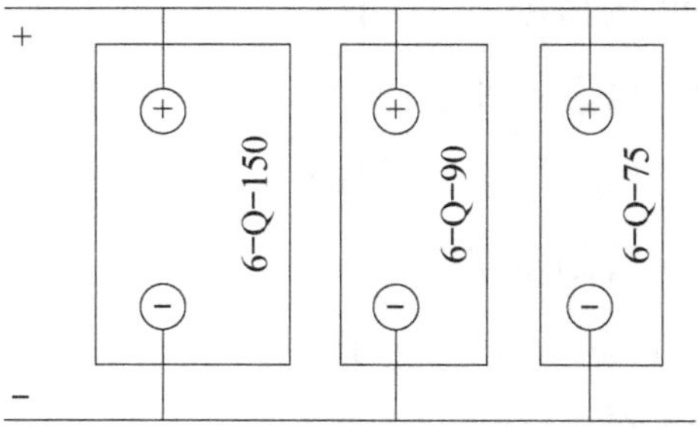

图2-5-4 恒压充电时蓄电池并联连接

② 恒流充电时蓄电池的连接：恒流充电时，充电机的正、负极连接到被充蓄

电池的正、负极，被充蓄电池采用串联连接法，如图2-5-5所示，即把同容量的蓄电池串联起来接入充电机。

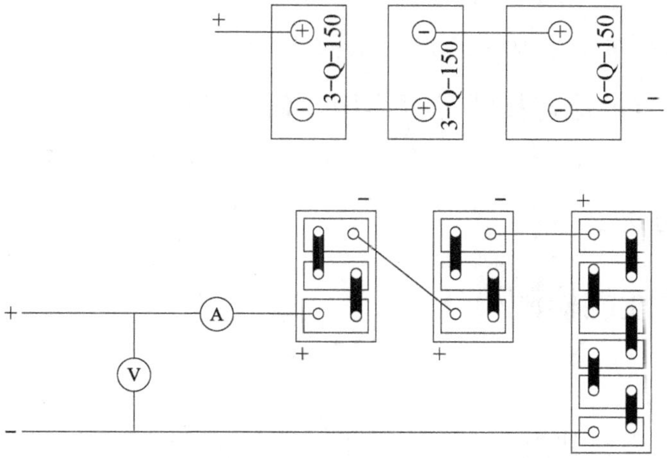

图2-5-5　恒流充电时同容量蓄电池串联连接

二、蓄电池充足电的判断

1）蓄电池的端电压上升到最大值，且在2h内不再增加。

2）电解液密度升高到最大值，且在2h内不再升高。

3）蓄电池内激烈地放出大量气泡，电解液形成“沸腾”现象。

必须强调指出的是，只有当上述三种现象同时出现时，才能确认已充足了电，而仅以其中任何一项为依据不能说明已充足电。在使用中任意添加过稀硫酸的蓄电池，电解液的密度就会较早达到上次充足电时的数值，有硫化故障的蓄电池，端电压在充电初期就升得很高。

4）对于免维护型蓄电池，当充电状态指示器变为绿色时表示已充足电。

三、蓄电池的养护

1）电解液的液面高度应始终保持在最大值和最小值之间，且每月检查一次，并视液面下降情况，适当补充蒸馏水（纯水），切勿加酸。

2）当蓄电池的电压不足且灯光暗淡、起动无力时，应及时进行车外充电。

3）防止蓄电池过充电或长期亏电，过充电会使活性物质脱落，亏电会使极板硫化，要保证调节器电压不能过高或过低。

4）使用过程中，应经常检查排气孔是否畅通，以防蓄电池变形或爆裂。

5）蓄电池应远离热源和明火，充电及使用时应保持通风，以防燃烧伤人。

6）防止蓄电池长时间大电流放电，每次使用时起动时间不能超过5s，两次连续起动的时间间隔应为10～15s。

7）蓄电池在汽车上安装要牢固，减轻振动。

8）经常检查蓄电池连接线是否牢固，所有活接头必须保持接触良好，防止产生火花，引起蓄电池爆炸。蓄电池卡子产生的氧化物、硫酸盐，必须刮净，并涂以凡士林，以防锈蚀。

四、蓄电池性能检测

1. 外观检测

检查产品的标志，其内容包括生产厂家、规格型号、商标、正负极。如果上述内容缺漏，这项检测即为不合格。外观检查中应特别小心所标内容与实际不符的情况。外观检查还应该考核蓄电池外壳质量，确保外壳硬度、注液孔等指标。

2. 低温起动检测

低温起动能力检测是将蓄电池完全充电后1～5h内放入温度为－18℃±1℃的环境中，至少持续20h。蓄电池在低温室内或低温箱内取出后1min内，以大电流放电，检测放电时间是否符合标准。标准要求使用4.5～5倍C_{20}的电流放电，5s时，蓄电池单格电压不得低于1.5V。60s时，蓄电池单格电压不得低于1.4V，也就是模拟实际低温起动时5s内蓄电池的放电电流。

3. 蓄电池容量检测

可通过外观尺寸测量，储备容量检测法（国家标准建议，当蓄电池容量小于120A·h时，应当优先选用储备容量检测法。在检测过程中，这种方法放电电流大、时间短、电化学极化快且储备容量值明确。一般情况需要进行三次放电试验才能确定是否合格）。

4. 耐温变性能检测

将蓄电池分别在高于65℃和低于－30℃的环境中放置24h，然后在25℃±10℃的环境中放置12h，再进行气密性试验（按照标准给蓄电池每个单格充入或抽出气体，使单格与单格、单格与外界之间产生压差，并根据压差在3～5s内是否变动，就可以确定气密性是否完好）。如果试验合格，则说明蓄电池耐温变性能良好。

五、蓄电池好坏检测

蓄电池的优劣通常是根据蓄电池的电动势及其内阻的大小来判断的。电动势是指蓄电池在外电路为开路的情况下正、负极间的电位差。内电阻是指蓄电池在充放电时，蓄电池内部所呈现的电阻。若畜电池在充电时，蓄电池电压升高很快，而在对其放电时，端电压又下降很快，则说蓄电池的内阻大，其容量小，为不良电池；若蓄电池的电动势（两端悬空）为正常值，但用蓄电池容量测试表测量时，测量值很小或为零，则表明此蓄电池内极板脱落，为报废电池。

（1）从外观判断　观察蓄电池外观有无变形、凸出、漏液、破裂炸开、烧焦，螺钉连接处有无氧化物渗出等。

（2）带载测量　若蓄电池外观无异常，UPS（不间断电源）工作于蓄电池模式下，带一定量的负载，如果放电时间明显短于正常放电时间，且充电 8h 以后，仍不能恢复正常的备用时间，判定该蓄电池已老化。

（3）万用表测量

1）在蓄电池放电模式下的测量：测量蓄电池组中各单格电池端电压，若其中一个或多个单格电池端电压明显高于或低于标称电压（每格的标称电压为12V），则可判定蓄电池已老化。

2）市电模式下测量：蓄电池组中各单格电池端的充电电压，若其中一个或多个单格电池的充电电压明显高于或低于其他电压，则可判定蓄电池已老化。

3）测蓄电池组的总电压：蓄电池组总电压明显低于标称值（以 C1K 蓄电池组标称值是 36V 为例），若充电 8h 后仍不能恢复到正常值，即使恢复到正常值，放电时间达不到正常放电时间，则可判定蓄电池已老化。

（4）仪器测试　一般采用蓄电池放电测试仪，用测试仪两正、负测钳分别夹持蓄电池正、负电极，按下测试按钮，观察测试仪表指示情况：

1）如果仪表指示电压在 9V 以上，那么可说明蓄电池状态良好。

2）如果仪表指示电压低于 9V，但是指针处于某个数值且保持不动，那么可说明蓄电池处于亏电状态，需要补充充电。

3）如果仪表指针慢慢下降，则说明蓄电池内部有短路现象。

4）如果仪表指针快速下降为 0V，则说明蓄电池内部有断路。

（5）经验法　观察蓄电池电解液是否浑浊，若浑浊则说明蓄电池正极板软化。观察蓄电池底部是否有沉淀物，如果有，说明极板脱落，蓄电池容量已不足。用手敲击蓄电池两个极柱，如果听到有空洞的声音，说明极柱与极板发生断裂。用一根粗导线短路正、负极柱，观察蓄电池各个加液孔，如发现某格电池的加液孔出现气泡，说明该格电池已损坏。

知识巩固

一、填空题

1. 汽车蓄电池可分为__________和__________。

2. 检测蓄电池开路端电压时，若蓄电池刚充过电或车辆刚行驶过，应接通前照灯远光30s，其目的是消除__________现象。

二、选择题

1. 当发电机不发电或电压较低时，蓄电池的作用是（　　）。

A. 向起动机供电　　B. 向用电设备供电

C. 向点火系统供电　　D. 以上说法均不正确

2. 检测电解液液面高度的玻璃管，内径为（　　），长度约（　　）。

A. 4～6mm，150dm　　B. 4～6dm，150cm

C. 4～6mm，150mm　　D. 4～6dm，150dm

3. 判断蓄电池是否充足电，若其端电压上升到最大值，且在（　　）内不再增加，说明已充满。

A. 0.5h　　B. 1h　　C. 2h　　D. 4h

4. 蓄电池是一种（　　）电源。

A. 不可逆直流　　B. 不可逆交流

C. 可逆交流　　D. 可逆直流

5. 蓄电池主要由（　　）组成。

A. 极板　　B. 目镜

C. 隔板　　D. 电解液

6. 关于蓄电池养护的做法正确的是（　　）。

A. 一年检查一次电解液液面

B. 防止蓄电池过充电或长期亏电

C. 蓄电池应远离热源和明火

D. 电解液液面下降，应适当补充酸液

7. 新型蓄电池与传统蓄电池相比，其优点是（　　）。

A. 水分蒸发量低

B. 释放出来的硫酸气体很少

C. 外壳采用开放结构

D. 电量储存时间长

8. 蓄电池的主要功能包括（　　）。

A. 发动机起动时，向起动机供电

B. 当发电机不发电或电压较低时，向用电设备供电

C. 当同时接入较多用电设备使得发电机超载时，协助发电机供电

D. 发动机起动时，向点火系统供电

三、判断题

1. 蓄电池在汽车上应与发电机串联。（　　）

2. 检测蓄电池前，应检查蓄电池封胶有无开裂和损坏。（　　）

四、简答题

1. 电解液液面过高或过低时，应如何处理?

2. 如何判断蓄电池是否充足电?

任务6　跨接电缆的使用

任务目标

通过本任务的学习，学生应实现以下目标：

1. 掌握跨接电缆的使用方法。

2. 掌握跨接电缆的拆除方法。

任务描述

能够对是否使用跨接电缆做出正确判断，能够正确使用跨接电缆对车辆实施

救援，了解跨接电缆起动汽车的注意事项及蓄电池亏电的原因。

相关知识

一、跨接电缆的功能

当故障车辆的蓄电池电量耗尽或蓄电池出现故障，必须用另外的蓄电池来起动时，就可以采用专用的跨接电缆来执行。跨接电缆两端均带有钳口，可以方便地连接蓄电池，特别适用于故障现场紧急抢修，如图2-6-1所示。

图2-6-1　跨接电缆

跨接电缆的电缆线比较粗，有足够的承载能力，且带绝缘外皮，每一根分别配有红、黑色夹子方便夹持。

二、使用跨接电缆的时机判断

汽车点火起动时，起动机工作了但车身只轻微抖动了一下，起动机并未完成起动发动机的工作，此时就需要使用跨接电缆。

点火起动时，起动机工作声音正常，且车内电子设备比如车灯都可以正常使用，此时车故障问题不在蓄电池，无须使用跨接电缆。

任务实施

一、工量具、设备及材料准备

跨接电缆使用过程中所需要的工量具、设备及材料见表2-6-1。

表2-6-1　跨接电缆使用过程中所需要的工量具、设备及材料

材料及工量具名称	数　量	是否准备
跨接电缆	2根	是□　否□
实训车（蓄电池电量充足，救援车）	1辆	是□　否□
实训车（蓄电池电量不足，被救援车）	1辆	是□　否□

二、跨接电缆使用步骤

1）将救援车和被救援车头对头停放，车的间距不能大于跨接电缆的长度，救援车停好后，熄火，关闭前照灯及其他电器附件，打开各自的发动机舱盖，如图2-6-2所示。

2）先将正极（+）电缆接到被救援车蓄电池的正极（+），再将另一端接到救援车蓄电池的正极（+），再按照此方法搭接负极（-），如图2-6-3所示。

图2-6-2　车辆停车熄火，打开发动机舱盖

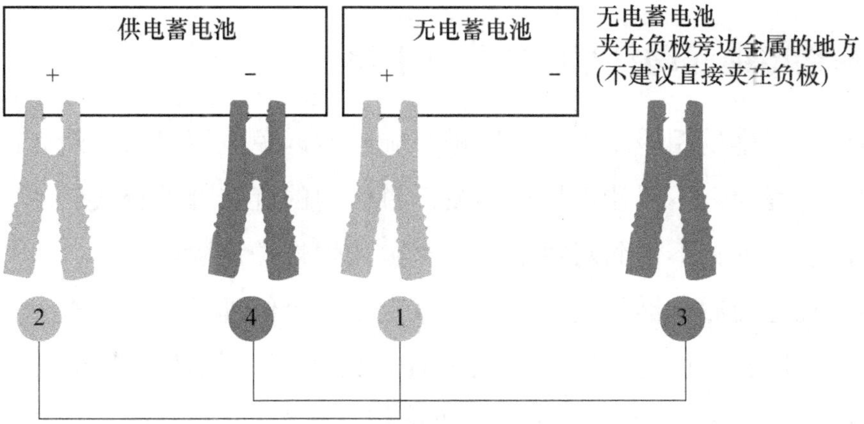

图2-6-3　跨接电缆连接

3）跨接完成后，关闭两辆车上无关的附属用电设备，起动救援车，使其发动机运转几分钟以保证电量充足。

4）接着，按正常方式起动被救援车。发动机起动后，应轻踩加速踏板，使发动机以2000r/min的转速运转几分钟。如果没能正常起动，重新检查一遍电缆的连接情况。

三、拆除跨接电缆

在被救援车的发动机起动后，就可以取下搭接线了。先取被救援车的负极（-），再取救援车的负极（-），接着，取救援车的正极（+），再取被救援车的正极（+）。按照图2-6-4中①②③④顺序进行。

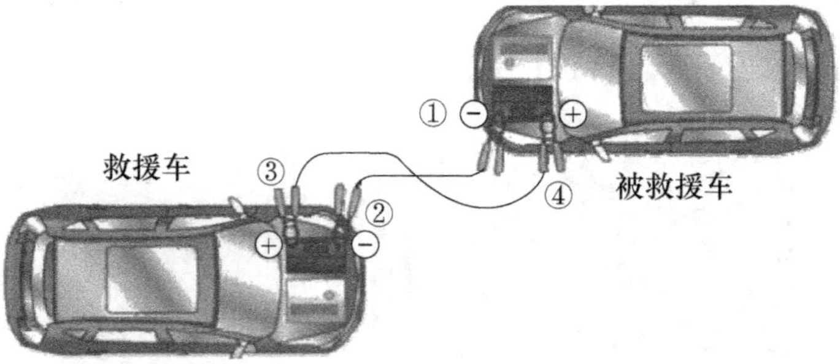

图2-6-4　跨接电缆取线步骤

值得注意的是，在拆除跨接电缆的过程中，应小心操作，避免正负极电缆接头相碰，也不要将接头与其他金属接触。

知识拓展

一、跨接电缆起动汽车时的注意事项

1）不要使用排量相差太大的车辆进行施救，以免电流过大，烧毁跨接电缆。

2）操作过程中，不要让连接线与发动机舱内的旋转部件相接触。

3）操作过程中，不可面对蓄电池，有被酸灼伤的危险。

4）发动机起动后，拆除连接线，后续应尽快至修理厂进行检查。

5）不能先连接黑色电缆并在稍后才连接红色的，否则如果此时不小心将红色夹子掉在车架上，会产生巨大短路，可能将夹子焊接到底盘上。

6）仔细检查跨接电缆。许多跨接电缆附有图文说明连接夹子的顺序。

7）切勿使用电线很细的劣质跨接电缆，应使用重载型的高质量跨接电缆。

8）有些汽车制造商将特定跨接连接处设置在真正蓄电池以外的地方，红色接线处为正极，而附近车架凸出的螺栓（无涂漆）则为负极连接处。这样做是为了减少蓄电池释放气体着火的风险，比起现代车辆位于塑料发动机装饰罩下的真正发动机，此设置较为简便。

9）故障车辆起动后还要让运行良好的车辆至少逗留 10min。没电的蓄电池必须充电一会儿，而且有时候还会再度没电而无法运行（特别是在用户没有提高发动机怠速的情况下）。

10）从故障车辆的蓄电池接线柱上拆下跨接电缆，然后清理电缆及接线柱。此时可使用钢丝刷去除腐蚀物质，以便再次将电缆连接到蓄电池上，跨接发动汽车。

11）为最后的夹子寻找良好的接地金属时，应寻找发动机周围或上面有光泽的金属，涂漆、有油脂或生锈金属则无法使用。最好是螺母、螺栓或其他凸起的有光泽金属。当连接到良好的接地金属时可能会出现一些火花。强烈建议此时不要将最后的夹子连接到没电的蓄电池（尽管这是非常明显的选择），有可能完成连接电路时产生火花飞溅，进而点燃蓄电池释放的氢气。

12）应采取必要的安全措施，如佩戴护目镜或手套，并让没有戴上任何安全装备的人远离车辆。

二、蓄电池亏电的原因及使用注意事项

1）检查用电设备是否处于关闭状态，普通车型静止状态下的释放电流应小于 10mA，高档车型应小于 80mA。

2）蓄电池电极柱头应使用凡士林进行涂抹养护，防止发生氧化现象。

3）蓄电池的使用寿命一般是 2～3 年，非免维护型蓄电池需要定期进行养护，检查电解液及蓄电池盖放气孔。

知识巩固

一、填空题

普通车型静止状态下的释放电流应小于______ mA，高档车型应小于______ mA。

二、选择题

1. 使用跨接电缆时，救援车与被救援车的间距应（　　）跨接电缆的长度。

A. 大于　　B. 小于

C. 视情况而定　　D. 以上说法都不正确

2. 实施救援时，正极电缆应接到被救援车的（　　），另一端接到救援车的（　　）。

A. 正极，正极　　B. 正极，负极

C. 负极，正极　　D. 负极，负极

3. 使用跨接电缆时，负极电缆一端接到被救援车蓄电池的（　　），再将另一端接到救援车蓄电池的（　　）。

A. 正极，正极　　B. 正极，负极

C. 负极，负极　　D. 负极，正极

4. 跨接电缆主要适用于（　　）。

A. 汽车发动机维修　　B. 故障现场紧急抢修

C. 汽车底盘检测　　D. 以上说法都不正确

5. 关于跨接电缆使用步骤说法正确的有（　　）。

A. 将救援车和被救援车头对头停放

B. 停好救援车后，熄火，关闭前照灯及其他电器附件

C. 跨接完成后，关闭两辆车上无关的附属用电设备，起动救援车辆

D. 按正常方式起动被救援车辆失败，应重新检查一遍电缆的连接

6. 关于跨接电缆的电缆线，说法正确的有（　　）。

A. 比较粗　　B. 承载能力强　　C. 比较有弹性　　D. 带绝缘外皮

7. 关于蓄电池使用的注意事项，说法正确的是（　　）。

A. 蓄电池电极柱头应使用凡士林进行涂抹养护

B. 非免维护型蓄电池应定期进行养护

C. 检查电解液情况

D. 避免接触火种

三、判断题

1. 汽车点火起动时，起动机工作了但车身只轻微抖动了一下，起动机并未完成起动发动机的工作，此时无须使用跨接电缆。（　　）

2. 点火起动时，起动机工作声音正常，且车内电子设备比如车灯都可以正常使用，此时无须使用跨接电缆。（　　）

四、简答题

跨接电缆起动汽车时的注意事项有哪些？

任务7　汽车电路检测仪的构造与使用

任务目标

通过本任务的学习，学生应实现以下目标：

1. 掌握汽车电路检测仪的使用方法。
2. 掌握汽车电路检测仪的使用注意事项。

任务描述

掌握汽车电路检测仪的使用方法，能够运用汽车电路检测仪检测电压。了解汽车电路检测仪的功能和结构，以及其在汽车电路检测中的优势。

相关知识

一、汽车电路检测仪的功能

汽车电路检测仪是运用现代检测技术、电子技术，对汽车电路实施不解体检测、诊断的一种汽车维修必备工具。汽车电路检测仪可以方便、准确地检测并诊断出汽车电路的各种故障。

二、汽车电路检测仪的结构

如图2-7-1所示，汽车电路检测仪的结构包括蜂鸣器档、晶体管档、电阻档、电压档、电路老化检测档、试灯档和LED档等。目前使用的汽车电路检测仪，一般都具备了万用表的功能。

使用汽车电路检测仪时，应注意以下事项：

1）试灯档12～24V适用，交流、直流均适用。

2）LED档用于直流电，不用于交流电。

3）只有电压档可以用于检测220V。

三、汽车电路检测仪的使用

1）元器件击穿。元器件击穿包括过电压击穿或过电流、过热引起的热击穿

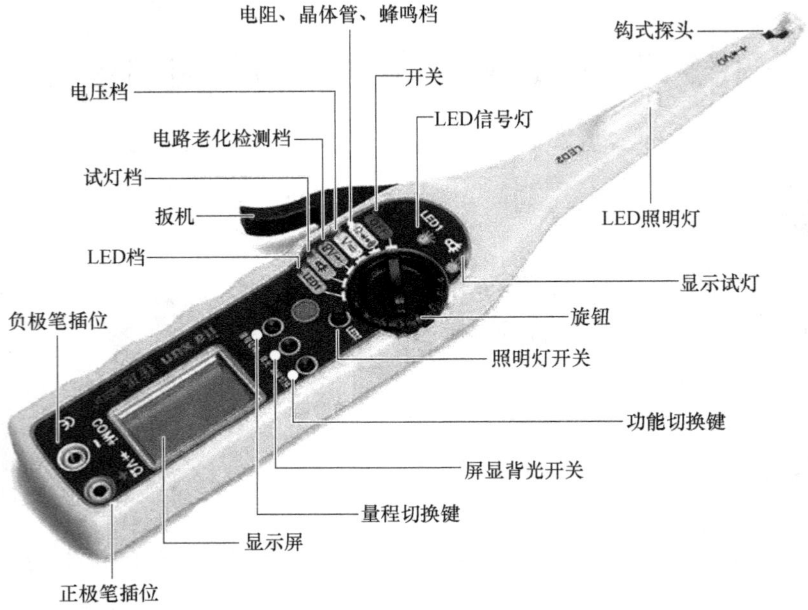

图 2-7-1　汽车电路检测仪的结构

等。元器件击穿有时表现为短路形式，有时表现为断路形式。由电路故障引起的过电压、过电流击穿常常是不可恢复的。

2）元器件老化或性能退化。这种情况包括许多方面，如电容器的容量减少、绝缘电阻下降、晶体管的漏电增加、电阻的阻值变化、可调电阻的阻值不能连续变化、继电器触点烧蚀等。对于继电器，往往还存在绝缘老化、线圈烧断、匝间短路、触点抖动，甚至无法调整初始动作电流的故障。

3）电路故障。这类故障包括接线松脱、接触不良、潮湿、腐蚀等导致的绝缘不良、短路和旁路等。这类故障一般与元器件无关。

任务实施

一、工量具、设备及材料准备

汽车电路检测所需要的工量具、设备及材料见表 2-7-1。

表 2-7-1　汽车电路检测所需要的工量具、设备及材料

材料及工量具名称	数　量	是否准备
汽车电路检测仪	1 台	是□　否□
实训车	1 台	是□　否□

二、使用步骤

根据如图 2-7-2 所示的雪佛兰倒车灯电路，用汽车电路检测仪检测是否有电压。

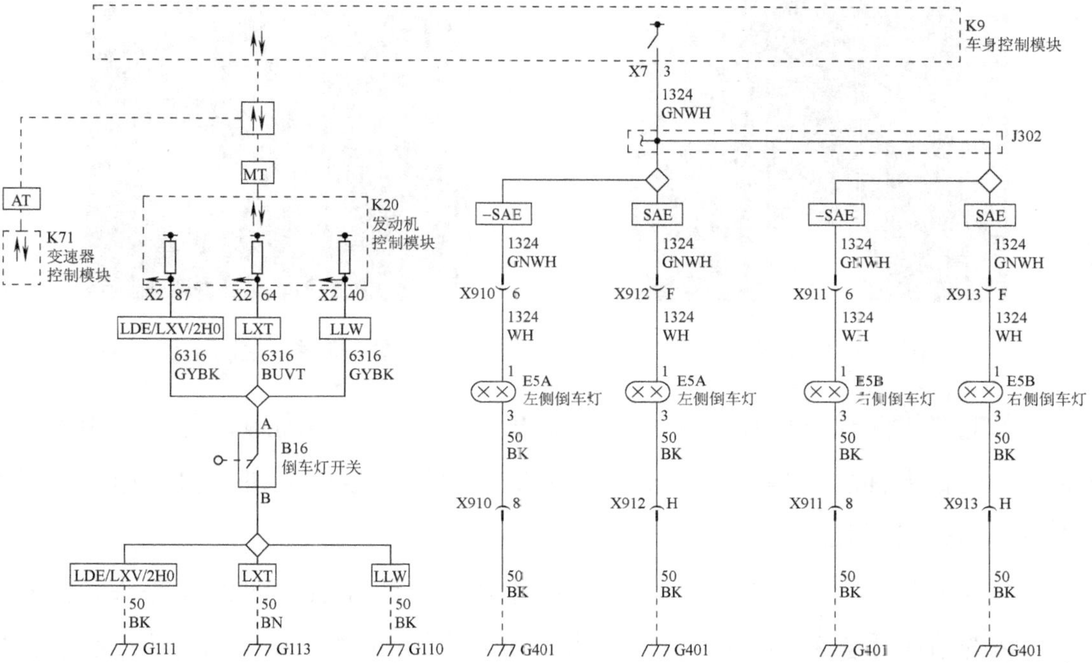

图 2-7-2 雪佛兰倒车灯电路

1）选择电压档位，如图 2-7-3 所示。

2）连接电路，检测电压，如图 2-7-4 所示。

知识拓展

一、汽车电路检测仪的优势

目前汽车电路检测方式有两种：一种是常规利用万用表进行检测，在汽车电路出现接触不良和电路老化的情况下，测试结果正常，但无法反映准确实际的故障情况，在实际使用中存在很大的局限性；另一种是采用试灯来检测汽车电路，这种传统的工具不能测量电路电压，操作时间长，在过于狭窄的地方不易操作，而且探针很容易扎伤手，在冬天和夜间操作极不方便。

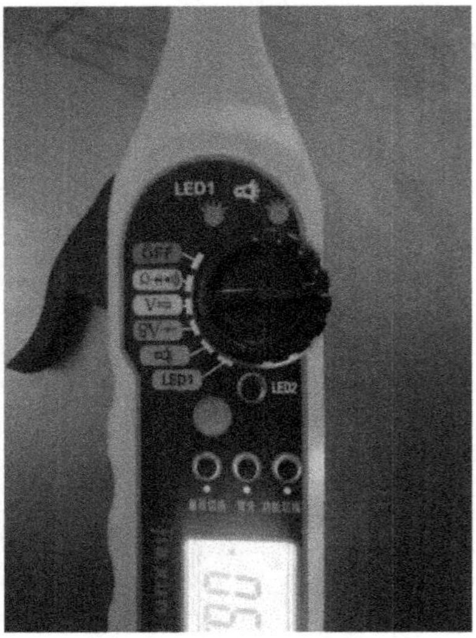

图 2-7-3　电压档

图 2-7-4　检测电压

汽车电路检测仪可以在不破坏绝缘导线的情况下，准确地检测汽车电路的故障位置，设置多种功能档，可用于多种故障的检测。概括来讲，汽车电路检测仪的优势主要有以下几点：

1）检测时不破坏导线绝缘。汽车电路检测仪具有独特的钩式探头，能在不破坏电路的情况下进行检测。例如，汽车电器装潢要用到很多控制线或信号线，用普通工具（万用表、试灯）检测时必须破坏导线绝缘，不方便又容易伤及手部，但用汽车电路检测仪钩住电线扣动扳机，就能在不破坏导线绝缘的情况下准确测出需要的控制线或信号线。

2）夜间操作方便。在维修汽车电路时，经常遇到夜间或光线暗淡的情况，如用普通工具操作比较麻烦，汽车电路检测仪自带手电筒功能，不需要其他照明设施也能顺利操作。

3）狭窄空间操作方便。在空间狭窄的地方肢体无法进入操作时，汽车电路检测仪因为前端有探钩，又带高亮 LED 照明灯，可以在不拆除四周任何部件的条件下，直接进行故障检测。

二、触电急救常识

不管是工作中还是生活中，我们几乎每天都要与电打交道，如果有人触电了，大家知道怎样去救助吗？人体触电后可造成不同程度的机体损害。当发生触电时，应分秒必争地进行现场急救，因此了解触电安全知识，掌握触电急救技能还是很有必要的。

1. 触电方式

触电通常是指人体直接触及电源或高压电经过空气或其他导电介质传递电流通过人体时引起的组织损伤和功能障碍。按照人体触及带电体的方式和电流通过人体的途径，可分为以下三种触电方式。

（1）单相触电　当人站在地面上或其他接地体上，人体的某一部位触及一相带电体时，电流通过人体流入大地（或中性线），称为单相触电。

（2）两相触电　两相触电是指人体两处同时触及同一电源的两相带电体，以及在高压系统中，人体距离高压带电体小于规定的安全距离，造成电弧放电时，电流从一相导体流入另一相导体的触电方式。发生两相触电时施加在人体上的电压为线电压，其触电的危险性最大。

（3）跨步电压触电　当带电体接地时有电流向大地流散，在以接地点为圆心，半径为20m的圆面积内形成分布电位。人站在接地点周围，两脚之间的电位差称为跨步电压，由此引起的触电事故称为跨步电压触电。

2. 预防触电的措施

电，看不着，摸不着，如果平时不注意用电安全，或者粗心大意，则很容易发生触电事故，那么，如何预防触电呢？

1）不靠近高压带电体（室外高压线、变电器等），不接触低压带电体。

2）不用湿手触摸开关，必要时带上绝缘手套。

3）安装、检修电器时应穿上绝缘鞋和站在绝缘体上，且要切断电源。

4）禁止用铜丝代替熔丝，禁止用普通胶带代替电工绝缘胶布。

5）在电路中安装断路器，并定期检验其灵敏度。

6）雷雨天气时，不使用家用电器，且拔出电源插头。

7）严禁私拉乱接电线。

8）不在架空线路附近放风筝和进行球类活动。

防止触电的基本方法就是预防，平时一定要定期检查家用电路以及插座是否有漏电的情况，做好自我防范，及时消除隐患。

3. 触电急救的方法

一旦发现有人触电，救助的基本原则是动作迅速、方法正确。

（1）使人体和带电体分离　当看到有人触电时，最重要的抢救措施是迅速切断电源，在此之前不能触摸触电者，否则会造成更多的人触电。如果一时不能切断电源，救助者应穿上胶鞋或站在干燥的木板凳子上，双手戴上厚的塑胶手套，用干燥的木棍、竹竿等不导电的物体，挑开受伤者身上的电线，尽快将受伤者与电源隔离。

1）关掉总电源，拉开刀开关或拔掉熔断器。

2）如果是家用电器引起的触电，可拔掉插头。

3）使用有绝缘柄的电工钳将电线切断。

4）用绝缘物从带电体上拉开触电者。

（2）现场救护　当触电者脱离电源后，如果神志清醒，应使其安静休息；如果已严重灼伤，要立即送医院诊治；如果触电者神志昏迷，但还有心跳和呼吸，应将触电者仰卧，解开衣服，以利于呼吸，要确保周围的空气保持流通，要严密进行观察，并迅速请医生前来诊治或送医院检查治疗；如果触电者呼吸已停止，心脏暂时停止跳动，但尚未真正死亡，要迅速对其实施人工呼吸和胸外按压。

对触电者做人工呼吸的步骤如下：

1）将触电者仰卧在硬地上，头部后仰，鼻孔朝天，使舌根不会阻塞气道。

2）解开触电者的领口、裤带。

3）掰开触电者的嘴巴，取出口腔里的假牙、呕吐物、黏液等，畅通气道。

4）施救者一手托起触电者的下颌，另一只手捏紧触电者的鼻子，人工呼吸约 2s，使触电者胸部扩张；放松口鼻，使胸部自然缩回，呼气约 3s，反复进行，吸气约 12 次/min。

需要注意的是，如果无法把触电者的口张开，可采用口对鼻人工呼吸法。此时，吹气压力应稍大，时间也稍长，以利于空气进入肺内。如果触电者是儿童，则只可小口吹气，以免使其肺部受损。

知识巩固

一、填空题

1. 汽车电路检测仪是运用现代检测技术、电子技术，对汽车电路实施不解体________、__________的一种汽车维修必备工具。

2. 汽车电路检测仪具有独特的________，能在不破坏电路的情况下进行检测。

二、选择题

1. 汽车电路检测仪的试灯档（　　）适用。

A. 1～3V　　B. 3～6V　　C. 6～12V　　D. 12～24V

2. 汽车电路检测仪的 LED 档用于（　　）。

A. 直流电　　B. 交流电

C. 直流电或者交流电　　D. 以上说法都不正确

3. 汽车电路检测仪的特点主要有（　　）。

A. 不破皮检测　　B. 夜间操作方便

C. 操作时间长　　D. 狭窄空间操作方便

4. 汽车电路检测仪的结构包括（　　）。

A. 蜂鸣器档　　B. 电阻档　　C. 电压档　　D. LED 档

5. 使用汽车电路检测仪时，以下说法正确的是（　　）。

A. 试灯档交流、直流均适用

B. LED 档交流、直流均适用

C. 试灯档 12～24V 适用

D. 试灯档 6～12V 适用

三、判断题

1. 目前使用的汽车电路检测仪，一般都具备了万用表的功能。（　　）

2. 汽车电路检测仪只有电压档可以用于检测 220V。（　　）

四、简答题

汽车电路检测仪可以使用在哪些故障检测上？

任务 8　跨接线的使用

任务目标

通过本任务的学习，学生应掌握跨接线的使用方法。

任务描述

掌握跨接线的使用方法和使用注意事项，了解不同形式的跨接线的种类和结构组成。

相关知识

一、跨接线概述

跨接线就是一根两端带有夹头的导线，常用来做机柜、桥架、线槽、钢筋、金属管等金属物体之间的接地跨接线。跨接线有导线、圆钢、扁钢、扁铜等各种材料和各种型号，如图 2-8-1 所示。维修工具箱内应该有多种形式的跨接线，以用于特定位置的测量。

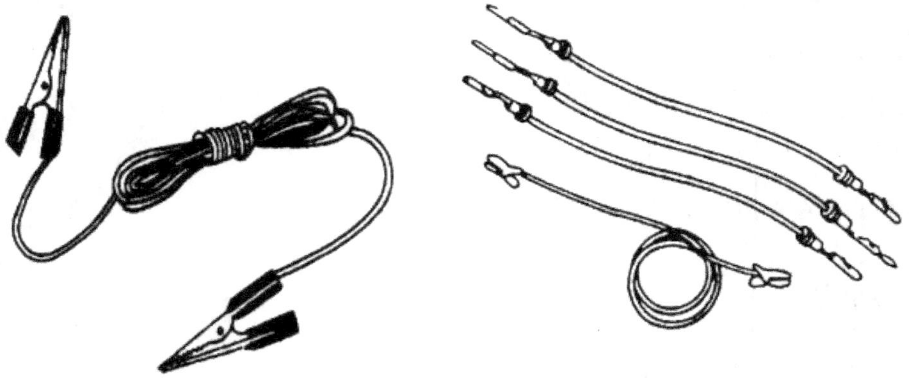

图 2-8-1　跨接线

二、跨接线的使用

汽车维修电工在进行电路测试时，可以使用跨接线直接将电器连接，也可以将跨接线的一端连接蓄电池的正极，另一端连接在电路的熔断器、开关、插接器和相关连接导线的不同位置，用于检测各部件是否存在短路或断路故障。

任务实施

一、工量具、设备及材料准备

跨接线检测所需要的工量具、设备及材料见表 2-8-1。

表 2-8-1 跨接线检测所需要的工量具、设备及材料

材料及工量具名称	数 量	是否准备
跨接线	5 根	是□ 否□
实训车	1 台	是□ 否□

二、跨接线检测步骤

汽车前排内饰车灯不工作，使用跨接线检测故障原因。

1）将跨接线连接在被测车灯元件搭铁与车身搭铁之间，若车灯元件工作，说明其搭铁电路开路。

2）如果搭铁电路正常，就将跨接线连接在蓄电池“+”极与被测车灯元件的电源触头之间，若此时车灯工作，说明车灯元件电源电路有故障（短路或断路）；如果内饰车灯仍不工作，说明车灯本身有故障。

知识拓展

一、跨接线使用的注意事项

1）注意被检测电路部位工作电流要求，一般来说跨接线越粗越好，越短越好。

2）跨接线接头千万不可接触被测量部位以外的零件。

3）用跨接线将电源电压加至试验部件之前，必须先确认被试部件的电源电压是否为 12V。如有的喷油器电源电压为 4V，如加上 12V 电压就可能使喷油器损坏。

4）跨接线切勿直接跨接在蓄电池的两端或蓄电池正极和搭铁之间，或试验部件接头与搭铁之间。

二、灭火器的介绍

灭火器是常见的防火设施之一，存放在公众场所或可能发生火灾的地方。不同种类的灭火器内装填的灭火剂成分不同，是专为不同的火灾起因而设置的。灭火器平时往往被人冷落，但在急需时却是消防必备之物。

1. 灭火器的分类

灭火器的种类有很多，按其外形可分为手提式和推车式，按驱动灭火器的压力型式可分为贮气瓶式、贮压式，按充装的灭火剂可分为干粉灭火器、二氧化碳灭火器、洁净气体灭火器和水基型灭火器等，其中干粉灭火器又分为金属专用、

ABC 型和 BC 型灭火器。

2. 灭火器的适用范围

不同种类的灭火器内装填的灭火剂、压力型式不一样，使用时必须加以注意，以免产生反效果及引起危险。下面介绍几种常见灭火器的适用范围。

1）普通干粉灭火器（BC 型）主要用来扑灭液体和气体火灾。

2）二氧化碳灭火器主要用于扑救贵重设备、档案资料、仪器仪表、600V 以下的电器设备及油类等火灾，但不能扑救钾、钠、镁等轻金属火灾。

3）洁净气体灭火器适用于电气设备、各种装饰物等贵重物品的火灾。

4）水基型灭火器能扑救一般固体物质的火灾，喷雾型的还能扑救油类等可燃液体火灾，但不能扑救带电设备和醇、酮、酯、醚等有机溶剂的火灾。

3. 灭火器的使用方法

（1）推车式灭火器的使用　这种灭火器主要由车体、筒身、阀门、喷枪等构成（见图 2-8-2）。

推车式灭火器通常由两人共同操作，一人推车，一人灭火。使用时，将灭火器推到起火地点，一人将灭火阀门打开，一人将胶管喷枪对准火源根部喷射。

（2）手提式灭火器的使用　这种灭火器主要由筒身、鸭嘴阀、喷嘴等构成（见图 2-8-3）。

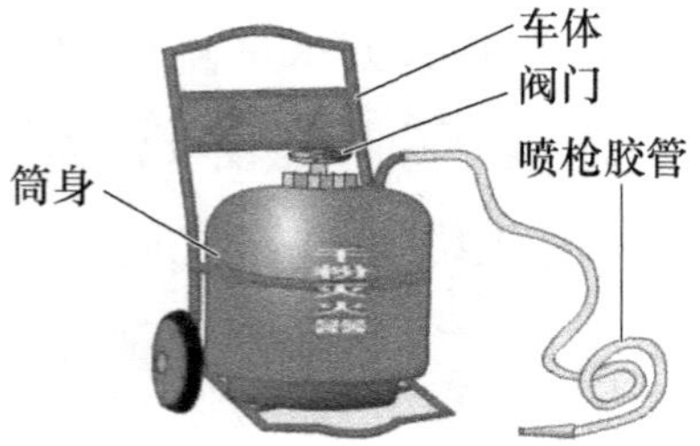

图 2-8-2　推车式灭火器的结构

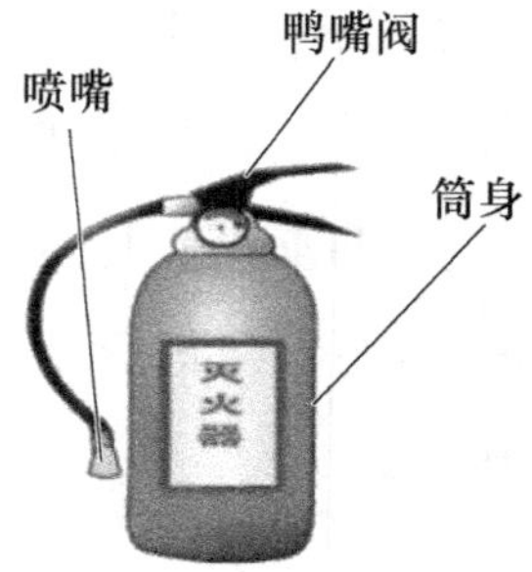

图 2-8-3　手提式灭火器的结构

手提式灭火器使用时，将灭火器提到起火地点，拔去保险销，将喷嘴对准火源压下鸭嘴阀，即可将灭火剂喷出。

知识巩固

一、填空题

跨接线就是一根两端带有______的导线，常用来做机柜、桥架、线槽、钢筋、金属管等金属物体之间的______跨接线。

二、选择题

1. 用跨接线将电源电压加至试验部件之前，必须先确认被试部件的电源电压是否为（　　）。

A. 8V　　B. 10V　　C. 12V　　D. 20V

2. 跨接线的材料和型号规格有（　　）。

A. 圆钢　　B. 扁钢

C. 扁铜　　D. 以上说法都不正确

三、判断题

1. 跨接线接头也可接触被测量部位以外的零件。（　　）

2. 使用跨接线时，注意被检测电路部位工作电流要求，一般来说跨接线越粗越好，越短越好。（　　）

四、简答题

简述跨接线的使用方法。

任务9　解码器的使用

任务目标

通过本任务的学习，学生应掌握解码器的使用方法。

任务描述

掌握解码器的使用方法，能够使用解码器快速、准确地诊断汽车故障，了解读码器和解码器的区别。

相关知识

解码器又叫作解码仪、故障诊断仪。它与读码器的区别是，不但可以读取和清除发动机故障码，还可以完成一些其他工作，比如读取发动机数据流，调用里程表等，可以提高故障诊断排除效率。

它的工作原理是：诊断电子控制系统的传感器、执行器状态以及 ECU 的工作是否正常。通过检测 ECU 的输入、输出电压是否在规定的范围内变化，可以判断电子控制系统工作是否正常。当电子控制系统中某一电路出现超出规定的信号时，该电路及相关的传感器反映的故障信息以故障码的形式存储到 ECU 内部的存储器中，维修人员可利用该诊断仪来读取故障码，使其显示出来。解码器通常具备的功能如下：

1）读取故障码。

2）清除故障码。

3）读取发动机动态数据流。

4）示波功能。

5）元件动作测试。

6）匹配、设定和编码等功能。

7）计算器或其他辅助功能。

解码器的分类：汽车故障诊断仪一般可分为两种，一种是针对车门中控的，主要运用于汽车遥控器的匹配与测试检修；另一种是针对汽车发动机或电路故障诊断的，如图 2-9-1 所示。

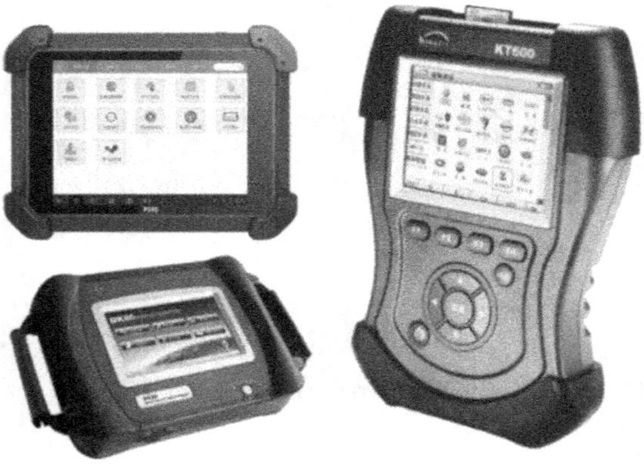

图 2-9-1 各种解码器

任务实施

一、工量具、设备及材料准备

使用解码器检测所需要的工量具、设备及材料见表 2-9-1。

表 2-9-1　使用解码器检测所需要的工量具、设备及材料

材料及工量具名称	数　量	是否准备
解码器	1个	是□　否□
实训车	1台	是□　否□

二、使用解码器检测空调

下面我们利用解码器数据流来检查汽车空调。

1）先用空调压力表检查空调压力，并确认电源系统完好。

2）连接解码器，读取发动机数据模块，找到 A/C 请求信号，如果 A/C 信号没有出现，即在开关 A/C 键时，发动机的数据流的 A/C 数据没有变化，说明空调控制系统有问题，再利用解码器转到空调系统进行检查。

3）如果发动机数据模块中的空调 A/C 信号随着开关的动作而变化，说明空调控制系统是正常的，再进一步检查继电器、压缩机线圈、压力开关等。

知识拓展

一、利用解码器诊断汽车故障

解码器使用方法比较简单，但是利用解码器快速、准确地诊断汽车故障还是有一些技巧的，我们一起来学习一下。

（1）故障内容与故障现象相结合进行分析，迅速确定故障成因所在　使用解码器的故障码查询功能，可以对故障车辆的电控系统进行扫描。大多数情况下，故障记录的并不是故障的成因。但是，故障记录的内容提供了故障所在的范围，结合故障现象和其他辅助检查，就可以迅速排除故障。

（2）根据多个故障的存储内容，分析和发现它们的共同成因　大多数情况下，通过读取故障码功能进行故障查询时，会调出多个有关故障记录，有时这些故障内容并不是孤立的，往往是由一个隐藏的故障造成的，或者有一定的因果关系。通过这个角度分析存储的内容，再结合其他检测方式和维修经验，便可以迅速判断故障所在。

（3）充分利用数据流查询功能　通过查询数据流，可以得知控制单元收集的相关传感器和执行元件的数据信息，以及开关状态信息，并以具体的数值显示出

来。充分利用这些数据，有助于故障的正确分析和判断。

(4) 重视数据状态信息的含义 解码器读取的控制单元中的数据信息表示方式是多种多样的，而且单位也不同。了解这些数据信息的表达方式和含义，有助于更加全面地了解控制单元的工作状态以及一些传感器、执行元件的信息。

二、手提式二氧化碳灭火器的正确使用

1. 二氧化碳灭火器的工作原理

二氧化碳灭火器在加压时将液态二氧化碳压缩在小钢瓶中，灭火时再将其喷出，有降温和隔绝空气的作用。

二氧化碳具有较高的密度，约为空气密度的1.4倍。在常压下，液态的二氧化碳会立即汽化，一般1kg的液态二氧化碳可产生约0.5m^3的气体。因而，灭火时，二氧化碳气体可以排除空气而包围在燃烧物体的表面或分布于较密闭的空间中，降低可燃物周围或防护空间内的氧浓度，产生窒息作用而灭火。另外，二氧化碳灭火剂是一种液化低温气体，具有降低空气中含氧量及降低燃烧表面温度，使之燃烧中断的物理灭火原理。二氧化碳从储存容器中喷出时，会由液体迅速汽化成气体，而从周围吸收部分热量，起到冷却的作用。

2. 二氧化碳灭火器的适用范围

二氧化碳灭火器具有流动性好、喷射率高、不腐蚀容器和不易变质等优良性能，用来扑灭图书、档案、贵重设备、精密仪器、600V以下电气设备及油类的初起火灾。手提式二氧化碳灭火器是把空气排挤掉，令火失去氧气而熄灭，可用在B类、C类及E类火灾上。

(1) B类火灾 指液体或可熔化的固体物质火灾，如煤油、柴油、原油、甲醇、乙醇、沥青和石蜡等火灾。

(2) C类火灾 指气体火灾，如煤气、天然气、甲烷、乙烷、丙烷和氢气等火灾。

(3) E类火灾 指带电火灾，物体带电燃烧的火灾。

3. 手提式二氧化碳灭火器的使用方法

手提式二氧化碳灭火器有两种类型，即手轮式和鸭嘴式，使用方法有所不同。

(1) 手轮式 一只手握住喷筒把手，另一只手撕掉铅封，将手轮按逆时针方向旋转，打开开关，二氧化碳气体即会喷出。

（2）鸭嘴式　一只手握住喷筒把手，另一只手拔去保险销，将扶把上的鸭嘴压下，即可灭火。

4. 手提式二氧化碳灭火器的使用注意事项

1）灭火时，操作人员应站在上风处。

2）二氧化碳灭火器的喷嘴顶部通常为筒状。由于二氧化碳储存在灭火器中时温度十分低，使用时要小心，避免接触，以免被冻伤。

3）因为使用二氧化碳灭火时，会减少火场及燃烧物品周围的氧气量，所以在空气不流通的环境下使用二氧化碳灭火，会影响呼吸，不适合长时间使用，使用后必须尽快离开现场。

知识巩固

一、填空题

1. 汽车电器检测中用到的解码器，又叫作________、________。

2. 汽车制造厂专门为自身车型制造的解码器诊断设备，称为________解码器。

二、选择题

1. 使用解码器检测时，是将解码器插入车载（　　）接口。

A. OCD　　B. OAD　　C. OBD　　D. ABD

2. 大多数情况下，通过解码器进行故障查询时，会调出（　　）有关故障记录。

A. 1个　　B. 2个　　C. 3个　　D. 多个

3. 关于使用解码器诊断汽车故障的说法正确的有（　　）。

A. 故障内容与故障现象相结合进行分析

B. 抓住一条故障内容分析

C. 充分利用数据流查询功能

D. 重视数据状态信息的含义

4. 解码器的功能有（　　）。

A. 读取故障码　　B. 清除故障码

C. 读取发动机动态数据流　　D. 示波功能

5. 关于解码器的说法正确的有（　　）。

A. 使用方法比较复杂

B. 使用方法比较简单

C. 检测时，点火开关置于 ON 档位

D. 检测时，点火开关置于 OFF 档位

三、判断题

1. 使用解码器时，大多数情况下，故障记录的一定是故障成因。(　　)
2. 解码器的功能要多于读码器。(　　)
3. 读取发动机动态数据流是解码器和读码器共有的功能。(　　)
4. 解码器诊断维修之后，还需要清除故障码。(　　)

四、简答题

说一说解码器与读码器的区别。

任务 10　汽车电器与电路测量

任务目标

通过本任务的学习，学生应实现以下目标：

1. 掌握电动车窗的工作原理。
2. 掌握使用检测工具排除电路故障的方法。

任务描述

能够使用检测工具对汽车电动车窗系统进行电路检测并排查故障；了解电动车窗系统的结构组成，掌握电动车窗升降玻璃的工作原理。

相关知识

一、电动车窗系统概述

汽车电动车窗可以使驾驶人更加集中精力驾车，也方便驾驶人及乘客的操作。

电动车窗系统由车窗、玻璃升降器、电动机、控制开关等组成，如图2-10-1所示。

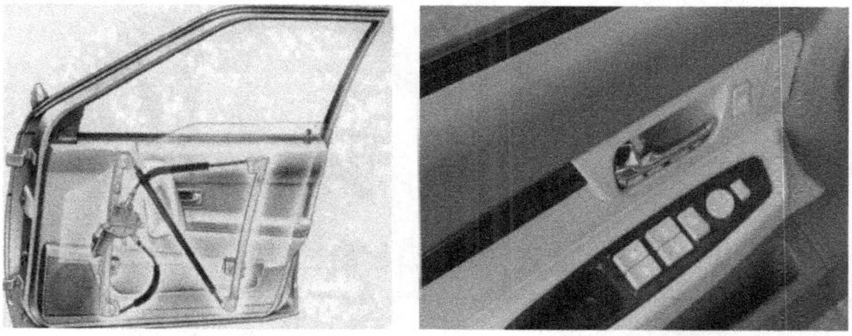

a) 车窗内部结构　　b) 控制开关

图2-10-1　电动车窗系统

其中，玻璃升降器按结构型式不同分为绳轮式玻璃升降器和软轴式（交叉臂式）玻璃升降器两种，如图2-10-2所示。日系汽车常采用绳轮式，德国大众汽车常采用软轴式。

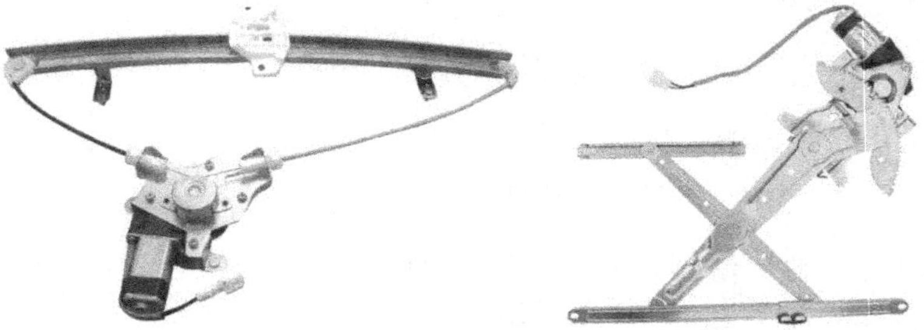

a) 绳轮式玻璃升降器　　b) 软轴式玻璃升降器

图2-10-2　玻璃升降器的结构

二、电动车窗系统的工作原理

电动车窗系统由永磁式电动机作为动力源，工作中，12V双向电动机通过与车窗相连的驱动器调节车窗上下运动，车窗的上升和下降由永磁式电动机通过开关改变电流方向进而改变电动机的运转方向来实现。在驾驶人侧设计一个总的组合控制开关，无论行驶还是停车，操作此开关均能控制4个门玻璃的起和落。同时，在组合开关上设计一个锁定开关，其作用是控制后门的分动开关，锁定开关断开后，后门分动开关就不起作用，以增加后部乘客安全性（尤其是儿童）。当锁定开关接通时，各门上的分动开关便能操纵所控车门。

任务实施

一、工量具、设备及材料准备

车窗电路测量所需要的工量具、设备及材料见表 2-10-1。

表 2-10-1　车窗电路测量所需要的工量具、设备及材料

材料及工量具名称	数　量	是否准备
万用表	1 台	是□　否□
实训车	1 台	是□　否□

二、车窗电路系统测试

根据图 2-10-3 完成下面步骤的检测。

（1）S79D/1—G305　测量电阻是否小于 2Ω。

（2）S79D/4—地　测量电压是否是 12V。

（3）S79D/5—地　测量电压是否是 12V。

（4）M74D/1—G305　测量电阻是否小于 2Ω。

（5）M74D/2—地　测量电压是否是 12V。

（6）M74D/4—地　测量电压是否是 12V。

（7）M74D/3—B +　观察车窗是否上升。

（8）M74D/7—B +　观察车窗是否下降。

需要注意的是，要想进行（7）、（8）项的测量，M74D 的 124 号电路必须是好的，若有一根不好则需要进行端对端测量。另外要注意的是，不要把电源线和地线直接跨接以免引发火灾。

知识拓展

一、汽车电动车窗有时工作，有时不工作的故障

此时应根据电动车窗系统的工作原理，利用检测工具，逐步查找故障原因，并排除故障。

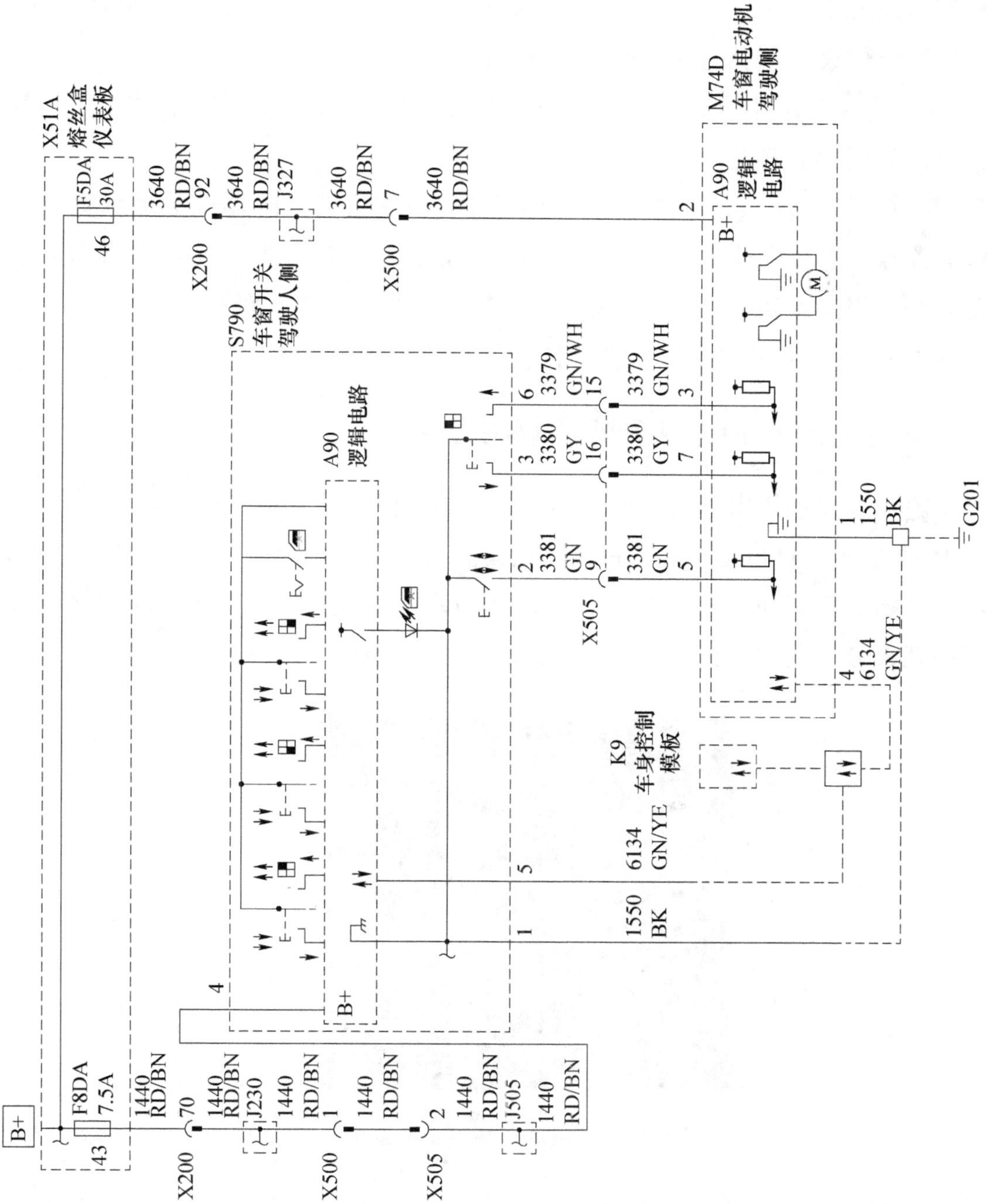

图 2-10-3　别克威朗车窗控制电路

1）将左前门升降器总开关处的 C2 插头拔下，将点火开关转到“ON”位置，然后操纵左前门开关，两前门升降正常，排除两前门玻璃升降器故障。

2）连接左前门总开关的 C2 插头，将锁定开关拨到接通位置，打开钥匙门，用试灯测量总开关处 C1-G 脚，然后用手按总开关上的左后门玻璃升降器按钮，发现试灯逐渐熄灭，左后门的玻璃也是逐渐停止。

3）再测量 C2-A 处的电压为 0V，显然故障出现在 C2-A 的输出相线上，而且是在连接两后门的电路上。

4）用试灯逐点测量，检查电路，发现该线与左后门升降器开关上示宽灯的搭铁线混连在一起，致使在锁定开关接通时大量放电，偶尔严重时使升降器上的熔断器断开，当温度降下来后又自动接上，所以造成偶尔工作的假象。

5）重新包扎这两根线后，故障排除。

二、汽车电动车窗无法升降的解决方法

汽车电动车窗系统由车窗、玻璃升降器、电动机、继电器、开关等装置组成，如图 2-10-4 所示。这也是车主们最常用的配置之一，操作简单，极大地方便了车主。不过，随着车辆使用时间的增长，汽车电动车窗也会出现无法升降的情况。下面我们就来分析电动车窗不能升降的原因及解决方法。

图 2-10-4　电动车窗系统的结构

1. 车窗升降电动机损坏或电控线束（见图 2-10-5）**接触不良**

如果长按开窗按钮时有煳焦味道或是门板内有异响，很有可能是车窗升降电动机部件损坏了，这种情况建议直接找 4S 店或者汽车修理店更换玻璃升降电动机。

2. 电动机过热保护

为了保护供电电路，一般车窗升降电动机都设有过热保护机制，如果因为某种原因导致元器件过热，电动机就会进入过热保护状态，从而导致车窗升降失灵。出现这种情况后只需等电动机冷却即可。

图 2-10-5　电动车窗线束

3. 导轨堵塞或胶条老化

车窗玻璃不能升降大都是机体卡滞造成的，只需在清理导轨之后涂抹一些润滑油即可。如果是玻璃胶条老化变形引起的故障，则需要更换新的密封条，过于脏污时直接清理就可以了。往玻璃密封条（见图 2-10-6）上喷点表板蜡，或者涂抹滑石粉（可以起到润滑作用），一般都能起到很好的效果。

4. 初始化数据丢失

蓄电池断电或维修保养其他系统时断开了车窗控制模块的电源或地线，使车窗的初始化数据丢失，造成车窗不能升降，如图 2-10-7 所示。出现这种情况要对车窗升降进行重新复位，具体方法是：打开点火开关，扳着开关上升并保持住，玻璃升到顶后继续扳 3s 以上，松开开关并立即按下并保持住，使玻璃下降到底等 3s 以上，然后重复上升动作一次。

图 2-10-6　电动车窗导槽橡胶条

图 2-10-7　电动车窗无法升降

5. 玻璃升降器开关损坏

汽车的玻璃升降器开关（见图 2-10-8）是汽车上使用频率非常高的开关了，几乎只要开车就会用到它，所以其损坏的概率也很高。这时候只要直接更换整个玻璃升降器开关即可。

图 2-10-8 玻璃升降器开关

知识巩固

一、填空题

A 玻璃升降器为________________，B 玻璃升降器为________________。

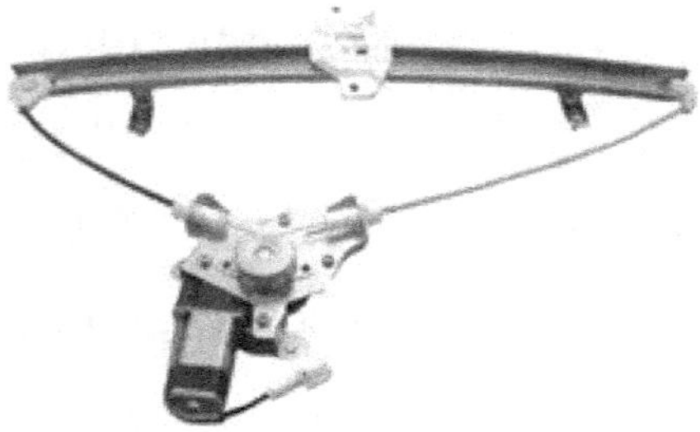

A

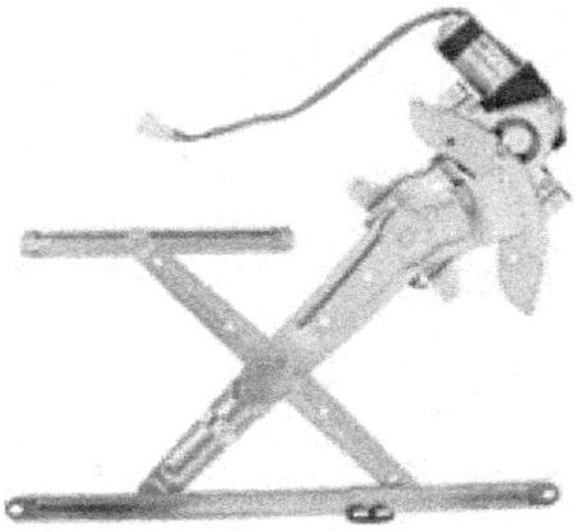

B

二、选择题

1. 德国大众汽车常用（　　）玻璃升降器。

A. 绳轮式　　B. 软轴式　　C. 平行式　　D. 垂直式

2. 电动车窗系统的动力源是（　　）。

A. 永磁式电动机　　B. 感应电动机

C. 异步电动机　　D. 以上说法都不正确

3. 电动车窗系统中总的组合控制开关位于（　　）。

A. 前排驾驶人侧　　B. 前排乘客侧

C. 后排左侧　　D. 后排右侧

4. 电动车窗系统的组成有（　　）。

A. 车窗　　B. 玻璃升降器　　C. 电动机　　D. 控制开关

任务11　火花塞测试仪的使用

任务目标

通过本任务的学习，学生应实现以下目标：

1. 掌握火花塞测试仪的使用方法。
2. 掌握火花塞测试仪的使用注意事项。

任务描述

了解火花塞的功能和结构，以及火花塞使用中的安全注意事项；了解火花塞测试仪的工作原理，能够运用火花塞测试仪检测火花塞的性能。

相关知识

一、火花塞概述

1. 火花塞的功能

在认识火花塞测试仪之前，我们先来了解一下火花塞的功能和结构。火花塞的主要作用是将点火线圈产生的脉冲高电压引入发动机气缸，并在火花塞两电极之间产生电火花，以点燃可燃混合气。

2. 火花塞的结构

火花塞连接在点火线圈二次绕组末端，它主要由中心电极、侧电极、陶瓷绝缘体、接线螺杆、接线螺母等组成。钢质的火花塞壳体内部固定有陶瓷绝缘体，绝缘体中心孔上有接线螺杆，接线螺杆上端有接线螺母，用来连接高压导线；绝缘体下部有中心电极，如图2-11-1所示。

3. 火花塞的种类

火花塞按照热值高低来分，有冷型和热型；按照电极材料来分，有镍合金、银合金和铂合金等。如果更专业一些，火花塞的类型大体上有如下几种：

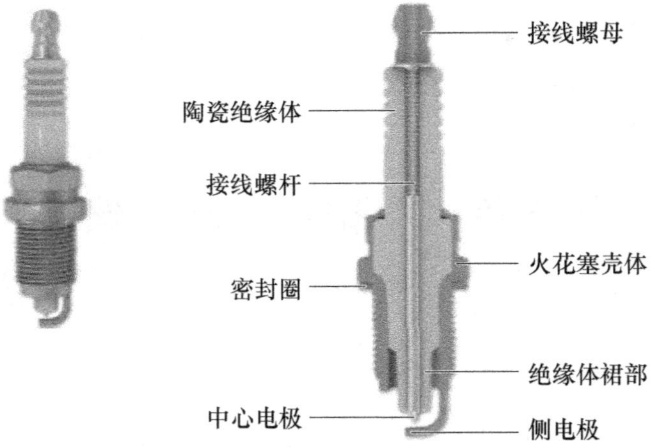

图 2-11-1　火花塞结构

（1）标准型火花塞　其绝缘体裙部略缩入壳体端面，侧电极在壳体端面以外，是使用最广泛的一种。

（2）绝缘体凸出型火花塞　绝缘体裙部较长，凸出于壳体端面以外。这种火花塞具有吸热量大、抗污能力好等优点，而且能直接受到进气的冷却而降低温度，因而也不易引起炽热点火，故热适应范围宽。

（3）细电极型火花塞　其电极很细，特点是火花强烈，点火能力好，在严寒季节也能保证发动机迅速可靠地起动，热范围较宽，能满足多种用途。

（4）锥座型火花塞　其壳体和旋入螺纹制成锥形，因此不用垫圈即可保持良好密封，从而缩小了火花塞体积，对发动机的设计更为有利。

（5）多电极型火花塞　侧电极一般为两个或两个以上，优点是点火可靠，间隙不需要经常调整，故在电极容易烧蚀和火花塞间隙不能经常调节的一些汽油机上常常采用。

（6）沿面跳火型火花塞　即沿面间隙型火花塞，它是一种最冷型的火花塞，其中心电极与壳体端面之间的间隙是同心的。

此外，为了抑制汽车点火系统对无线电的干扰，又诞生了电阻型和屏蔽型火花塞。电阻型火花塞是在火花塞内装有 5～10Ω 的陶瓷电阻器，屏蔽型火花塞是利用金属壳体把整个火花塞屏蔽密封起来。屏蔽型火花塞不仅可以防止无线电干扰，还可用于防水、防爆的场合。

二、火花塞测试仪

火花塞测试仪专门用来安全快速地检测火花塞的性能和好坏，使用时将火花塞放在测试仪上，测试仪连接电源后，按下测试按钮，即可产生高性能稳定的点火高压，从而使火花塞产生连续的跳火，维修人员可以观察和比较火花塞跳火的强弱来快速直观地判断火花塞工作性能的好坏，如图2-11-2所示。

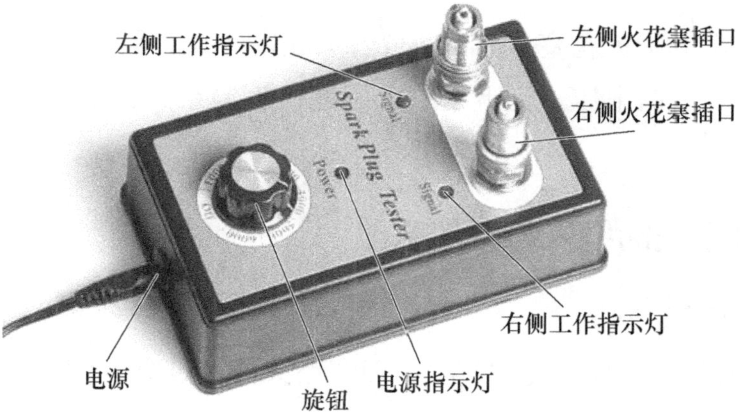

图2-11-2　火花塞测试仪

任务实施

一、工量具、设备及材料准备

火花塞检测所需要的工量具、设备及材料见表2-11-1。

表2-11-1　火花塞检测所需要的工量具、设备及材料

材料及工量具名称	数　量	是否准备
火花塞	4个	是□　否□
火花塞检测仪	1台	是□　否□

二、火花塞检测方法

1）将火花塞插入左侧或者右侧火花塞插口。

2）将电源适配器插入主机后面的插口。

3）顺时针旋转旋钮，打开电源后，工作指示灯点亮，此时设备工作在1000r/min模式。

4）继续旋转旋钮，可将工作频率在1000～5000r/min间调节。频率越高，火花塞强度越高。

知识拓展

一、火花塞测试和使用时的注意事项

1）不要带电插拔火花塞，取下或放置火花塞时，必须关闭电源。

2）火花塞工作时电压达到上千伏，因此，不要在火花塞工作时触摸火花塞，以免对身体造成损害。

二、点火系统的组成与工作原理

1. 点火系统的组成

点火系统主要由电源、传感器、ECU、点火器、点火线圈、分电器和火花塞等组成。

微机控制点火系统主要由传感器、ECU、点火模块、点火线圈以及火花塞等组成。

2. 点火线圈的组成

点火线圈是点火系统的重要组成部分，它主要由一次绕组、二次绕组、铁心、点火模块等组成。

3. 点火系统的工作原理

汽油机点火系统是汽油机、煤气机中用电火花点燃混合气的装置。它的功用是按气缸点火次序定时地向火花塞提供足够能量的高压电，使火花塞电极间产生火花，从而点燃气缸内被压缩的可燃混合气。

三、火花塞的保养以及常见故障的检测维修

1. 忌长期不清除积炭

火花塞在使用中，其电极及裙部绝缘体会有正常的积炭产生，如果这些积炭长期不予清除，会越积越多，最终导致电极漏电甚至不能跳火。所以应定期清除积炭，不要等火花塞不工作时才进行清除。

2. 忌长期使用

火花塞型号繁多，但都有自己的经济寿命，如果超过经济寿命后仍然使用，将不利于发动机的动力性和经济性的发挥。有研究表明，随着火花塞使用时间的延长，其中心电极端面会向圆弧形状变化，侧电极则向凹弧形状变化，这种形状

的变化将使电极间隙增大，并造成放电困难，影响发动机的正常工作。

3. 忌随意除垢

有些人在对发动机喷银粉或进行其他维护时，不注意火花塞外表的清洁，致使火花塞因外表脏污而漏电。清理外表时，不可图方便、快捷而使用砂纸、金属片等除垢，应当把火花塞浸入汽油中，用毛刷予以清除，以确保火花塞外表陶瓷体不受损伤。

4. 忌火烧

现实中，有些人常常用火烧的办法来清除火花塞电极及裙部的积炭和油污，这种看似有效的方法，其实是十分有害的。因为火烧时，温度难于控制，很容易将裙部绝缘体烧裂，造成火花塞漏电，而且火烧后产生的细小裂纹往往不易发现，给排除故障带来很大麻烦。对火花塞上积炭和油污的正确处理方法是，可以用专用设备清除，这样会有很好的效果；也可以用溶液清洗，将火花塞放入酒精或汽油中浸泡一定的时间，当积炭软化后再用毛刷刷净晾干。

5. 忌冷热不分

火花塞除了外形不同、尺寸各异外，还分为冷型、中型、热型三种。一般高压缩比、高转速的发动机宜采用冷型火花塞，而低压缩比、低转速的发动机宜采用热型火花塞，介于两者之间的还有中型火花塞。此外，新发动机或大修发动机与旧发动机的火花塞选型可根据实际情况有所不同。比如，在发动机较新时，选用火花塞应趋向热型；使用时间较长的旧发动机因性能下降，火花塞容易产生过多的积炭和被油污损，选用火花塞应趋向中型或冷型，以提高火花塞抗油污的能力。

6. 忌误诊错断

更换新的火花塞或怀疑其有故障需要检查时，应当在汽车正常运行一段时间后，停车熄火拆下火花塞观察其电极颜色特征，可有以下几种情况：一是中心电极呈红褐色，侧电极及四周呈青灰色，为火花塞选型合适；二是电极间有烧蚀或烧熔现象，裙部及绝缘体呈灼白状态，说明火花塞过热；三是电极间及绝缘体裙部有黑色条纹，说明火花塞已经漏气。火花塞选型不当或漏气应重新选择合适的火花塞。

7. 忌安装过紧

火花塞安装时一定要符合规定的力矩，用专用工具安装时，一般不会超过，但若用力过大、过猛或用梅花扳手安装时，则常会损伤火花塞瓷芯或使螺纹滑扣、膨胀槽断裂而导致火花塞报废；但也不可安装过松，否则会造成发动机工作不正常。

知识巩固

一、选择题

1. 使用火花塞测试仪检测火花塞时，刚打开电源后，设备工作在（　　）r/min 模式。

A. 100　　B. 1000　　C. 2000　　D. 4000

2. 使用火花塞测试仪检测火花塞时，频率越高，火花塞强度（　　）。

A. 越高　　B. 越低

C. 越慢　　D. 以上说法都不正确

3. 取下火花塞时，电源应处于（　　）状态；放置火花塞时，电源应处于（　　）状态。

A. 关闭　关闭　　B. 启动　启动　　C. 启动　关闭　　D. 关闭　启动

4. 火花塞连接在点火线圈二次绕组（　　）。

A. 前端　　B. 中间

C. 末端　　D. 以上说法都不正确

5. 火花塞主要由（　　）等组成。

A. 中心电极　　B. 陶瓷绝缘体

C. 接线螺杆　　D. 接线螺母

6. 点火系统主要由（　　）等组成。

A. 电源　　B. 传感器　　C. 点火器　　D. 点火线圈

二、判断题

1. 火花塞测试仪可以快速检测火花塞的性能和好坏，但安全性不高。（　　）

2. 不要在火花塞工作时触摸火花塞。（　　）

三、简答题

1. 点火系统的点火线圈由哪些部分组成？

2. 火花塞的主要功能是什么？

任务12 示波器的使用

任务目标

通过本任务的学习，学生应掌握示波器的使用方法。

任务描述

掌握示波器的使用方法，能够使用示波器进行电路测试。

相关知识

一、示波器的认识

示波器是一种用途十分广泛的电子测量仪器，如图2-12-1所示。它能把肉眼看不见的电信号变换成看得见的图像，便于人们研究各种电现象的变化过程。示波器利用狭窄的、由高速电子组成的电子束，打在涂有荧光物质的屏幕上，就可产生细小的光点（这是传统的模拟示波器的工作原理）。在被测信号的作用下，电子束就好像一支笔的笔尖，可以在屏幕上描绘出被测信号的瞬时值的变化曲线。利用示波器能观察各种不同信号幅度随时间变化的波形曲线，还可以用它测试各种不同的电量，如电压、电流、频率、相位差和调幅度等。

示波器是一种用来测量交流电或脉冲电流波的形状的仪器，由电子管放大器、扫描振荡器、阴极射线管等组成。示波器除用于观测电流的波形外，还可以测定频率、电压强度等。凡可以变为电效应的周期性物理过程都可以用示波器进行观测。

二、示波器的分类

1. 按照信号的不同分类

按照信号的不同分类，示波器分为模拟示波器和数字示波器。

如图2-12-2所示，模拟示波器采用的是模拟电路（示波管，其基础是电子

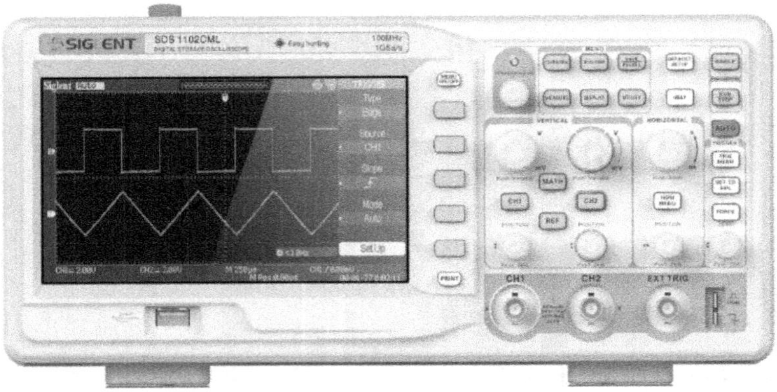

图 2-12-1　示波器

枪)。电子枪向屏幕发射电子，发射的电子经聚焦形成电子束，并打到屏幕上。屏幕的内表面涂有荧光物质，这样电子束打中的点就会发出光来。

如图 2-12-3 所示，数字示波器则是利用数据采集、A/D 转换、软件编程等一系列的技术制造出来的高性能示波器。数字示波器的工作方式是通过 A/D 转换器 (ADC) 把被测电压转换为数字信息。数字示波器捕获的是波形的一系列样值，并对样值进行存储，存储限度是判断累计的样值是否能描绘出波形为止，随后，数字示波器重构波形。数字示波器可以分为数字存储示波器 (DSO)、数字荧光示波器 (DPO) 和采样示波器。

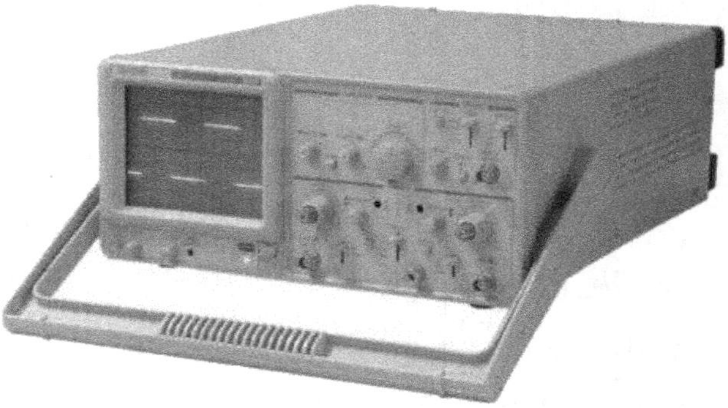

图 2-12-2　模拟示波器

模拟示波器要提高带宽，需要示波管、垂直放大和水平扫描全面推进。数字示波器要改善带宽，只需要提高前端 A/D 转换器的性能，而对示波管和扫描电路没有特殊要求。另外，数字示波

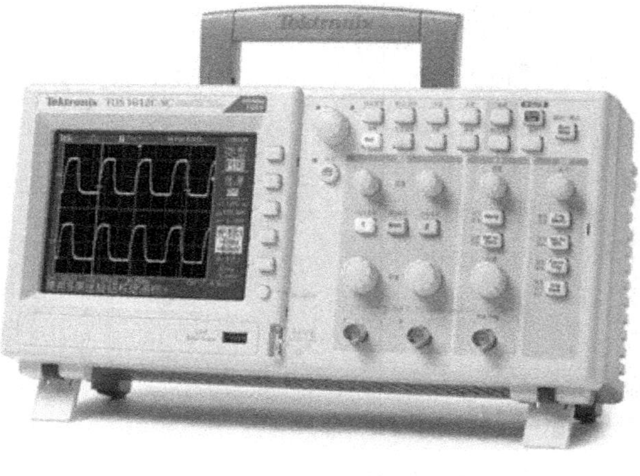

图 2-12-3　数字示波器

管能充分利用记忆、存储和处理，以及多种触发和超前触发能力。20 世纪 80 年代，数字示波器异军突起，成果累累，大有全面取代模拟示波器之势，模拟示波器从前台退到后台。

2. 按照结构和性能不同分类

（1）普通示波器　这种示波器的电路结构简单，频带较窄，扫描线性差，仅用于观察波形。

（2）多用示波器　这种示波器频带较宽，扫描线性好，能对直流、低频、高频、超高频信号和脉冲信号进行定量测试。借助幅度校准器和时间校准器，测量的准确度可达 ±5%。

（3）多线示波器　这种示波器采用多束示波管，能在荧光屏上同时显示两个以上同频信号的波形，没有时差，时序关系准确。

（4）多踪示波器　这种示波器具有电子开关和门控电路的结构，可在单束示波管的荧光屏上同时显示两个以上同频信号的波形，但存在时差，时序关系不准确。

（5）取样示波器　这种示波器采用取样技术将高频信号转换成模拟低频信号进行显示，有效频带可达 GHz 级。

（6）记忆示波器　这种示波器采用存储示波管或数字存储技术，将单次电信号瞬变过程、非周期现象和超低频信号长时间保留在示波管的荧光屏上或存储在电路中，以供重复测试。

（7）数字示波器　这种示波器内部带有微处理器，外部装有数字显示器，有的产品在示波管荧光屏上既可显示波形，又可显示字符。被测信号经 A/D 转换器送入数据存储器，通过键盘操作，可对捕获的波形参数的数据进行加、减、乘、除、求平均值、求二次方根值、求方均根值等的运算，并显示出答案数字。

3. 按照通道数分类

通常无论是模拟示波器还是数字示波器，都可以根据通道数分为单通道/单踪示波器、双通道/双踪示波器、2 +1 通道（1 外部触发）/三踪示波器、四通道/四踪示波器。

4. 按照带宽分类

带宽是根据示波器测试要求来定的，5Mbit/s，10Mbit/s，20Mbit/s，40Mbit/s，60Mbit/s，100Mbit/s，1Gbit/s 等分类选型。

三、示波器的基本构成

1. 显示电路

显示电路包括示波管及其控制电路两个部分。示波管是一种特殊的电子管，是示波器一个重要组成部分。示波管由电子枪、偏转系统和荧光屏 3 个部分组成。

（1）电子枪　电子枪用于产生并形成高速、聚束的电子流，去轰击荧光屏使之发光。它主要由灯丝 F、阴极 K、控制极 G、第一阳极 A1、第二阳极 A2 组成。除灯丝外，其余电极的结构都为金属圆筒，且它们的轴心都保持在同一轴线上。阴极被加热后，可沿轴向发射电子；控制极相对阴极来说是负电位，改变电位可以改变通过控制极小孔的电子数目，也就是控制荧光屏上光点的亮度。为了提高荧光屏上光点的亮度，又不降低对电子束偏转的灵敏度，现代示波管中，在偏转系统和荧光屏之间还加上一个后加速电极 A3。

第一阳极对阴极而言加有几百伏的正电压。在第二阳极上加有一个比第一阳极更高的正电压。穿过控制极小孔的电子束，在第一阳极和第二阳极高电位的作用下，得到加速，向荧光屏方向做高速运动。由于电荷的同性相斥，电子束会逐渐散开。第一阳极、第二阳极之间电场的聚焦作用，使电子重新聚集起来并交汇于一点。适当控制第一阳极和第二阳极之间电位差的大小，便能使焦点刚好落在荧光屏上，显现一个光亮细小的圆点。改变第一阳极和第二阳极之间的电位差，可起到调节光点聚焦的作用，这就是示波器的“聚焦”和“辅助聚焦”调节的原理。第三阳极是示波管锥体内部涂上一层石墨形成的，通常加有很高的电压，它有三个作用：一是使穿过偏转系统以后的电子进一步加速，使电子有足够的能量去轰击荧光屏，以获得足够的亮度；二是石墨层涂在整个锥体上，能起到屏蔽作用；三是电子束轰击荧光屏会产生二次电子，处于高电位的后加速电极可吸收这些电子。

（2）偏转系统　示波管的偏转系统大都是静电偏转式，它由两对相互垂直的平行金属板组成，分别称为水平偏转板和垂直偏转板，两者分别控制电子束在水平方向和垂直方向的运动。当电子在偏转板之间运动时，如果偏转板上没有加电压，则偏转板之间无电场，离开第二阳极后进入偏转系统的电子将沿轴向运动，射向屏幕的中心。如果偏转板上有电压，则偏转板之间有电场，进入偏转系统的电子会在偏转电场的作用下射向荧光屏的指定位置。

如果两块偏转板互相平行，并且它们的电位差等于零，那么通过偏转板空间的，具有一定速度的电子束就会沿着原方向（设为轴线方向）运动，并打在荧光屏的坐标原点上。如果两块偏转板之间存在着恒定的电位差，则偏转板间就形成一个电场，这个电场与电子的运动方向垂直，于是电子就朝着电位比较高的偏转板偏转。这样，在两偏转板之间的空间，电子就沿着抛物线在这一点上做切线运动。最后，电子降落在荧光屏上的A点，这个A点距离荧光屏原点（O）有一段距离，这段距离称为偏转量，用y表示。偏转量y与偏转板上所加的电压U_y成正比。同理，在水平偏转板上加有直流电压时，也发生类似情况，只是光点在水平方向上偏转。

（3）荧光屏　荧光屏位于示波管的终端，它的作用是将偏转后的电子束显示出来，以便观察。在示波器的荧光屏内壁涂有一层发光物质，因而，荧光屏上受到高速电子冲击的地点就显现出荧光。此时光点的亮度取决于电子束的数目、密度及其速度。改变控制极的电压时，电子束中电子的数目将随之改变，光点亮度也就改变。在使用示波器时，不宜让很亮的光点固定出现在示波管荧光屏一个位置上，否则该点荧光物质将因长期受电子冲击而烧坏，从而失去发光能力。

涂有不同荧光物质的荧光屏，在受电子冲击时将显示出不同的颜色和不同的余辉时间。通常供观察一般信号波形用的是发绿光的，属于中余辉示波管；供观察非周期性及低频信号用的是发橙黄色光的，属于长余辉示波管。供照相用的示波器中，一般都采用发蓝光的短余辉示波管。

2. *Y* 轴放大电路

由于示波管的偏转灵敏度很低，例如常用的示波管13SJ38J型，其垂直偏转灵敏度为0.86mm/V（约12V电压产生1cm的偏转量），所以一般的被测信号电压都要先经过垂直放大电路的放大，再加到示波管的垂直偏转板上，以得到垂直方向的适当大小的图形。

3. *X* 轴放大电路

由于示波管水平方向的偏转灵敏度也很低，所以接入示波管水平偏转板的电压（锯齿波电压或其他电压）也要先经过水平放大电路的放大以后，再加到示波管的水平偏转板上，以得到水平方向适当大小的图形。

4. 扫描同步电路

扫描电路产生一个锯齿波电压。该锯齿波电压的频率能在一定的范围内连续可调。锯齿波电压的作用是使示波管阴极发出的电子束在荧光屏上形成周期性的、与时间成正比的水平位移，即形成时间基线。这样，才能把加在垂直方向的被测信号按时间变化的波形展现在荧光屏上。

5. 电源供给电路

电源供给电路供给垂直与水平放大电路、扫描与同步电路，以及示波管与控制电路所需的负高压、灯丝电压等。

由示波器的原理功能可知，被测信号电压加到示波器的 *Y* 轴输入端，经垂直放大电路加于示波管的垂直偏转板。示波管的水平偏转电压，虽然多数情况都采用锯齿电压（用于观察波形时），但有时也采用其他的外加电压（用于测量频率、相位差等时），因此在水平放大电路输入端有一个水平信号选择开关，以便按照需要选用示波器内部的锯齿波电压，或选用外加在 *X* 轴输入端上的其他电压来作为水平偏转电压。

此外，为了使荧光屏上显示的图形保持稳定，要求锯齿波电压信号的频率和被测信号的频率保持同步。这样，不仅要求锯齿波电压的频率能连续调节，而且在产生锯齿波的电路上还要输入一个同步信号。这样，对于只能产生连续扫描（即产生周而复始、连续不断的锯齿波）一种状态的简易示波器（如国产 SB10 型等示波器）而言，需要在其扫描电路上输入一个与被观察信号频率相关的同步信号，以牵制锯齿波的振荡频率。对于具有等待扫描功能（即平时不产生锯齿波，当被测信号来到时才产生一个锯齿波，进行一次扫描）的示波器（如国产 ST-16 型示波器、SR-8 型双踪示波器等），为了适应各种需要，同步（或触发）信号可通过同步或触发信号选择开关来选择，通常来源有 3 个：

1）从垂直放大电路引来被测信号作为同步（或触发）信号，此信号称为“内同步”（或“内触发”）信号。

2）引入某种相关的外加信号为同步（或触发）信号，此信号称为“外同步”（或“外触发”）信号，该信号加在外同步（或外触发）输入端。

3）有些示波器的同步信号选择开关还有一档“电源同步”，是由 220V，50Hz 电源电压，通过变压器二次侧降压后作为同步信号。

任务实施

一、工量具、设备及材料准备

示波器的使用所需要的工量具、设备及材料见表 2-12-1。

表2-12-1　示波器的使用所需要的工量具、设备及材料

材料及工量具名称	数　量	是否准备
示波器	1台	是□　否□
实训车	1台	是□　否□
其他常用工具	1套	是□　否□

二、示波器的使用

示波器虽然分成好几类，各类又有许多种型号，但是一般的示波器除频带宽度、输入灵敏度等不完全相同外，在使用方法上基本都是相同的。

1. 使用前的检查

示波器初次使用前或久藏复用时，有必要进行一次能否工作的简单检查和进行扫描电路稳定度、垂直放大电路直流平衡的调整。示波器在进行电压和时间的定量测试时，还必须进行垂直放大电路增益和水平扫描速度的校准。示波器能否正常工作的检查方法、垂直放大电路增益和水平扫描速度的校准方法，由于各种型号示波器的校准信号的幅度、频率等参数不一样，因而检查、校准方法略有差异。

2. 使用步骤

用示波器能观察各种不同电信号幅度随时间变化的波形曲线，在这个基础上示波器可以应用于测量电压、时间、频率、相位差和调幅度等电参数。下面介绍用示波器观察电信号波形的使用步骤。

（1）选择*Y*轴耦合方式　根据被测信号频率的高低，将*Y*轴输入耦合方式选择“AC-地-DC”开关置于AC或DC。

（2）选择*Y*轴灵敏度　根据被测信号的大约峰-峰值（如果采用衰减探头，应除以衰减倍数；在耦合方式取DC档时，还要考虑叠加的直流电压值），将*Y*轴灵敏度选择V/div开关（或*Y*轴衰减开关）置于适当档级。实际使用中如不需读测电压值，则可适当调节*Y*轴灵敏度微调（或*Y*轴增益）旋钮，使屏幕上显现所需高度的波形。

（3）选择触发（或同步）信号来源与极性　通常将触发（或同步）信号极性开关置于“+”或“-”档。

（4）选择扫描速度　根据被测信号周期（或频率）的大约值，将*X*轴扫描速度（或扫描范围）开关置于适当档级。实际使用中如不需读测时间值，则可适当调节扫描速度微调（或扫描微调）旋钮，使屏幕上显示测试所需周期数的波形。如果需要观察的是信号的边沿部分，则扫描速度开关应置于最快扫描速度档。

（5）输入被测信号　被测信号由探头衰减后（或由同轴电缆不衰减直接输入，但此时的输入阻抗降低、输入电容增大），通过 Y 轴输入端输入示波器。

知识拓展

一、示波器操作注意事项

为保证仪器操作人员的安全和仪器安全，仪器在安全范围内正常工作，保证测量波形准确、数据可靠，应注意以下几点：

1）通用示波器通过调节亮度和聚焦旋钮使光点直径最小以使波形清晰，减小测试误差；不要使光点停留在一点不动，否则电子束轰击一点易在荧光屏上形成暗斑，损坏荧光屏。

2）测量系统，例如示波器、信号源、打印机、计算机等设备。被测电子设备，例如仪器、电子部件、电路板、被测设备供电电源等设备接地线必须与公共地（大地）相连。

3）TDS200/TDS1000/TDS2000 系列数字示波器配合探头使用时，只能测量（被测信号的信号地就是大地，信号端输出幅度小于 300V CAT II）信号的波形，绝对不能测量 AC 220V 或与 AC 220V 不能隔离的电子设备的浮地信号（浮地是不能接大地的，否则将造成仪器损坏，如测试电磁炉）。

4）通用示波器的外壳，信号输入端 BNC 插座金属外圈，探头接地线，AC 220V 电源插座接地线端都是相通的。如仪器使用时不接地，直接用探头对浮地信号测量，则仪器相对大地会产生电位差；电压值等于探头接地线接触被测设备点与大地之间的电位差。这将给仪器操作人员、示波器、被测电子设备带来严重安全危险。

5）用户当需要测量开关电源（开关电源初级，控制电路）、UPS（不间断电源）、电子整流器、节能灯、变频器等类型产品或其他与 AC 220V 不能隔离的电子设备进行浮地信号测试时，必使用 DP100 高压隔离差分探头。

二、示波器使用中的其他注意事项

1）热电子仪器一般要避免频繁开机、关机，示波器也是这样。

2）如果发现波形受外界干扰，可将示波器外壳接地。

3）“Y 输入”的电压不可太高，以免损坏仪器，在最大衰减时也不能超过 400V。“Y 输入”导线悬空时，受外界电磁干扰出现干扰波形，应避免出现这种现象。

4）关机前先将辉度调节旋钮沿逆时针方向转到底，使亮度减到最小，然后再断开电源开关。

5）在观察荧屏上的亮斑并进行调节时，亮斑的亮度要适中，不能过亮。

知识巩固

一、填空题

1. 示波器是一种用来测量________或________的形状的仪器，由电子管放大器、扫描振荡器、阴极射线管等组成。

2. 按照信号的不同分类，示波器分为________、________。

3. 示波管由________、________和________ 3 个部分组成。

二、选择题

1. 用示波器可观测（　　）。

A. 周期信号的频谱　　B. 瞬变信号的上升沿

C. 周期信号的频率　　D. 周期信号的功率

2. 示波器在汽车上应用能够测量（　　）。

A. 电压　　B. 电流　　C. 电阻　　D. 以上全对

三、简答题

1. 简述示波器的使用步骤。

2. 示波器使用注意事项有哪些？

任务 13　接地电阻测试仪的使用

任务目标

通过本任务的学习，学生应掌握接地电阻测试仪的使用方法。

任务描述

掌握接地电阻测试仪的使用方法，能够使用接地电阻测试仪进行电路电阻测试。

相关知识

一、接地电阻测试仪的认识

如图 2-13-1 所示，接地电阻测试仪是一种电阻测量装置，用于电力、邮电、铁路、通信、矿山等部门测量各种装置的接地电阻以及测量低电阻的导体电阻值，还可以测量土壤电阻率及地电压。

二、接地电阻测试仪的工作原理

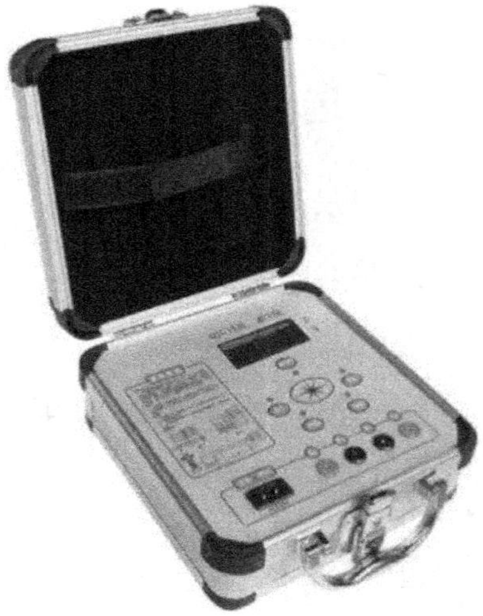
图 2-13-1　接地电阻测试仪

接地电阻测试仪摒弃传统的人工手摇发电工作方式，采用先进的中大规模集成电路，应用 DC/AC 变换技术将三端钮、四端钮测量方式合并为一种机型的新型接地电阻测试仪。

接地电阻测试仪是根据补偿法原理制成的。它的工作原理是：由机内 DC/AC 变换器将直流电变为交流电的低频恒流，经过辅助接地极 C 和被测物 E 组成回路，被测物上产生交流压降，经辅助接地极 P 送入交流放大器放大，再经过检波送入表头显示。借助倍率开关，可得到三个不同的量程：0 ~ 2Ω，0 ~ 20Ω，0 ~ 200Ω。

三、接地电阻测试仪的主要特点

1）结构上采用高强度铝合金作为机壳，电路上为防止工频、射频干扰采用锁相环同步跟踪检波方式并配以开关电容滤波器，使仪表有较好的抗干扰能力。

2）采用 DC/AC 变换技术将直流变为交流的低频恒定电流以便于测量。

3）允许辅助接地电阻在 0～2kΩ（RC），0～40kΩ（RP）之间变化，不至于影响测量结果。

4）接地电阻测试仪不需人工调节平衡，3（1/2）位 LCD 显示，除测地电阻外，还可测低电阻导体电阻、土壤电阻率以及交流地电压。

5）若测试回路不通，表头显示“1”代表溢出，符合常规测量习惯。

任务实施

一、工量具、设备及材料准备

使用接地电阻测试仪进行测量所需要的工量具、设备及材料见表 2-13-1。

表 2-13-1　接地电阻测试仪测量所需要的工量具、设备及材料

材料及工量具名称	数　量	是否准备
接地电阻测试仪	1 台	是□　否□
配套相关材料	1 套	是□　否□

二、接地电阻测试仪的使用方法

以 BY2571 型接地电阻测试仪的使用为例：

1. 接地电阻的测量（见图 2-13-2）

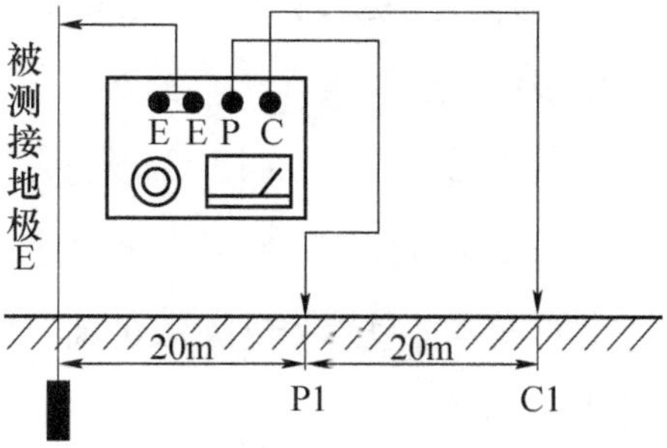

图 2-13-2　接地电阻的测量

1）沿被测接地极 E 和电位探针 P1 及电流探针 C1，依直线彼此相距 20m，使电位探针处于 E、C 中间位置，按要求将探针插入大地。

2）用专用导线将接地电阻测试仪端子 E、P1、C1 与探针所在位置对应连接。

3）开启接地电阻测试仪电源开关“ON”，

选择合适档位轻按一下键，该档指示灯亮，表头 LCD 显示的数值即为测得的地电阻。

2. 土壤电阻率的测量（见图 2-13-3）

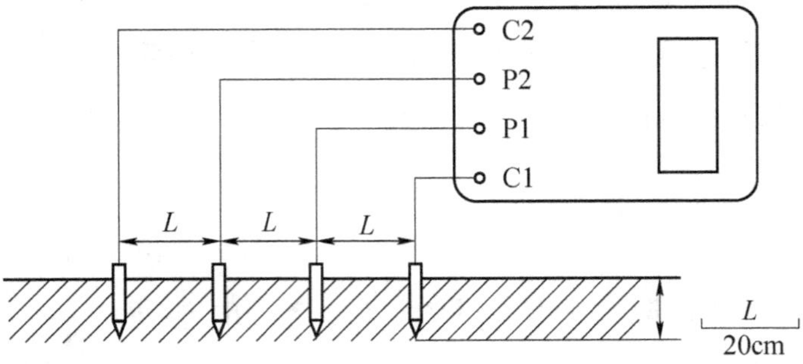

图 2-13-3 土壤电阻率的测量

1）测量时在被测的土壤中沿直线插入四根探针，并使各探针间距相等，各探针的距离为 L，要求探针入地深度为 L/500px，用导线分别将 C1、P1、P2、C2 各端子与四根探针相连接。若接地电阻测试仪测出的电阻值为 R，则土壤电阻率按下式计算：

$$\Phi = 2\pi RL$$

式中 Φ——土壤电阻率（Ω · cm）；

L——探针与探针之间的距离（cm）；

R——接地电阻测试仪的读数（Ω）。

用此法测得的土壤电阻率可近似认为是被埋入探针之间区域内的平均土壤电阻率。

2）测量地电阻、土壤电阻率所用的探针一般为直径为 25mm、长 0.5 ~ 1m 的铝合金管或圆钢。

3. 导体电阻的测量（见图 2-13-4）

4. 地电压测量

测量接线如图 2-13-2 所示，拔掉 C1 插头，E、P1 间的插头保留，起动地电压（EV）档，指示灯亮，读取表头数值即为 E、P1 间的交流地电压值。

测量完毕按一下电源“OFF”键，仪表关机。

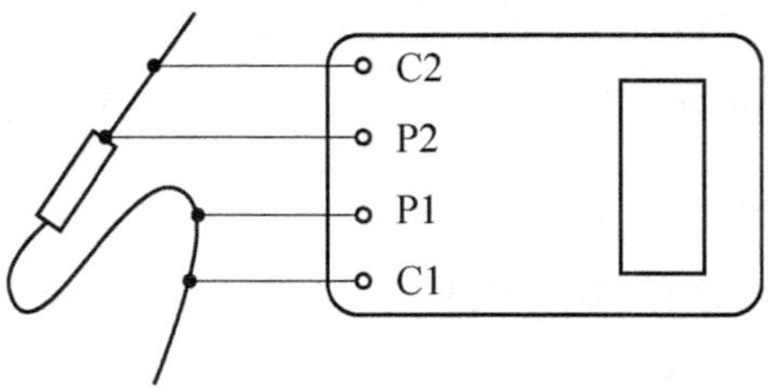

图 2-13-4 导体电阻的测量

知识拓展

一、接地电阻测试仪使用时的注意事项

1）存放保管接地电阻测试仪时，应注意环境温度和湿度，以放在干燥通风的地方为宜，避免受潮，防止酸碱及腐蚀性气体。

2）测量保护接地电阻时，一定要断开电气设备与电源连接点。在测量小于1Ω的接地电阻时，应分别用专用导线连在接地体上，C2在外侧，P2在内侧。

3）测量大型接地网接地电阻时，不能按一般接线方法测量，可参照电流表、电压表测量法中的规定选定埋插点。

4）测量地电阻时最好反复在不同的方向测量3~4次，取其平均值。

5）接地电阻测试仪为交直流两用，不接交流电时，仪表使用电池供电，接入交流时，优先使用交流电。

6）当表头左上角显示“←”时表示电池电压不足，应更换新电池。仪表长期不用时，应将电池全部取出，以免锈蚀仪表。

二、火场的自救与逃生

近年来，我国平均每年有30万起火灾发生，每年的死亡人数超过1500人，经济损失更是高达数十亿元人民币。当火灾降临时，同样是被火势围困的人员，有的人葬身火海，而有的人却能死里逃生，幸免于难。这固然与火势大小、起火时间、起火地点，以及建筑物内报警、防烟、排烟、灭火等硬件设施等因素有关，更重要的一点，还要看被火围困的人员在火灾现场有没有火场疏散和避难逃生的本领。

以下是关于火场逃生的一些基本原则。

1）保持冷静。被大火围困时，千万不要惊慌，要保持冷静的头脑和稳定的心态，设法寻找逃生机会逃出火场。

2）切勿贪恋财物。生命攸关，没有什么东西比生命更重要了，应迅速撤离危险区，不要因贪恋财物而丧失生命。

3）用湿毛巾等蒙住口鼻。当火势不大时，要当机立断披上打湿的衣服、毛巾，或者裹上湿毛毯、湿被褥，蒙好口鼻迅速逃离火灾现场。

4）贴地爬行。统计数据表明，火灾死亡人数中80%是由烟毒引起的，因此当穿过烟区时，要弯腰通过，如果浓烟雾集中出现在通道上方，则要爬行或尽量使身体贴近地面通过，防止和减少烟气的吸入。

5）切勿乘坐电梯。发生火灾后，千万不要乘坐电梯逃生。因为一般电梯不能防烟绝热，加之起火时最容易发生断电，人在电梯内是十分危险的。消防电梯则是供消防队员灭火救援使用的，一旦消防人员启用消防专用按钮，各楼层的按钮都将同时失效。

6）身上起火后要就地打滚。身上着火后千万不能奔跑，因为跑得越快补充的氧气越充分，身上的火就越大，也不可将灭火器对准人体喷射，这样可能导致身体感染或加重中毒，此时应就地打滚或用厚重的衣物压灭火焰。

7）不随便开门窗。发生火灾时不能随便开启门窗，防止新鲜空气大量涌入，火势迅速发展蔓延。如果门外火势大，不能开门逃生，应将衣服、毛巾等打湿挡住门缝，防止烟雾进入房间。

8）切勿盲目跳楼。楼层不高时，一般在二、三楼跳楼还有一点生还的希望；如果结绳自救，一定要注意安全，特别注意绳子上端紧紧固定在牢固的物体上。在四楼以上跳楼生还的机会就很小了，所以大楼发生大火时不要惊慌失措，盲目跳楼。

掌握火场逃生时的基本原则，冷静机智运用火场自救与逃生知识，才有可能拯救自己、拯救他人。

知识巩固

一、填空题

1. 接地电阻测试仪采用__________技术将直流变为交流的低频恒定电流以便于测量。

2. 接地电阻测试仪用于测量各种装置的__________以及测量低电阻的__________，还可以测量土壤__________。

二、选择题

1. 接地电阻测试仪是根据（　　）原理制成的。

A. 电桥法　　B. 伏安法　　C. 补偿法　　D. 间接法

2. 接地电阻测试仪应当采用（　　）电源。

A. 交流　　B. 直流　　C. 交直流　　D. 整流

三、判断题

1. 使用接地电阻测试仪测量前，应将接地装置的接地引线与所有电气设备断开。(　　)

2. 接地电阻测试仪就是测量电路的绝缘电阻的仪器。(　　)

四、简答题

1. 接地电阻测试仪的工作原理是什么？

2. 接地电阻测试仪使用注意事项有哪些？

任务 14　绝缘电阻测试仪的使用

任务目标

通过本任务的学习，学生应掌握绝缘电阻测试仪的使用方法。

任务描述

掌握绝缘电阻测试仪的使用方法，能够使用绝缘电阻测试仪进行电路电阻测试。

相关知识

一、绝缘电阻测试仪的认识

绝缘电阻测试仪是测量大容量变压器、互感器、发电机、高压电动机、电力电容、电力电缆和避雷器等绝缘电阻的理想测试仪器，如图 2-14-1 所示。

二、绝缘电阻测试仪的原理

绝缘电阻测试仪主要是通过用一个电压激励被测装置或网络，然后测量激励所产生的电流，利用欧姆定律计算出电阻。例如，与数字万用表上配备的欧姆表功能相比，这些电气测试器在进行电阻测量时施加的电压要高得多。绝缘电阻表采用的电压范围通常从50V到高达5kV，而典型数字万用表的电压一般小于10V。对于绝缘测试来说，需要测量的电阻值范围很大，其上限可达到10TΩ，所需的电压更高。

图2-14-1　绝缘电阻测试仪

三、绝缘电阻测试仪的结构

绝缘电阻测试仪主要由三部分组成：第一是直流高压发生器，用以产生一个直流高电压；第二是测量回路；第三是显示部分。

（1）直流高压发生器　直流高压的产生一般有三种方法：第一种是手摇发电机式，目前我国生产的绝缘电阻表约80%采用这种方法；第二种是将交流电通过变压器升压与整流得到直流高电压；第三种是利用晶体管振荡式或专用脉宽调制电路来产生直流高电压。

注意：测量绝缘电阻时必须在测量端施加一个高电压，此高电压值在绝缘电阻表国家标准中规定为50V、100V、250V、500V、1000V、2500V和5000V等。

（2）测量回路　近年来，绝缘电阻数字化测量技术也得到了迅速发展，压比计电路就是其中一个较好的测量电路。压比计电路由电压桥路和测量桥路组成。这两个桥路输出的信号分别通过A/D转换再通过单片转换成数字值显示。

绝缘电阻表中测量回路和显示部分是合二为一的。它是由一个流比计表头来完成的，这个表头中有两个夹角为60°（左右）的线圈，其中一个线圈并联在电压两端，另一个线圈则串联在测量回路中。表头指针的偏转角度取决于两个线圈中的电流比，不同的偏转角度代表不同的阻值，测量阻值越小串联在测量回路中的线圈电流就越大，那么指针偏转的角度也越大。另一个方法是用线性电流表作为测量和显示部分。前面用到的流比计表头中由于线圈中的磁场是非均匀的，当指针指在无穷大处时，电流线圈正好在磁通密度最强的地方，所以尽管被测电阻很大，但流过电流线圈的电流很小，此时线圈的偏转角度会较大。当被测电阻较小或为0Ω时，流过电流线圈的电流较大，线圈已偏转到磁通密度较小的地方，由此引起的偏转角度也不会很大。这样就达到了非线性矫正的目的。一般绝缘电阻表表头的阻值显示需要跨越几个数量级。但将线性电流表表头直接串入测量回路中就不行了，在高阻值时的刻度全部挤在一起，无法分辨。为了达到非线性矫正的目的，就必须在测量回路中加入非线性元件，在测量小电阻时产生分流作用，在高电阻时不产生分流作用，从而使阻值显示达到几个数量级。随着电子技术及计算机技术的发展，数显表将逐步取代指针式仪表。

四、绝缘电阻测试仪的选用

选用绝缘电阻测试仪的原则主要是依据所测量的电压值，另一个是测量范围是否能满足需要。如使用很频繁，最好选用带有报警设定功能的测试仪。

任务实施

一、工量具、设备及材料准备

绝缘电阻测试仪测量所需要的工量具、设备及材料见表2-14-1。

表2-14-1 绝缘电阻测试仪测量所需要的工量具、设备及材料

材料及工量具名称	数 量	是否准备
绝缘电阻测试仪	1台	是□ 否□

二、绝缘电阻测试仪的使用

以UT513A型绝缘电阻测试仪（见图2-14-2）为例，介绍一下绝缘电阻测试仪的使用方法。

1. 测量绝缘电阻

操作前的注意事项：

1）测量前，应确定待测电路没有通电，切勿测量带电设备或带电线路的绝缘电阻。

2）测试时仪器有危险电压输出，一定要小心操作，确保被测物已夹稳，手离开测试夹后，再按TEST键输出高压。

3）一定不要在高压输出状态短路两测试表笔或高压输出之后再去测量绝缘电阻，这种不当操作极易产生火花引起火灾，还会损坏仪器本身。

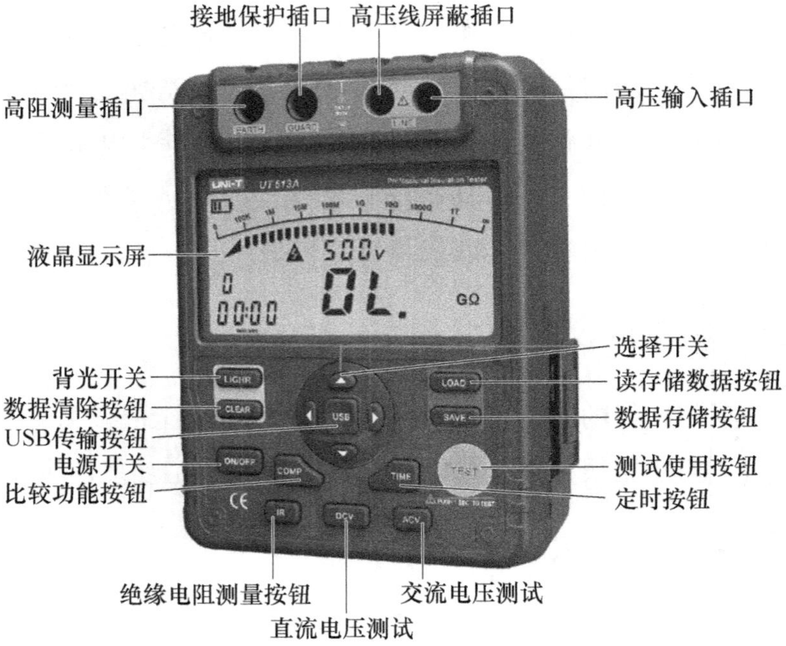

图 2-14-2 UT513A 型绝缘电阻测试仪

4）当用 500V 测量电阻低于 2MΩ、用 1000V 测量电阻低于 5MΩ、用 2500V 测量电阻低于 10MΩ、用 5000V 测量电阻低于 20MΩ 时，测量时间不要超过 10s。

测试步骤如下：

1）将红测试线插入“LINE”输入端口，黑测试线插入“GUARD”输入端口，绿测试线插入“EARTH”输入端口。

2）将红、绿鳄鱼夹接入被测电路，高压端是从 LINE 端输出的。黑鳄鱼夹接地。

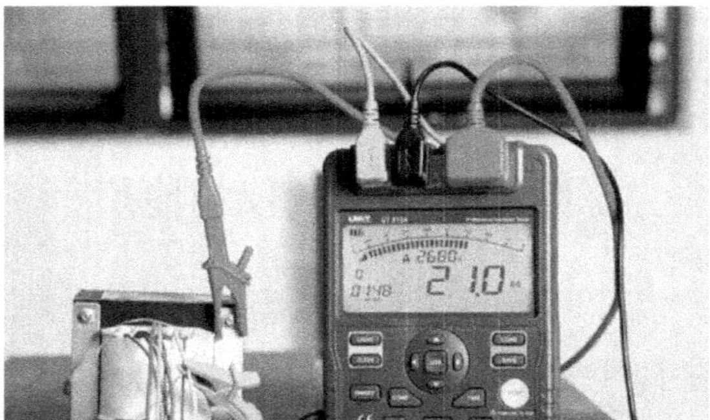

图 2-14-3 测量绝缘电阻

3）根据测试品绝缘阻值大小，通过“▲”和“▼”键选择合适的输出电压。

4）选择以下绝缘电阻测量模式（见图 2-14-3）：

① 连续测量。按 TIME 键选择连续测量模式，在液晶屏上无定时器标志显示，此后按住 TEST 键 1s 能够进行连续测量，输出绝缘电阻测试电压进行测量。测试完成后，压下 TEST 键，关闭绝缘电阻测试电压，液晶屏上保持当前测量的绝缘

电阻值。

② 定时器测量。按 TIME 键选择定时器测量模式，屏幕显示“TIME1”和定时器标志符号，通过“▲”和“▼”键设置时间，此后按下 TEST 键 2s 即进入定时器测量，当设定时间到了，自动结束测量，关闭绝缘电阻测试电压，并且在液晶屏上显示绝缘电阻值。

③ 极化指数测量。按 TIME 键，屏幕显示“TIME1”和定时器标志符号，通过“▲”和“▼”键设置 TIME1 时间，完成后，再按 TIME 键，屏幕显示“TIME2”“P1”和定时器标志符号，通过“▲”和“▼”键设置 TIME2 时间。此后按下 TEST 键 2s，在设定时间 TIME1、TIME2 测量结束后，显示屏显示 P1 值，通过“▲”和“▼”键循环显示极化指数（见表 2-14-2）、TIME2 绝缘阻值、TIME1 绝缘阻值。

表 2-14-2　极化指数标准

极化指数	≥4	4~2	2.0~1.0	≤1.0
标准	最好	好	警告	坏

④ 比较功能测量。按 COMP 键选择比较功能测量模式，屏幕显示“COMP”标志符号和电阻比较值，通过“▲”和“▼”键可设置电阻比较值（10MΩ、20MΩ、…、900GΩ）。此后按 TEST 键 2s，当绝缘电阻值与电阻的比较值小时，液晶屏显示“NG”标志符号，反之，液晶屏显示“GOOD”标志符号。

2. 测量电压

如图 2-14-4 所示，测试步骤如下：

1）将红测试线插入“LINE”输入端口，绿测试线插入“EARTH”输入端口。

2）按“DCV”或“ACV”键进入直流电压或交流电压测量。

3）将红、绿鳄鱼夹接入被测电路。

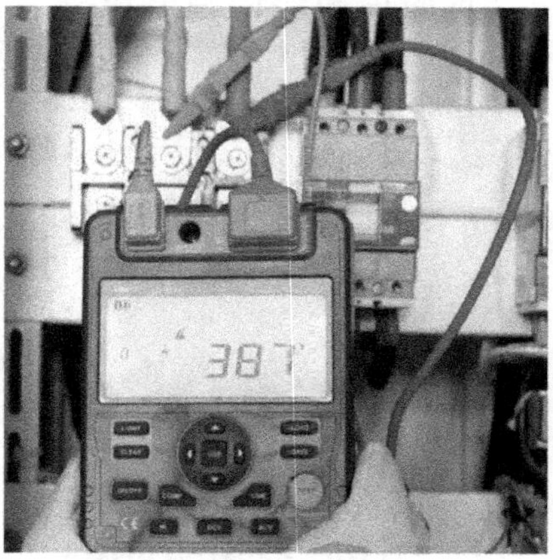

图 2-14-4　测量电压

注意事项如下：

1）不要测量高于 600V 的电压，显示更高的电压值是可能的，但有损坏内部线路的危险。

2）测量高电压时，一定要避免触电。

3）测试完成后，要断开测试线与电路的连接，并从仪器输入端拿掉测试线。

知识拓展

一、绝缘电阻测试仪使用时的注意事项

1）测量前先将绝缘电阻测试仪进行一次开路和短路试验，检查绝缘电阻测试仪是否正常。具体操作是：将两连接线开路，摇动手柄，指针应指在无穷大处，再把两连接线短接一下，指针应指在零处。

2）被测设备必须与其他电源断开，测量完毕一定要将被测设备充分放电（需 2 ~ 3min），以保护设备及人身安全。

3）绝缘电阻测试仪与被测设备之间应使用单股线分开单独连接，并保持线路表面清洁干燥，避免因线与线之间绝缘不良而引起测量误差。

4）摇测时，将绝缘电阻测试仪置于水平位置，摇把转动时其端钮间不许短路。摇测电容器、电缆时，必须在摇把转动的情况下才能将接线拆开，否则反充电将会损坏绝缘电阻测试仪。

5）摇动手柄时，应由慢渐快，均匀加速到 120r/min，并注意防止触电。摇动过程中，当指针已指零时，就不能再继续摇动，以防表内线圈发热损坏。

6）为了防止被测设备表面泄漏电阻，使用绝缘电阻测试仪时，应将被测设备的中间层（如电缆壳芯之间的内层绝缘物）接于保护环。

7）应视被测设备电压等级的不同选用合适的绝缘电阻测试仪。一般额定电压在 500V 以下的设备，选用 500V 或 1000V 的绝缘电阻测试仪；额定电压在 500V 及以上的设备，选用 1000 ~ 2500V 的绝缘电阻测试仪。量程范围的选用一般应注意不要使其测量范围过多地超过所测设备的绝缘电阻值，以免使读数产生较大的误差。

8）禁止在雷雨天气或在邻近有带高压导体的设备处使用绝缘电阻测试仪测量。

二、消防要四懂四会

在各种灾害中，火灾是最经常、最普遍地威胁公众安全和社会发展的主要灾害之一。因此，在日常生活中，要了解关于消防安全的四懂四会，在发生火灾的时候，能救人救己。

1. 消防安全四会

1）会使用消防器材。

2）会报火警。

3）会扑救初起火灾。

4）会组织疏散逃生。

2. 消防安全四懂

1）懂得岗位火灾的危险性。

2）懂得预防火灾的措施。

3）懂得扑救火灾的方法。

4）懂得逃生的方法。

《中华人民共和国消防法》第四十四条明确规定："任何人发现火灾都应当立即报警。任何单位、个人都应当无偿为报警提供便利，不得阻拦报警。严禁谎报火警。"所以一旦失火，要立即报警，报警越早，损失越小。

知识巩固

一、填空题

1. 绝缘电阻测试仪主要是通过用一个电压激励被测装置或网络，然后测量激励所产生的电流，利用__________测量出电阻。

2. 绝缘电阻测试仪主要由_________、_________、_________三部分组成。

二、简答题

1. 简述利用绝缘电阻测试仪测量电压的步骤。

2. 绝缘电阻测试仪使用注意事项有哪些？

任务15　冷媒检漏仪的使用

任务目标

通过本任务的学习，学生应掌握冷媒检漏仪的使用方法。

任务描述

掌握冷媒检漏仪的使用方法，能够使用冷媒检漏仪进行冷媒的检测。

相关知识

一、冷媒检漏仪的认识

冷媒检漏仪是一种新型的检测空调故障的工具，如图2-15-1所示。冷媒检漏仪和其他工具相比操作简单、效果显著，能快速地检测到空调所存在的故障。

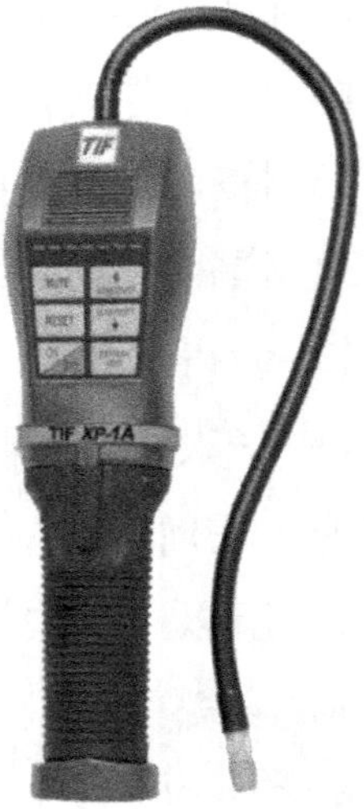

图2-15-1　冷媒检漏仪

二、冷媒检漏仪的原理

各种品牌的冷媒检漏仪的原理大致相同，基本上都采用了电晕原理与负极性捕获原理。其基本工作方式是在探测器软管头部有个微型传感器，传感器采用合金材料制造，在工作时能产生2000V左右的微电流高压，进入软管端部的氟类分子在高压状态产生不同的电信号，浓度不同，电信号强度不同。

负极性捕获的原理来自氟类分子的负极状态的吸附力是空气的数十倍的这样一个物理特性，在设计时让探测器金属软管带负极电，来提高氟类气体的吸入量。

三、冷媒检漏仪的结构

冷媒检漏仪的结构如图2-15-2所示。

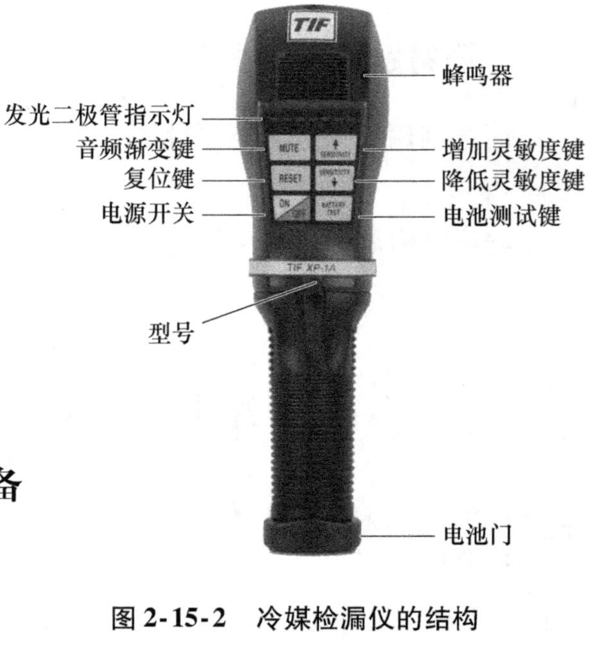

图2-15-2　冷媒检漏仪的结构

任务实施

一、工量具、设备及材料准备

冷媒检漏所需要的工量具、设备及材料见表2-15-1。

表 2-15-1 冷媒检漏所需要的工量具、设备及材料

材料及工量具名称	数　量	是否准备
冷媒检漏仪	1个	是□　否□
实训车	1辆	是□　否□

二、冷媒检漏仪的使用

1. 使用方法

1）从仪器的油位观察孔观测真空泵油位，油位应在油标中心偏上为宜，否则需拧开油盖加油。

2）插上气电一体化快速插头，确认插头已经插好。

3）插上电源，按下电源总开关，此时可听见电动机起动声，液晶屏显示“电压40V”，并在探测器液晶屏显示为“00”；如果探测器液晶屏无显示，说明快速插头未插好，需重新接插。

4）如未听到电动机起动声或液晶屏无显示，应检查电源线是否插好，熔丝是否正常。

5）真空泵起动5～10min后，预热指示灯熄灭，如探测器液晶屏显示一个10～100之间的任意一个数字，并保持基本稳定时，探测器观察窗有紫色辉光，设备可以正常工作。

6）调节报警声音（左右键），使报警扬声器处于合适的状态。

2. 检测流程

建议检测流程（小客车）：蒸发器、气门芯、管路、压缩机和冷凝器。

（1）蒸发器　只要1～5min，把室内风口关闭，只开一个风口吹风（离蒸发器最近的风口），把探头放到吹风口，数字上升3～10，确定有泄漏。如果车辆未经过空调维修或加氟等，可不开空调直接在吹风口进行检测。

（2）压缩机　只要1～5min，探头在机体、轴头处来回移动3～5次，数字上升5～15，确定有泄漏。

（3）冷凝器　10min，把探头随着箱体结构来回均匀探测移动，数字上升3～30，确定有泄漏。

（4）剩余管道的接头处　10min，把探头随管道走向来回移动3～5次，数字上升5～30，确定有泄漏。

注意：使用设备进行检测时，空调系统必须有氟的成分，如压缩机无法起动，可适当增加冷媒，压缩机工作5min后停止，方可检测。

知识拓展

汽车空调冷媒检漏仪检测注意事项：

1）为防止有些氟利昂的残留引起报警，必须在该可疑泄漏点多次检测，以确认漏点。

2）数字上升越大，说明泄漏越大。如果检测时间较长，液晶屏显示数字会缓慢下降，这是设备真空度提高导致的，不影响使用。

3）在某些氟利昂较多的透风状况不好的场所，应使用排风设备吹散氟利昂残留，防止引起错误判断。

4）无论是查到1个还是多个漏点，都应该系统全面地进行检查。

5）汽车空调的检测顺序建议为蒸发器、气门芯、管路、压缩机和冷凝器。

6）在使用探测器加长管时，务必关闭仪器，同时在连接处必须添加密封圈。

7）检测完毕后，关闭报警电位器，然后关断电源开关，最后拔掉电源插头。

8）真空泵换油与加油用一字槽螺钉旋具拧开放油螺塞，将废油排出。

9）打开油盖将专用真空泵油注入。由于该精密仪器对真空度要求很高，真空泵油每使用200h需更换，应该按提示更换专用真空泵油，且使用专用真空泵油。

知识巩固

一、填空题

1. 冷媒检漏仪是一种新型的检测________________的工具。

2. 各种品牌的冷媒检漏仪的原理大致相同，基本上采用________，负极性捕获。

二、简答题

1. 简述冷媒检漏仪的使用方法及检测流程。

2. 汽车空调冷媒检漏仪检测注意事项有哪些？

项目 3

汽车底盘检测常用工具

任务1　定力矩扭力扳手的使用

任务目标

通过本任务的学习，学生应掌握定力矩扭力扳手的使用方法。

任务描述

掌握定力矩扭力扳手的使用方法，能够使用定力矩扭力扳手按规定力矩紧固螺栓。

相关知识

一、扭力扳手的认识

扭力扳手（见图3-1-1）又叫作力矩扳手、扭矩扳手、扭矩可调扳手，是扳手的一种，目前市场上常见的有手动扭力扳手、电动扭力扳手、气动扭力扳手。扭力扳手广泛用于对拧紧工艺有严格要求的装配生产线的紧固件，以使产品各个紧固件力矩值一致，生产出来的产品质量有保障。

图3-1-1　扭力扳手

二、扭力扳手的分类

1. 手动扭力扳手

手动扭力扳手可分为预置式、数显式、指针式（表盘式）、限力型（自滑转式）等类型。

（1）预置式扭力扳手（见图3-1-2） 采用杠杆原理，当力矩到达设定值时会出现“嘭”机械相碰的声音，此后扳手会成为一个死角，即相当于呆扳手，如再用力，会出现过力现象。

图3-1-2 预置式扭力扳手

（2）数显式和指针式（表盘式）扭力扳手（见图3-1-3） 这两种扭力扳手差不多，都把作用力矩可视化。现阶段的数显式和指针式扭力扳手都是在预置式扭力扳手的基础上工作的。

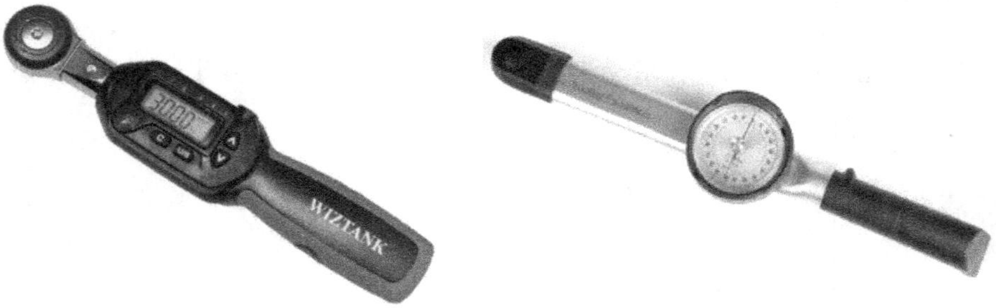

a) 数显式　　b) 指针式(表盘式)

图3-1-3 数显式、指针式（表盘式）扭力扳手

（3）限力型（自滑转式）扭力扳手（见图3-1-4） 采用过载保护、自动卸力模式，当力矩到达设定值时会自动卸力（同时也会出现机械相碰的声音），此后扳手自动复位，如再用力，会再次打滑，不会出现过力现象。

预置式扭力扳手是市场的主流产品，主要体现在价格便宜，其他3种相对来说，价格较高。不过由于各行各业对这方面的要求越来越高，以及效率方面的考虑，数显式、指针式（表盘式）及限力型（自滑转式）扭力扳手的需求会越来越高。

2. 电动扭力扳手

一般就是可以设定力矩值的电动扳手，也叫作定力矩电动扳手（见图3-1-5）。电动扭力扳手一般用来紧固大六角高强度螺栓，使用时，先把扳手调到需要的力矩，然后紧固螺栓。

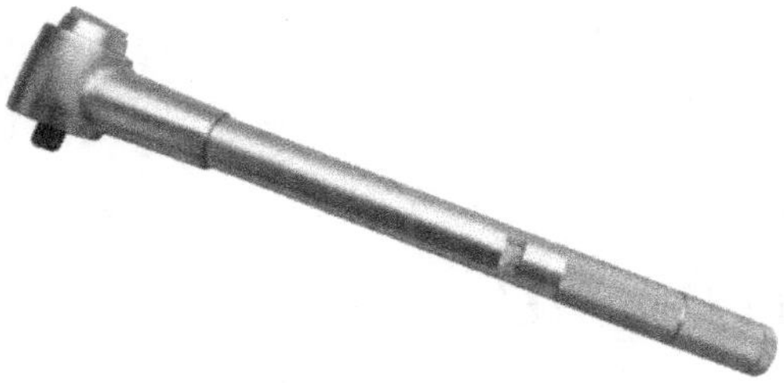

图3-1-4 限力型扭力扳手

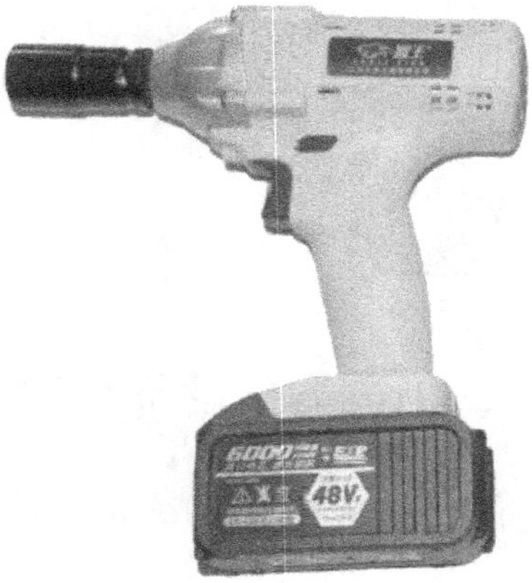

图3-1-5 电动扭力扳手

电动扭力扳手分为电流式扭力扳手和动态扭力传感器式扭力扳手两种，由控制器和拧紧轴组成。电流式扭力扳手根据电动机拧紧过程中电流值的变化来判断力矩值，当达到预定力矩时，电动机停止工作。动态扭力传感器式扭力扳手是在拧紧轴上安装一个传感器，可以时刻监测力矩值的变化，当达到预定力矩时，电动机停止工作。

电动扭力扳手具有精度高（±2%）、故障率低、寿命长、可编程，可对力矩和角度控制、可选择多种力矩的优点。因为拧紧大力矩螺栓时会有反作用力产生，所以一般在大力矩拧紧工件上都会设计反作用力臂，防止操作人员出现安全事故。

3. 气动扭力扳手

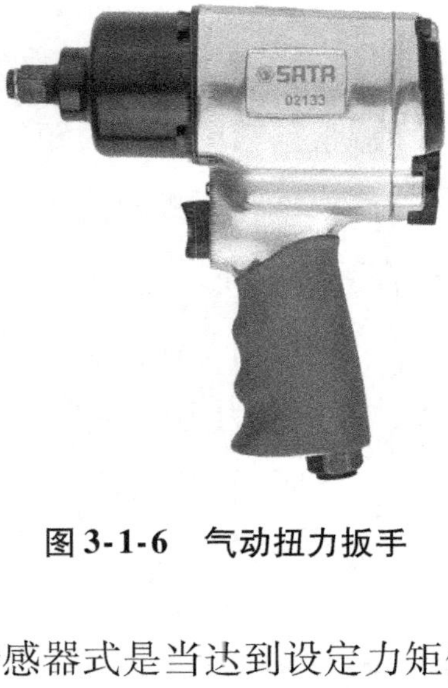

图3-1-6 气动扭力扳手

气动扭力扳手（见图3-1-6）是由空气压缩机中的压缩空气作为气源，带动扭力扳手中的气动马达驱动齿轮对螺栓进行拧紧。气动扭力扳手分为三种：油压脉冲式气动扭力扳手、离合器式气动扭力扳手、动态扭力传感器式气动扭力扳手。动态扭力传感器式是当达到设定力矩值时，控制器控制电磁阀断气，扳手停转。油压脉冲式和离合器式气动扭力扳手在力矩值到达后通过顶针来自动断气。气动扭力扳手精度通常是 ±7% ~ ±12%。油压脉冲式扭力扳手不适合拧紧软连接螺栓，但因无反作用力而受用户喜爱。

三、扭力扳手的选择

1）以力矩值在扭力扳手量限值的 20% ~ 80% 为宜。

2）必须确保扭力扳手有合格证，并在期限范围内。

任务实施

一、工量具、设备及材料准备

使用扭力扳手紧固车轮螺栓所需要的工量具、设备及材料见表 3-1-1。

表 3-1-1 使用扭力扳手紧固车轮螺栓所需要的工量具、设备及材料

材料及工量具名称	数 量	是否准备
扭力扳手	1 把	是□ 否□
实训车	1 台	是□ 否□
其他常用工具	1 套	是□ 否□

二、扭力扳手的使用

如图 3-1-7 所示，扭力扳手的使用方法如下：

1）根据紧固螺栓力矩值大小，选择合适的扭力扳手，设定好扭力值并锁定。

2）根据紧固螺栓规格尺寸及扭力扳手棘轮头尺寸（1/2in、3/4in、3/8in）[⊖] 选择合适的套筒。

3）在使用普通扳手或棘轮扳手紧固螺栓接近紧固位置时，可通过剩余螺纹圈数，或感受力矩的突然增大判断，换扭力扳手进行具体力矩值的紧固。

4）当听到“咔嗒”声，或观察到棘轮头脱节时完成紧固。

⊖ 1in = 25.4mm。

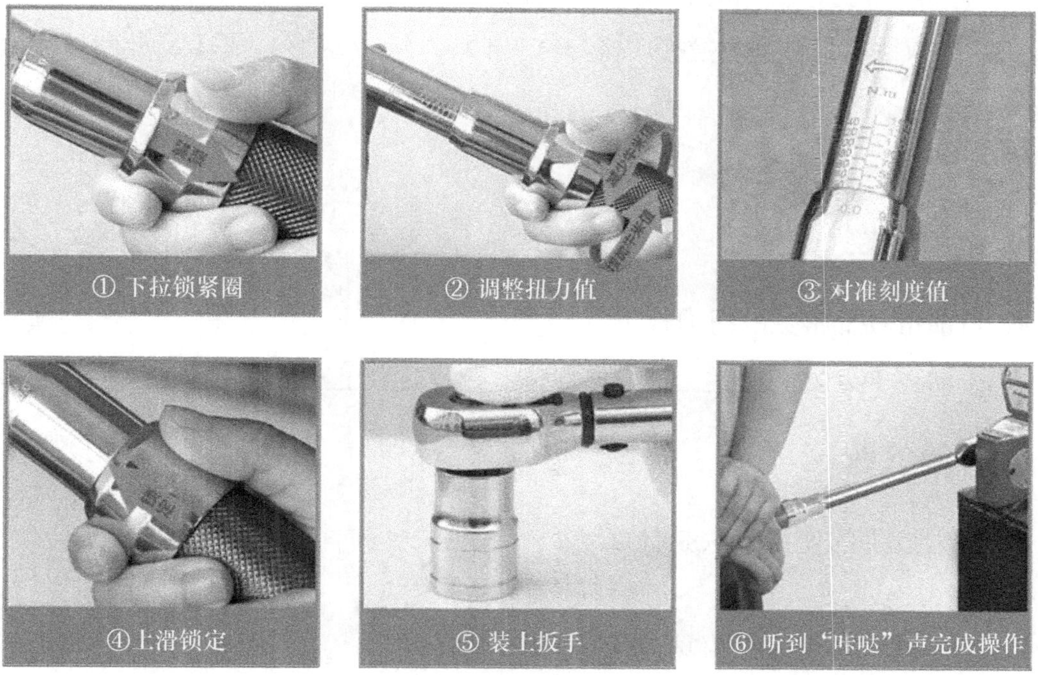

图 3-1-7　扭力扳手操作方法图解

知识拓展

扭力扳手使用注意事项如下：

1）使用扭力扳手时，应平衡缓慢地加载，切不可猛拉猛压，以免造成过载，导致输出力矩失准。在达到预置扭力后，应停止加载。

2）不能使用预置式扭力扳手去拆卸螺栓或螺母。

3）严禁在扭力扳手尾端加接套管延长力臂，以防损坏扭力扳手。

4）根据需要调节所需的力矩，并确认调节机构处于锁定状态才可使用。

5）预置式扭力扳手使用完毕，应将其调至最小力矩，使测力弹簧充分放松，以延长其寿命。

6）应避免水分侵入预置式扭力扳手，以防零件锈蚀。

7）所选用的扭力扳手的开口尺寸必须与螺栓或螺母的尺寸相符合，扳手开口过大易滑脱并损伤螺纹件的六角，在进口汽车维修中，应注意扳手开口尺寸对应英制的选择。

8）各类扳手的选用原则，一般优先选用套筒扳手，其次为梅花扳手，再次为呆扳手，最后选用活扳手。

9）为防止扳手损坏和滑脱，应使拉力作用在开口较厚的一边，这一点对受力较大的活扳手尤其应该注意，以防开口出现“八”字形，损坏螺母和扳手。

知识巩固

一、填空题

1. 目前市场上常见的扭力扳手有__________、__________和__________。
2. 手动扳手分为__________、__________、__________和__________。

二、简答题

1. 扭力扳手的使用方法是什么？

2. 扭力扳手使用注意事项有哪些？

任务2 千斤顶的使用

任务目标

通过本任务的学习，学生应实现以下目标：
1. 掌握千斤顶的结构和用途。
2. 掌握千斤顶的使用方法。

任务描述

使用千斤顶进行汽车举升。

相关知识

一、认识千斤顶

千斤顶（见图3-2-1）是指用刚性顶举件作为工作装置，通过顶部托座或底部托爪在小行程内顶开重物的轻小起重设备。千斤顶主要在厂矿、交通运输等部门用于车辆修理及其他起重、支撑等。其结构轻巧坚固、灵活可靠，一人即可携带和操作。

图 3-2-1　千斤顶

汽车千斤顶放在汽车的工具箱里面，用于在更换备用轮胎时顶起车身。汽车千斤顶有气动千斤顶、电动千斤顶、液压千斤顶和机械式千斤顶之分。一般常用的是液压和机械千斤顶。汽车千斤顶用于更换备用轮胎，开车出门在外轮胎坏了时方便更换。

二、千斤顶的分类

千斤顶按结构特征可分为齿条千斤顶、螺旋千斤顶和液压（油压）千斤顶三种。其中常用的千斤顶有螺旋千斤顶、液压千斤顶、电动千斤顶等。

（1）齿条千斤顶（见图 3-2-2）　它分别由齿条、齿轮、手柄 3 部分组成，它依靠摇动手柄从而使齿条上升或下降，这也是常见的一种汽车千斤顶。它体积不大，比较好存放，但也正因如此，限制了它的支撑重量不能太大。

（2）液压千斤顶（见图 3-2-3）　液压千斤顶又分为通用液压千斤顶和专用液

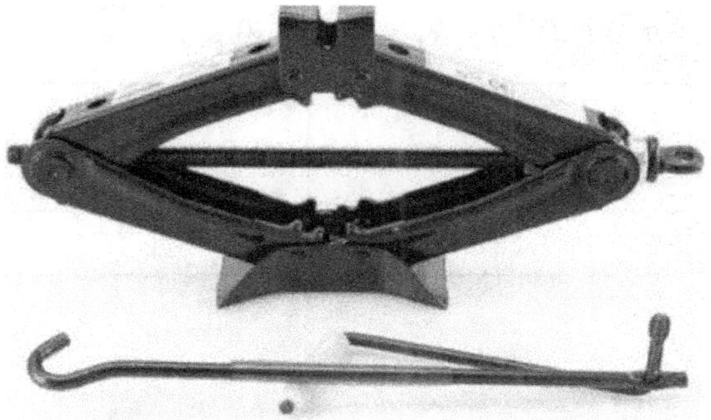

图 3-2-2　齿条千斤顶

图 3-2-3　液压千斤顶

压千斤顶。它的工作原理较为复杂，这里就不详说了。而它的优点则是升降速度快，承重能力较齿条千斤顶大。但同样地，如此强大的千斤顶，肯定是不会方便携带的，所以它也不是常见的汽车千斤顶的种类。

（3）螺旋千斤顶（见图3-2-4） 螺旋千斤顶依靠螺纹自锁来撑住重物，结构不复杂，但其支撑重量较大。螺旋千斤顶工作效率较慢，上升慢，下降快。

（4）充气式千斤顶（见图3-2-5） 这种汽车千斤顶并不常见，它依靠车尾气充气，因使用条件比较特别而鲜为人知。

图3-2-4 螺旋千斤顶

图3-2-5 充气式千斤顶

任务实施

一、工量具、设备及材料准备

使用千斤顶对汽车进行举升操作所需要的工量具、设备及材料见表3-2-1。

表3-2-1 使用千斤顶对汽车进行举升操作所需要的工量具、设备及材料

材料及工量具名称	数 量	是否准备
轿车	1辆	是□ 否□
车载千斤顶	1台	是□ 否□

二、千斤顶的操作步骤

1）使用前需要将车辆停放在平坦坚固的地面上，防止在使用过程中因车辆

倾斜或千斤顶与地面接触不稳固导致车辆与千斤顶接触点脱落。如果实在找不到坚固路面，也可找木板或者砖头垫在千斤顶下。

2）固定车辆。自动档汽车可直接拉驻车制动器挂P位，手动变速汽车除了拉驻车制动器外，千万记得将档位挂到一档或者倒档。因为手动变速器汽车驻车制动只能固定后轮，挂档可使用发动机制动对前轮进行固定。

3）将千斤顶放入车下进行举升操作，当千斤顶顶部与底盘接触时，必须检查是否支撑到位（见图3-2-6）。这一点非常重要，如果在支车之前没有将车辆完全固定，那么在支撑的过程中很可能因为车辆滑动造成滑落的现象。如果车辆从千斤顶上掉下来，好的结果是工具坏了，坏的结果就是受伤。

图3-2-6　支撑点

4）在确认固定好后继续升举，这个时候一定要稳、慢，很多家用车的千斤顶摇臂是分体结构的，需要与配套的扳手和套管连接后进行旋转，所以在举升千斤顶的过程中，用力要均匀，切忌过快或者用力过猛，欲速则不达，如果在举升过程中将千斤顶碰歪导致损坏，可能连二次支撑的机会都没有了，如图3-2-7所示。

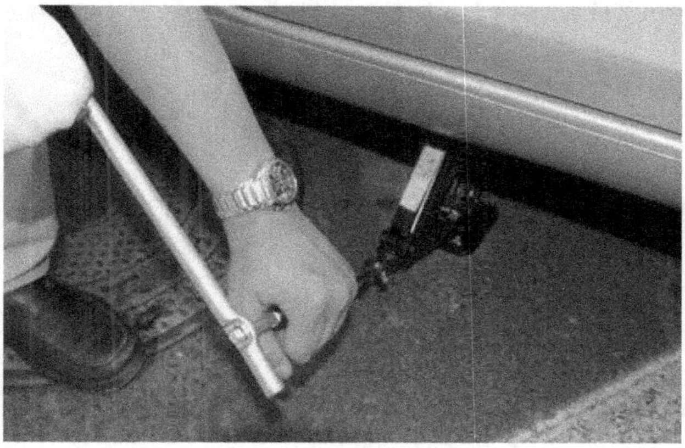

图3-2-7　举升过程

5）为了确保安全，可以用备胎或拆下来的轮胎放到车身下面，起到临时保险的作用，如图3-2-8所示。

图 3-2-8 临时保险

知识拓展

汽车千斤顶使用注意事项如下：

车辆被千斤顶顶起时，绝不能起动发动机，因为发动机的振动或车轮的转动，都会使车辆从千斤顶上滑下来造成危险。

各种车型的汽车为确保安全，使用千斤顶时一般都有固定的位置，不能用千斤顶支在保险杆、横梁等部位。

维修人员千万不能在没有支撑的车辆下工作，更换车轮时，乘客不能逗留在车上，因为他们的移动可能引起车辆从千斤顶上滑落下来。

如果在换胎时没有千斤顶，可根据拆换轮胎的位置不同，采取不同的应急措施。

拆换双轮的外侧轮胎时，可使车的内轮停在垫有适当高度的木块或石头上，使外轮胎悬空即可更换。要注意拉紧驻车制动并塞好前轮。

拆换前轮胎或后内轮胎时，用石头或砖头将车的前轴和后桥垫稳，在要拆的轮胎下面挖坑，使轮胎悬空即可更换。

知识巩固

一、填空题

1. 汽车千斤顶分为________________、________________、________________和________________四类。

2. 一般来说，在车辆更换轮胎、初步检查车辆底盘情况的时候会使用到________________。

二、简答题

1. 汽车千斤顶的操作步骤是什么？

2. 汽车千斤顶使用注意事项有哪些？

任务3　举升机的使用

任务目标

通过本任务的学习，学生应实现以下目标：

1. 掌握举升机的结构和用途。
2. 掌握举升机的使用方法。

任务描述

使用举升机对汽车进行举升操作。

相关知识

一、举升机的认识

汽车举升机是指汽车维修行业用于汽车举升的汽保设备。举升机在汽车维修养护中发挥着至关重要的作用，无论整车大修，还是小修保养，都离不开它，其产品性质、质量好坏直接影响维修人员的人身安全。在规模各异的维修养护企业中，无论是维修多种车型的综合类修理厂，还是经营范围单一的街边店（如轮胎店），几乎都配备有举升机。

二、举升机的分类

1）举升机按照功能和形状可分为单柱、双柱、四柱、剪式举升机，如

图 3-3-1 ~ 图 3-3-4 所示。

图 3-3-1　单柱举升机

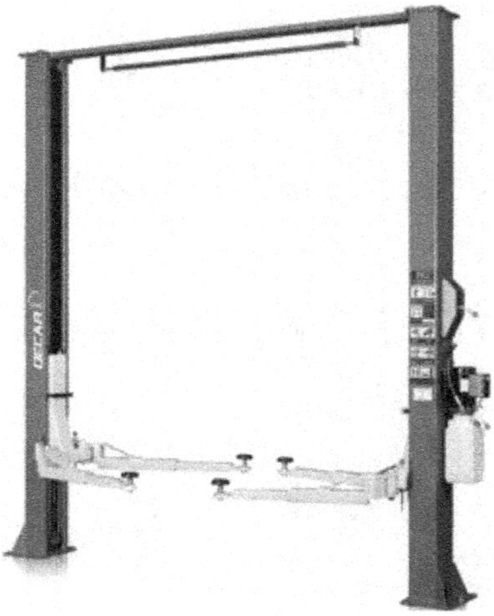

图 3-3-2　双柱举升机

图 3-3-3　四柱举升机

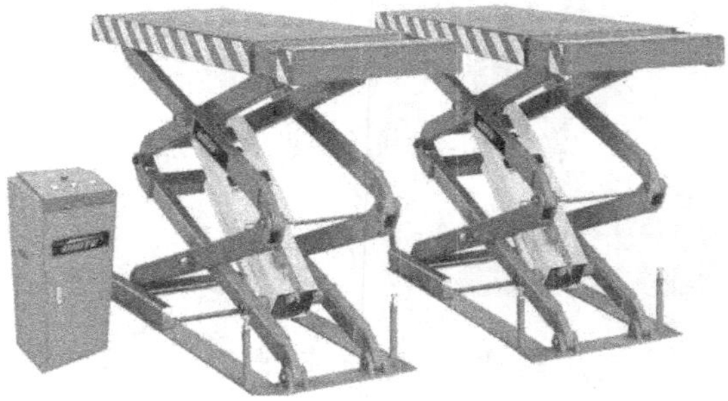

图 3-3-4　剪式举升机

2）按照功能可分为四轮定位型和平板式举升机，如图 3-3-5、图 3-3-6 所示。

图 3-3-5　四轮定位型举升机

图 3-3-6　平板式举升机

3）按照占用的空间不同可分为地上式和地藏式举升机，如图 3-3-7、图 3-3-8 所示。

图 3-3-7　地上式举升机

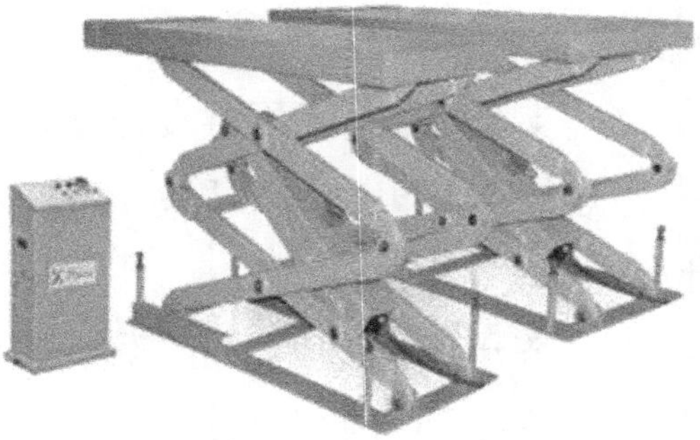

图 3-3-8　地藏式举升机

三、举升机的用途

地上式举升机无须挖槽，适用于任何修理厂，有一些楼板上不适合安装双柱举升机以及普通四柱举升机，而地上式举升机与楼板接触面广，这样可以安装在任何可以开车的楼板上面，解决客户场地问题。剪式举升机与双柱和四柱举升机相比最大的好处是不占用空间，方便使用，不足之处则是补油平衡要求很严格，而且需配备控制箱，造价较贵。

任务实施

一、工量具、设备及材料准备

使用举升机对汽车进行举升操作所需要的工量具、设备及材料见表 3-3-1。

表 3-3-1　使用举升机对汽车进行举升操作所需要的工量具、设备及材料

材料及工量具名称	数　量	是否准备
轿车	1 辆	是□　否□
双柱举升机	1 台	是□　否□

二、双柱举升机的操作规程

1）使用前应清除举升机附近妨碍作业的器具及杂物，并检查操作手柄是否正常。

2）操作机构灵敏有效，液压系统不允许有爬行现象。

3）支车时，四个支脚应在同一平面上，调整支脚胶垫高度使其接触车辆底盘支撑部位。

4）支车时，车辆不可支得过高，支起后四个托架要锁紧。

5）待举升车辆驶入后，应将举升机支撑块调整移动对正该车型规定的举升点。

6）举升时人员应离开车辆，举升到需要高度时，必须插入保险锁销，并确保安全可靠才可开始车底作业。

7）除小修项目外，其他烦琐笨重作业，不得在举升机上操作修理。

8）举升机不得频繁起落。

9）支车时举升要稳，降落要慢。

10）有人作业时严禁升降举升机。

11）发现操作机构不灵，电动机不同步，托架不平或液压部分漏油，应及时报修，不得带病操作。

12）作业完毕应清除杂物，打扫举升机周围以保持场地整洁。

13）定期（半年）排除举升机液压缸积水，并检查油量，油量不足应及时加注相同牌号的液压油，同时应检查润滑、举升机传动齿轮及缝条。

知识拓展

一、四柱举升机使用方法及注意事项

1. 四柱举升机的使用方法

1）将汽车驶上工作平台后，拉紧驻车制动器，驾驶人撤离工作平台。

2）将防滑支座可靠地垫在汽车轮胎的前后方。

3）在不供气状态下，按动上升按钮，将工作平台升至所需高度。

4）点动下降按钮，使四个挂钩均可靠地支承在挂板上，此时方可进入工作区进行维修或调整作业。

5）修理或调整工作完毕后，点动上升按钮，将换向阀转至供气位置，使四个挂钩脱离挂板，按下降按钮，工作平台下降。

6）当工作平台降至下极限位置时，撤去防滑支座，将汽车驶离工作平台。

2. 四柱举升机使用注意事项

1）应设专人操作、保养、维修举升机设备，禁止未阅读过本说明书及无操作资格的人员擅自开动举升机。

2）汽车停放的位置应使其重心接近工作平台的重心。

3）严禁超载运行。

4）在工作平台升降过程中，任何人员不得滞留在工作平台上面或下面。

5）禁止本机在故障情况下运行。

6）只有在确定四个安全挂钩挂上后，人员方可进入工作区。

7）在工作平台停留的汽车必须拉紧驻车制动器及垫好防滑支座。

8）举升机不使用时应下降至最低位置，并切断电源。

9）举升机使用一段时间后，钢丝绳会被不同程度地拉长，以致引起工作平台不平及四个挂钩不能同步挂上。此时应及时调整钢丝绳的长度。

二、剪式举升机使用方法及注意事项

1）工作前，清除举升机周围和下方的障碍物。

2）升降时，举升机规定区域和机器上下方以及平台上的车辆内不能有人。

3）不能举升超过本机举升能力范围的车辆或其他货物。

4）举升时，应在车辆底盘下方垫上胶垫。

5）升降过程中随时观察举升机平台是否同步，如发现异常，应及时停机，检查并排除故障后方能投入使用。

6）下降操作时，先将举升平台上升一点，注意观察两保险爪与保险齿间是否完全脱开，否则停止下降。

7）机器长期不用或过夜时，平台应降到最低位置，并开走车辆，切断电源。

知识巩固

一、填空题

1. 举升机按照功能和形状来分：__________、__________、__________和__________。

2. 四轮定位举升机包括：__________、__________。

二、选择题

1. 汽车维修企业使用的举升机的种类不包括（　　）。

A. 双柱式　　B. 四柱式　　C. 塔式　　D. 龙门式

2. 对车辆进行四轮定位需要用到的举升机是（　　）。

A. 剪式举升机　　B. 双柱举升机

C. 四柱举升机　　D. 单柱举升机

三、简答题

1. 举升机的使用方法及注意事项有哪些?

2. 剪式举升机的优缺点是什么?

任务4　制动液检测笔的使用

任务目标

通过本任务的学习，学生应实现以下目标：

1. 掌握制动液检测笔的用途及结构。
2. 掌握制动液检测笔的使用方法。

任务描述

使用制动液检测笔检测制动液含水量。

相关知识

一、制动液检测笔的用途

制动液检测笔是一种用于检测制动液中含水量的专用检测工具，它是通过检测制动液的导电率完成检测的。

二、制动液检测笔的结构

制动液检测笔的结构比较简单，如图3-4-1所示。

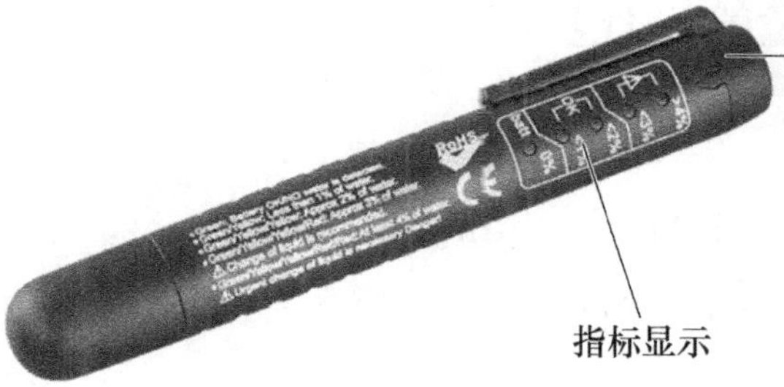

图 3-4-1 制动液检测笔

三、制动液检测标准

如图 3-4-1 所示制动液检测笔指示显示部分：

0%亮灯：表示制动液性能优良，不用更换。

1%亮灯：表示制动液中含水量低于1%，制动液性能好，可放心使用。

2%亮灯：表示制动液中含水量约2%，制动液可继续使用。

3%亮灯：表示制动液中含水量约3%，建议更换制动液。

4%亮灯：表示制动液中含水量至少4%，需立刻更换制动液。

注意：每次测试完要用干燥的布或者纸把测试点的液体部分擦拭干净。

任务实施

一、工量具、设备及材料准备

制动液检查所需要的工量具、设备及材料见表 3-4-1。

表 3-4-1 制动液检查所需工量具、设备及材料清单

材料及工量具名称	数　量	是否准备
制动液检测笔	1只	是□　否□
清洁布	2块	是□　否□
翼子板布	1套	是□　否□
前格栅布	1个	是□　否□
车轮挡块	1套	是□　否□
清洁布	2块	是□　否□
轿车	1辆	是□　否□

二、制动液含水量的检查步骤

1. 车辆预检工作

1）打开发动机舱盖（通过拉动发动机舱盖拉索）。

2）铺上护套（翼子板布、前格栅布）。

3）安装车轮挡块。

2. 检测制动液含水量

1）擦干净探测头的外表面，将它置于干燥的空气中或完全插入新的制动液中。

2）一直按下红色开关数秒后，按顺时针旋转微调旋钮，直至第2个绿色指示灯亮起，再逆时针旋转微旋钮，调到第2个绿色指示灯刚刚熄灭。完成上述步骤，就可以进行制动液的性能测试了。

3）测量时，将探测头完全插入待测量的制动液中，一直按下红色按钮开关数秒后，根据工作指示灯判断制动液的状态。

4）待测试完毕，清理制动液检测笔及探头。

5）若制动液检测不合格，需要更换制动液，根据制动液更换流程，完成制动液更换。

注意事项如下：

1）因制动液的品质或类型不同，比如针对DOT5、DOT4或DOT3不同类型制动液的检测，每次测试都需要调节制动液检测器，即完成测试的准备工作。

2）当仪器电池电量不足时，仪器的4个指示灯会同时闪烁，并伴有蜂鸣器的响声，这种情况下需要更换电池。

3）如果皮肤接触到制动液，应立刻用水彻底清洗皮肤。

4）不要将制动液长时间地暴露在空气中，因为制动液有较强的吸水性。

3. 检查完毕恢复工位

1）制动液检测笔装入盒内。

2）拆卸车内防护三件套。

3）拆卸翼子板布、前格栅布。

4）拆卸车轮挡块。

5）工具、工位、设备复位。

知识拓展

一、制动液有哪几种类型，有何特点？

按照《机动车辆制动液》（GB 12981—2012），将制动液分为 HZY3、HZY4、HZY5、HZY6，其中 HZY3、HZY4、HZY5 分别对应国际上的 DOT3、DOT4、DOT5. 1，如图 3-4-2 所示。不同型号的制动液主要区别是其沸点不同，见表 3-4-2。

a) DOT3 型　　b) DOT4 型　　c) DOT5.1 型

图 3-4-2　不同型号的制动液

表 3-4-2　不同型号制动液的沸点

制动液型号	干沸点/℃	湿沸点/℃
DOT3	205	140
DOT4	230	155
DOT5. 1	270	190

注：1. 干沸点指制动液刚从密封容器中加入制动系统后的沸点。

2. 湿沸点是指制动液经过 2 年使用后含水 3. 5% 的沸点。

二、制动液中含水量过多对车辆的影响

制动液使用二年或车辆行驶 4 万 km 后需要进行更换，制动液具有吸水特性，长时间不更换会腐蚀制动系统，给行车带来隐患。不同类型的制动液混在一起时，会造成制动液沸点的降低，与劣质制动液混合后尤为明显。在低温时制动功能明显失效，制动液凝固了，并且腐蚀制动液泵及橡胶件，使制动皮碗老化变质、回

油阀密封不严、制动总泵或水泵活塞与缸壁磨损，造成间隙过大。

制动液中混入过量水分，也会对制动液的质量产生影响。同样，水也能直接降低制动液的沸点。当水进入制动液后，制动液的抗气阻能力大大下降，直接影响到制动液的低温流动性。例如：在东北地区冬季，正常指标为－40℃的制动液，在－30～－20℃时已经凝固不能流动了，就会造成制动失灵。

知识巩固

一、填空题

湿沸点是指经过＿＿＿＿＿年使用后含水＿＿＿＿＿的沸点。

二、选择题

1. 制动液检测笔4%亮灯表示（　　）。

A. 制动液中含水量至少4%，制动液性能好，可放心使用

B. 制动液中含水量至少4%，制动液可继续使用

C. 制动液中含水量至少4%，建议更换制动液

D. 制动液中含水量至少4%，需立刻更换制动液

2. 制动液的吸水性（　　）。

A. 较强　　B. 较弱

C. 不吸水　　D. 以上说法都不正确

3. 制动液检测笔是通过检测制动液的（　　）完成检测的。

A. 导电率　　B. 密度　　C. 温度　　D. 颜色

4. 制动液检测笔3%亮灯表示（　　）。

A. 制动液性能优良，不用更换

B. 制动液可继续使用

C. 制动液中含水量约3%，建议更换制动液

D. 以上说法都不正确

5. 检测制动液含水量之前，应进行车辆预检工作，以下说法正确的是（　　）。

A. 打开发动机舱盖　　B. 铺上护套（翼子板布、前格栅布）

C. 安装车轮挡块　　D. 添加汽车制动液

6. 制动液进行更换的标准有（　　）。

A. 二年　　B. 四年　　C. 4 万 km　　D. 8 万 km

7. 按照《机动车辆制动液》(GB 12981—2012)，制动液类型包括（　　）。

A. HZY2　　B. HZY3　　C. HZY4　　D. HZY5

8. 制动液中含水量过多对车辆的影响有（　　）。

A. 不同类型的制动液混合在一起时，会造成制动液沸点降低

B. 可能造成制动失灵

C. 提升制动液的性能

D. 制动液的抗气阻能力下降

三、判断题

1. 干沸点指制动液刚从密封容器中加入制动系统后的沸点。(　　)

2. 制动液中混入过量水分，会对制动液的质量产生影响。(　　)

任务5　制动片检测笔的使用

任务目标

通过本任务的学习，学生应实现以下目标：

1. 掌握制动片检测笔的用途及结构。

2. 掌握制动片检测笔的使用方法。

任务描述

使用制动片检测笔检测制动片的厚度。

相关知识

一、制动片检测笔的作用

制动片检测笔是一种用于检测盘式制动器制动片厚度的检测工具。它的优点在于能够在不拆卸轮胎的情况下检测出制动片的厚度值，能够及时有效地提醒客户是否需要更换制动片，提高了车辆行驶的安全性。

二、制动片检测笔的结构

制动片检测笔主要由笔身、测试头、刻度区、保护橡胶头等组成，如图 3-5-1 所示。

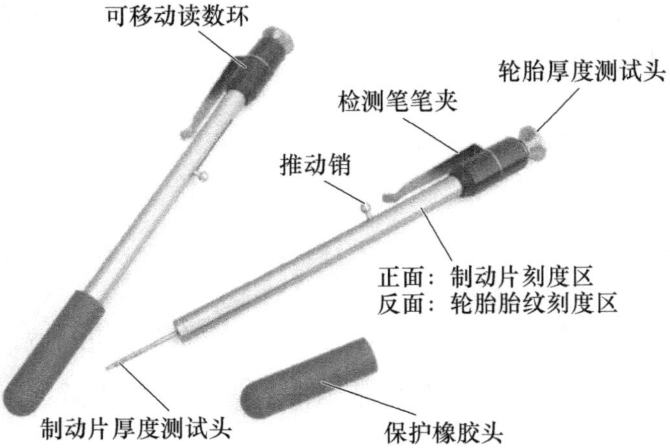

图 3-5-1 制动片检测笔的结构

三、制动片厚度的检查标准

每一款车型的制动片使用极限厚度以维修手册中规定的数值为准，一般情况下磨损剩余 3～4mm 时建议车主进行更换，并告知车主制动片磨损超过安全极限后的危害后果。比如：对于别克威朗轿车，盘式制动器全新不带制动衬片的制动片厚度为 11.4mm，极限报废厚度为 2mm；对于雪佛兰科鲁兹轿车，盘式制动器全新不带制动衬片的制动片厚度为 10.25mm，极限报废厚度为 2mm。

四、其他便携式制动片厚度尺

除了制动片检测笔之外，制动片厚度尺也是用来检测制动片厚度的测量工具，如图 3-5-2 所示。

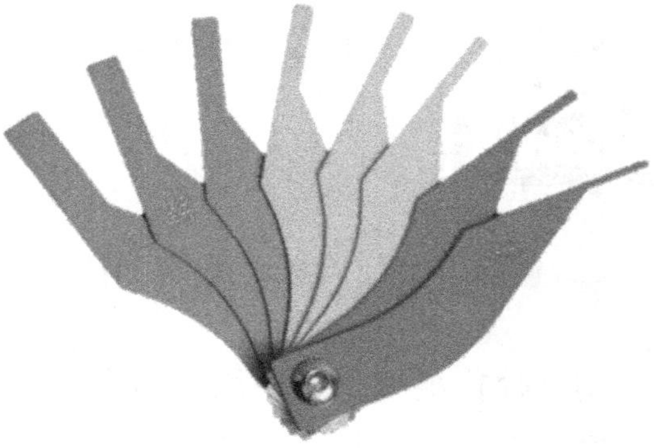

图 3-5-2 制动片厚度尺

任务实施

一、工量具、设备及材料准备

制动片厚度检查所需要的工量具、

设备及材料见表3-5-1。

表3-5-1　制动片厚度检查所需工量具、设备及材料

材料及工量具名称	数　量	是否准备
制动片检测笔	1支	是□　否□
制动片厚度尺	1套	是□　否□
轿车	1辆	是□　否□

二、制动片厚度的检查步骤

1）准备工具：制动片检测笔或制动片厚度尺。

2）使用制动片检测笔测量车轮内盘式制动器外侧的制动片厚度，如图3-5-3所示，将制动片检测笔伸入制动片一端，按下测试头，通过测试头伸出的长度读出制动片的厚度。

图3-5-3　使用制动片检测笔进行检测

3）也可以使用制动片厚度尺检测制动片厚度，如图3-5-4所示。

图3-5-4　使用制动片厚度尺检测制动片厚度

知识拓展

一、制动片的结构

制动片主要由背板、卡簧、摩擦材料、防噪声片等组成，如图 3-5-5 所示。

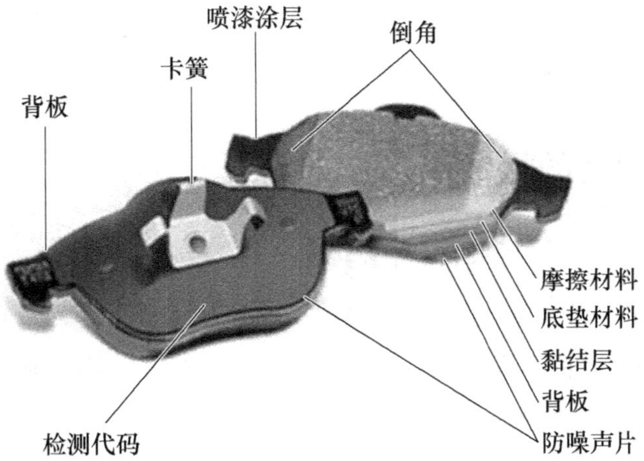

图 3-5-5 制动片结构

二、制动片磨损至极限时的状态

制动片磨损至极限时，制动片金属背板会摩擦到制动盘，造成异响和制动效能严重下降，甚至制动失效，当摩擦片出现异响、偏磨、磨损过度时应及时检查维修。

知识巩固

一、填空题

制动片检测笔是一种用于检测__________制动片厚度的检测工具。

二、选择题

1. 雪佛兰科鲁兹轿车盘式制动器全新不带制动衬片的制动片厚度为（　　），极限报废厚度为（　　）。

A. 5.25mm，1mm　　B. 5.25mm，2mm

C. 10.25mm，2mm　　D. 10.25mm，1mm

2. 别克威朗轿车盘式制动器全新不带制动衬片的制动片厚度为（　　），极限报废厚度为（　　）。

A. 6.4mm，2mm　　B. 11.4mm，2mm

C. 6.4mm，1mm　　D. 11.4mm，1mm

3. 一般情况下，制动片磨损剩余（　　）时建议车主进行更换。

A. 1～2mm　　B. 2～3mm　　C. 3～4mm　　D. 4～5mm

4. 以下关于制动片检测笔的特点说法正确的是（　　）。

A. 检测时，不需要拆卸轮胎

B. 检测时，需要拆卸轮胎

C. 检测时，将制动片检测笔伸入制动片一端，按下测试头，通过测试头伸出的长度读出制动片的厚度

D. 检测时，将制动片检测笔伸入制动片一端，按下测试头，通过测试头伸出的长度读出制动片的长度

5. 制动片检测笔的主要结构组成包括（　　）。

A. 笔身　　B. 测试头

C. 刻度区　　D. 保护橡胶头

6. 制动片的主要结构组成包括（　　）。

A. 背板　　B. 卡簧

C. 摩擦材料　　D. 防噪声片

三、判断题

1. 制动片厚度尺也是可以用来检测制动片厚度的测量工具。（　　）

2. 制动片检测笔需要在拆卸轮胎的情况下检测出制动片的厚度值。（　　）

3. 每一款车型的制动片使用极限厚度都是完全一样的。（　　）

4. 制动片磨损至极限时，可能造成制动失效，存在安全隐患。（　　）

四、简答题

制动片磨损至极限有什么现象？

任务6　汽车手动真空泵的使用

任务目标

通过本任务的学习，学生应实现以下目标：

1. 掌握汽车手动真空泵的用途。
2. 掌握汽车手动真空泵的使用方法。

任务描述

使用汽车手动真空泵更换制动液。

相关知识

一、汽车手动真空泵的作用

汽车手动真空泵在汽车维修中的用途很多，主要用于检测汽车的真空驱动元件，如：检测汽车、载重货车上真空驱动的元件，包括分电盘提前机械装置、PCV 和 EGR 阀等，也可以作为释放制动液的抽油机用于更换汽车或摩托车制动液。

二、汽车手动真空泵的结构

手动真空泵检测套装主要由接头、软管、储液罐、手动真空泵组成，如图 3-6-1 所示。

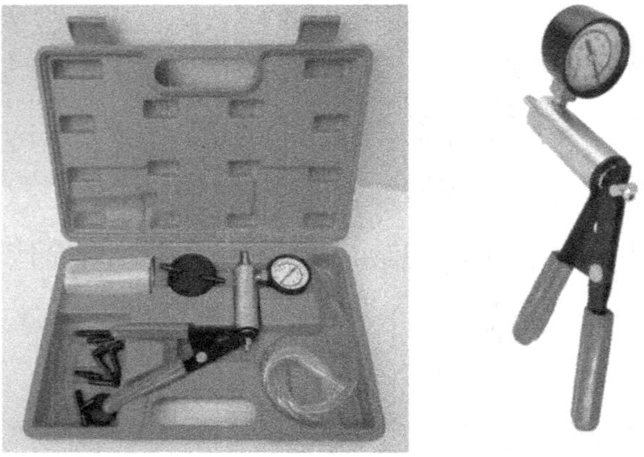

a) 汽车手动真空泵套装　　b) 汽车手动真空泵

图 3-6-1　汽车手动真空泵检测套装

任务实施

一、工量具、设备及材料准备

使用汽车手动真空泵更换制动液所需要的工量具、设备及材料见表3-6-1。

表3-6-1　使用汽车手动真空泵更换制动液所需要的工量具、设备及材料

材料及工量具名称	数　量	是否准备
汽车手动真空泵	1套	是□　否□
梅花扳手	1套	是□　否□
轮胎扳手	1把	是□　否□
清洁布	2块	是□　否□
翼子板布	1套	是□　否□
前格栅布	1个	是□　否□
车轮挡块	1套	是□　否□
清洁布	2块	是□　否□

二、制动液的更换步骤

1. 车辆预检工作

1）打开发动机舱盖（通过拉动发动机舱盖拉索）。

2）铺上护套（翼子板布、前格栅布）。

3）安装车轮挡块。

2. 检查制动液液位

制动液液位检查如图3-6-2所示。检查注意事项如下：

1）制动液液位应在“MIN”与“MAX”标记之间。

2）制动液不足时，应检查制动系统管路有无泄漏现象。

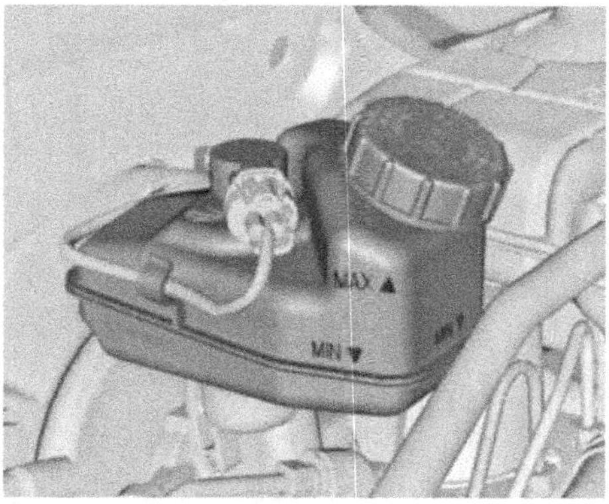

图3-6-2　制动液液位检查

3. 检查制动管路（见图3-6-3）

1）检查制动液管的连接，应无松动，

接头无泄漏现象。

2）检查制动液管连接部位，应无泄漏现象，制动软管无老化开裂现象。

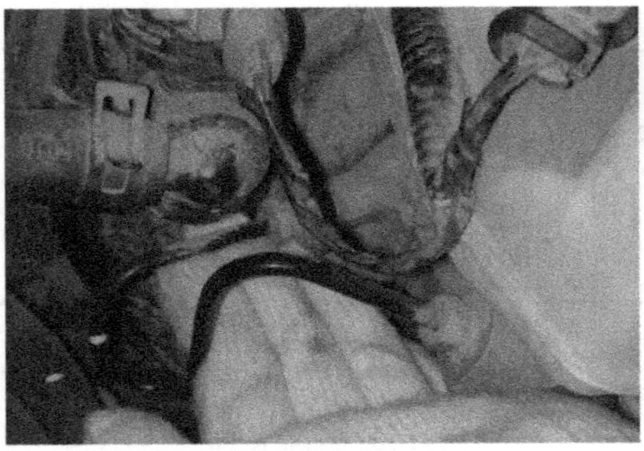

a) 制动总泵管路

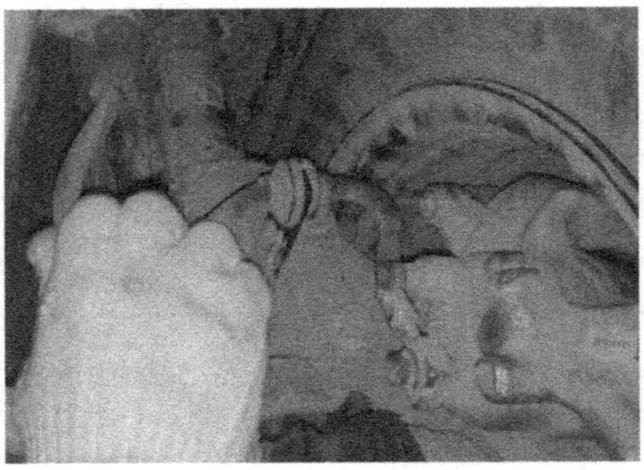

b) 制动分泵管路

图 3-6-3　检查制动管路

4. 检查制动踏板（见图 3-6-4）

1）检查制动踏板的自由行程。

2）检查制动踏板的行程。

3）检查制动踏板，应无异响、卡滞现象。

4）连续踏下制动踏板数次，应一次比一次高；踩住制动踏板，起动发动机，若制动踏板有下沉感觉，说明制动踏板真空助力器正常。

5. 排放储液罐制动液

1）抽取储液罐内的制动液。

2）清除制动液盖上的油污，打开储液罐的加液口盖，取出过滤网。

3）连接手动真空泵，将储液罐内的制动液排放干净。

注意：如果制动液滴落要及时清理，如制动液沾到手上要及时清洗。

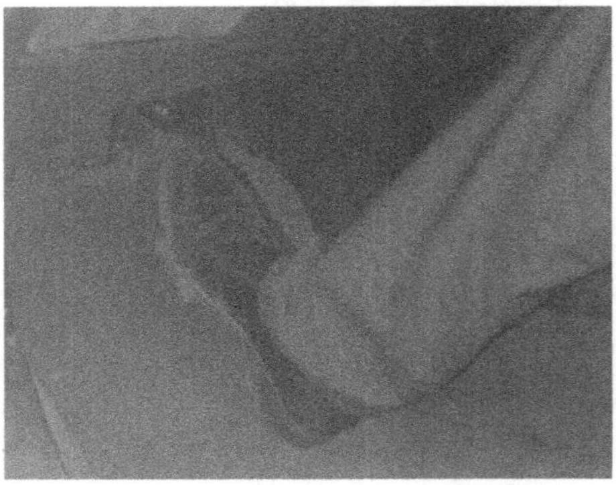

图 3-6-4　检查制动踏板

6. 加注制动液

1）检查新制动液的型号是否与车辆使用的制动液的型号一致。

2）安装过滤网，将制动液加装到储液罐中，至 MAX 刻度线处。

3）盖上储液罐加注口盖。

7. 举升车辆与拆卸车轮

1）根据举升机操作规范，举升车辆到操作的合适位置，停止举升并锁止。

2）使用轮胎扳手拆卸车轮。

8. 排放制动液

1）清除右后轮排气螺栓周围的油污，取下排气螺母。

2）按照维修手册规定，选用合适的扳手卡在排气螺栓处，将手动真空泵连接到排气螺栓，拧松排气螺栓。

3）用手动真空泵抽取制动液直至新制动液流出，正确使用工具拧紧排气螺栓，取下手动真空泵连接管，保持排气螺栓周围清洁，如图3-6-5所示。

4）按照上述方法依次以左后、右前、左前的顺序抽出其他轮缸的制动液。

注意：在排放旧的制动液时要注意观察储液罐的制动液液位，不足时要及时添加。

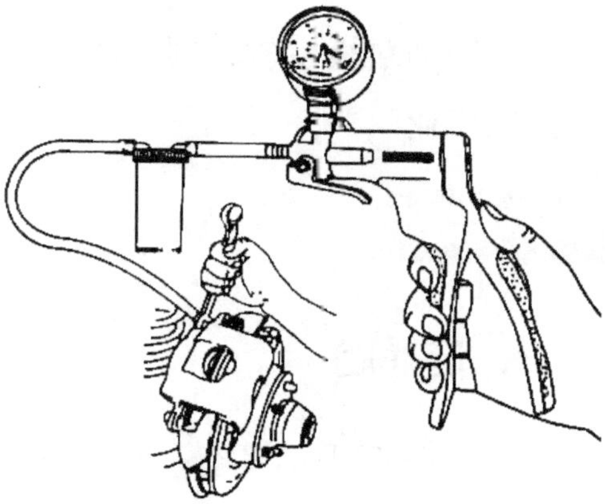

图3-6-5　手动真空泵抽取制动液

9. 制动系统排放空气

1）一人进入驾驶室，检查变速杆是否处在P位，检查驻车制动器是否拉紧。

2）另一人将梅花扳手放入右后轮缸排气螺栓处，然后将塑料管一端连接至排气螺栓上，另一端放置于制动液回收容器中。车内人员踩制动踏板数次，然后踩住制动踏板；车外人员旋松排气螺栓，然后观察制动液的流出情况。按此操作数次直到制动液中无气泡，然后旋紧排气螺栓；车内人员松开制动踏板，车外操作人员拔出塑料管，取出梅花扳手，保持排气螺栓周围清洁。正确使用工具，按照规定力矩紧固排气螺栓，盖上排气螺母。检查储液罐的液位，必要时添加制动液。

3）按照上述方法依次以左后、右前、左前的顺序排放其他轮缸的空气。

4）再次检查制动液液位，是否在高位MAX和低位MIN之间，必要时进行调整。

10. 检查完毕后的工位恢复

1）清理手动真空泵，装入盒内。

2）拆卸车内防护三件套。

3）拆卸翼子板布、前格栅布。

4）拆卸车轮挡块。

5）工具、工位、设备复位。

知识拓展

一、使用和存放制动液时的注意事项

使用制动液时应注意拧紧储液罐盖，尽量缩短制动液接触空气的时间，以防止制动液接触空气，吸收空气中的水分，降低制动液性能。制动液为有毒液体，因此务必存放在原装密封容器内，严防儿童接触，制动液对车身油漆有腐蚀作用。

二、更换好制动液后发现制动踏板发软的原因

发现制动踏板发软，则表明制动系统内的空气没有完全排净，因此需要重新进行排气作业。

知识巩固

一、选择题

1. 关于汽车手动真空泵在汽车维修中的用途，说法错误的是（　　）。

A. 可以检测汽车的真空驱动元件　　B. 可以作为释放制动液的抽油机

C. 可以用来更换汽车制动液　　D. 可以用来检测轮胎花纹深度

2. 加注制动液时，新制动液的型号要求是（　　）。

A. 与车辆原使用的制动液的型号一致

B. 品牌厂商生产的制动液均可

C. 对制动液无特殊要求

D. 以上说法都不正确

3. 更换制动液时，关于制动液检查说法正确的是（　　）。

A. 制动液液位应在“MIN”与“MAX”标记之间

B. 制动液液位应在“MAX”标记之上

C. 制动液液位应在“MIN”标记之下

D. 应检查制动系统管路有无泄漏现象

4. 更换制动液时，关于制动踏板检查说法正确的是（　　）。

A. 检查制动踏板的自由行程

B. 检查制动踏板的行程

C. 检查制动踏板，应无异响、卡滞现象

D. 检查制动踏板真空助力器是否正常

5. 汽车手动真空泵检测套装包括（　　）。

A. 接头　　B. 软管　　C. 储液罐　　D. 手动真空泵

6. 关于排放制动液的做法正确的有（　　）。

A. 需要清除右后轮排气螺栓周围的油污

B. 选用合适的扳手将手动真空泵连接到排气螺栓，拧松排气螺栓

C. 正确使用工具拧紧排气螺栓

D. 按照左前、右前、右后、左后的顺序抽出轮缸的制动液

7. 关于制动系统排放空气的做法正确的有（　　）。

A. 先检查驻车制动器操纵手柄是否拉紧

B. 按照右后、左后、右前、左前的顺序排放其他轮缸的空气

C. 需再次检查制动液液位是否在高位 MAX 和低位 MIN 之间

D. 需要两个人配合完成操作

二、判断题

1. 制动液为有毒液体，另外制动液对车身油漆也有腐蚀作用。（　　）

2. 在排放旧的制动液时要注意观察储液罐的制动液液位，不足时要及时添加。（　　）

三、简答题

1. 更换好制动液后发现制动踏板发软是什么原因？

2. 使用和存放制动液时应该注意的事项有哪些？

任务7　轮胎压力表的使用

任务目标

通过本任务的学习，学生应实现以下目标：

1. 掌握轮胎压力表的用途及分类。
2. 掌握轮胎压力表的使用方法。

任务描述

使用轮胎压力表测量轮胎的充气压力。

相关知识

一、轮胎压力表的用途

汽车轮胎压力表简称胎压计，主要用于给车轮胎充气、放气、测压等。

二、轮胎压力表的类型

按照表头样式不同，轮胎压力表可分为机械式、油浸式、数显式等类型，如图 3-7-1 所示。

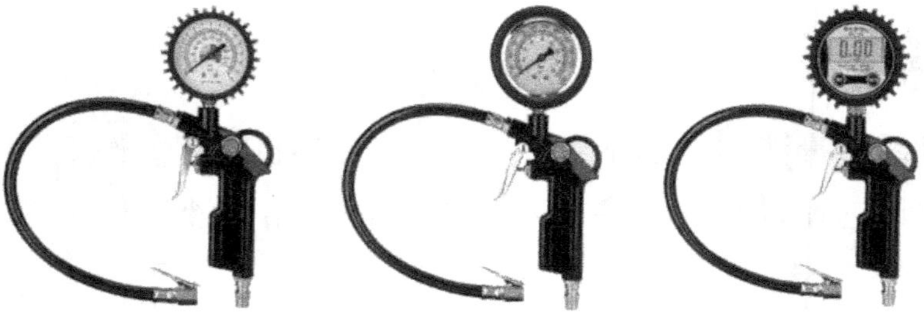

a) 机械式　　b) 油浸式　　c) 数显式

图 3-7-1　轮胎压力表

按照轮胎压力表的外形不同，可分为迷你型、笔型、表盘型等类型，如图 3-7-2 所示。

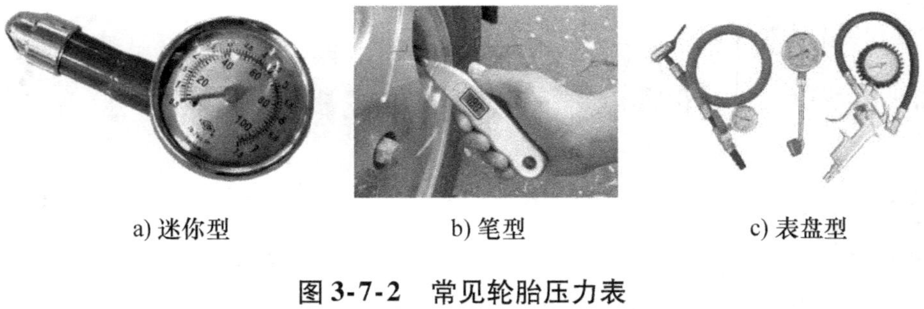

a) 迷你型　　b) 笔型　　c) 表盘型

图 3-7-2　常见轮胎压力表

三、轮胎压力表的结构

轮胎压力表主要由表头、接头、管路、开关等组成。

四、轮胎充气压力标准

一般来讲，轮胎充气压力标准可以通过观察车身B柱上或油箱盖内侧的标签数据读取，如图3-7-3所示。

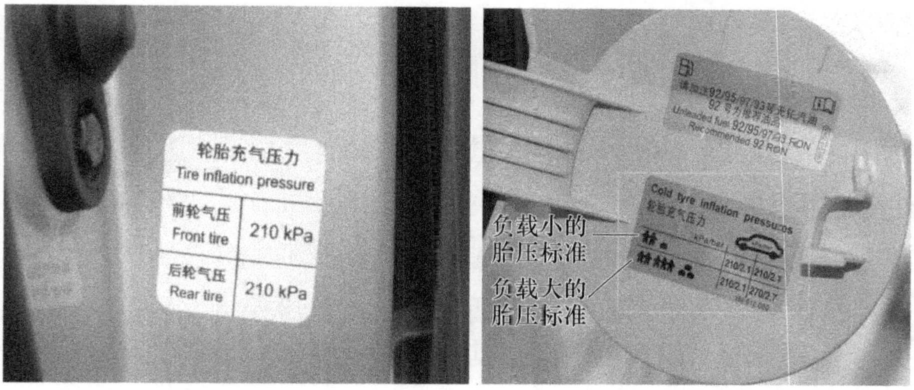

图3-7-3　车辆胎压标准值读取

压力有不同的计量单位，一般有3～4种，如kg/cm^2、bar、psi和kPa，它们之间的换算关系是：$1bar=1.02kgf/cm^2=100kPa=14.5psi$。

任务实施

一、工量具、设备及材料准备

轮胎气压检测所需要的工量具、设备及材料，见表3-7-1。

表3-7-1　轮胎气压检测所需工量具、设备及材料

材料及工量具名称	数　量	是否准备
轮胎压力表	1把	是□　否□
线手套	1副	是□　否□
车轮	1个	是□　否□

二、轮胎压力的检测步骤

1. 检测前的准备工作

1）戴好手套。

2）观察车辆轮胎的标准胎压。

3）目测轮胎是否有外伤、鼓包、嵌入异物等异常现象。

2. 测量轮胎气压

1）使用轮胎压力表前需观察压力表指针是否处于“0”位置，不处于“0”位的要校准到“0”。

2）逆时针旋转拧下气门嘴保护盖。

3）使用轮胎压力表对准气门芯测量轮胎气压。

3. 调整轮胎充气压力

1）观察轮胎充气压力数值，应等于或略高于标准充气压力。

2）调整车辆所有轮胎气压，同轴两侧轮胎气压应保持一致。

3）检测调整完毕，拧紧气门嘴保护盖。

知识拓展

一、轮胎型号的识读

轮胎型号所代表的含义如图 3-7-4 所示。

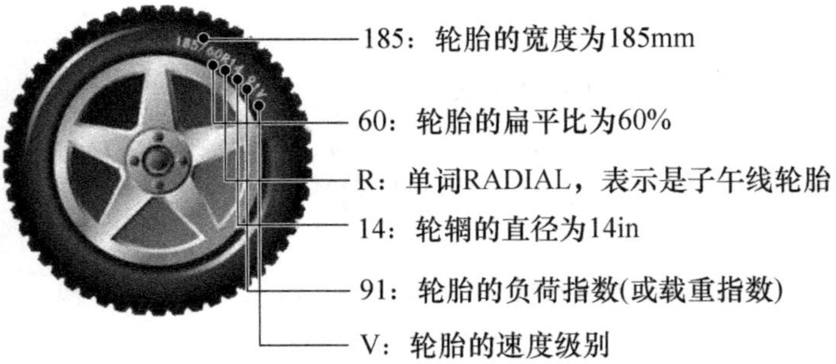

图 3-7-4　轮胎型号所代表的含义

二、轮胎气压过高、过低的危害

若轮胎气压过高，将使轮胎与地面的接触面积减少，单位面积所承受的压力增加，磨损加剧，容易造成制动失控，遇到地面凸起或凹陷时容易爆破，损害车的悬架系统，乘坐不舒适等危害。

若轮胎气压过低，将使轮胎与地面接触面积增加，行驶时胎内温度不正常增加，同时，由于胎侧变形严重，内部的钢丝、帘布层老化加剧，从而为爆胎埋下隐患，并且使油耗增加，轮胎寿命降低。

三、胎压监测系统

胎压监测系统（Tire Pressure Monitoring System，TPMS）可以通过记录轮胎转速或安装在轮胎中的电子传感器，对轮胎的各种状况进行实时自动监测，能够为行驶提供有效的安全保障。

1. 系统类别

胎压监测系统可分为两种：一种是间接式胎压监测系统，是通过轮胎的转速差来判断轮胎是否异常；另一种是直接式胎压监测系统，通过在轮胎里面加装四个胎压监测传感器，在汽车静止或者行驶过程中对轮胎气压和温度进行实时自动监测，并对轮胎高压、低压、高温进行及时报警，避免因轮胎故障引发交通事故，以确保行车安全。

（1）间接式胎压监测系统　间接式胎压监测系统需要通过汽车ABS的轮速传感器来比较轮胎之间的转速差别，以达到监测胎压的目的。ABS通过轮速传感器来确定车轮是否抱死，从而决定是否启动防抱死系统。当轮胎压力降低时，车辆的重量会使轮胎直径变小，车速就会产生变化。车速变化就会触发报警系统，从而提醒车主注意轮胎胎压不足。因此间接式胎压监测系统属于被动型胎压监测系统。

（2）直接式胎压监测系统　直接式胎压监测系统利用安装在轮胎上的压力传感器来测量轮胎的气压和温度，利用无线发射器将压力信息从轮胎内部发送到中央接收器模块上的系统，然后对轮胎气压数据进行显示。当轮胎出现高压、低压、高温时，系统就会报警提示车主。同时，车主可以根据车型、用车习惯、地理位置自行设定胎压报警值范围和温度报警值。因此，直接式胎压监测系统属于主动型胎压监测系统。

2. 系统对比

直接式胎压监测系统可以提供更高级的功能，随时测定每个轮胎内部的实际瞬压，很容易确定故障轮胎。间接式胎压监测系统造价相对较低，已经装备了4

轮 ABS（每个轮胎装备 1 个轮速传感器）的汽车只需对软件进行升级。但是，间接式胎压监测系统没有直接式胎压监测系统准确率高，它根本不能确定故障轮胎，而且系统校准极其复杂，在某些情况下该系统会无法正常工作，例如同一车轴的两个轮胎气压都低时。

还有一种复合式胎压监测系统，它兼有上述两个系统的优点，它在两个互相成对角的轮胎内装备直接传感器，并装备一个 4 轮间接胎压监测系统。与全部使用直接胎压监测系统相比，这种复合式胎压监测系统可以降低成本，克服间接胎压监测系统不能检测出多个轮胎同时出现气压过低的缺点。但是，它仍然不能像直接胎压监测系统那样提供所有 4 个轮胎内实际压力的实时数据。

3. 系统作用

1）胎压监测系统不仅能在轮胎出现高压、低压、高温时报警提醒车主注意行车安全，而且能帮助车主节油省钱，成为汽车低碳环保一族。

2）胎压监测系统相关统计数据显示：汽车轮胎缺气行驶将多消耗 3.3% 的燃油。很多车主可能都不知道轮胎有缓慢自然漏气的现象，轮胎气压不足了都浑然不知。

3）通过胎压监测系统时刻了解轮胎状况，预防爆胎，节油环保。

4）中高档轿车上都采用了胎压监测系统。

知识巩固

一、填空题

1. 汽车轮胎压力表主要用于给车轮胎________、________和________等。

2. 轮胎压力表可以测量轮胎的充气压力，因此，汽车轮胎压力表又被称为__________。

二、选择题

1. 关于轮胎气压检测前的做法正确的有（　　）。

A. 戴好手套

B. 先观察车辆标准胎压

C. 检查轮胎是否有外伤、鼓包、嵌入异物等异常现象

D. 观察压力表指针是否处于“0”位置

2. 轮胎压力表按照表头样式不同分为（　　）。

A. 油浸式　　B. 机械式

C. 数显式　　D. 以上说法都不正确

3. 轮胎压力表按照外形不同分为（　　）。

A. 迷你型　　B. 笔型

C. 表盘型　　D. 双头型

4. 轮胎压力表的结构主要有（　　）。

A. 表头　　B. 接头　　C. 管路　　D. 开关

三、判断题

1. 轮胎充气压力数值应等于或略高于标准充气压力。(　　)

2. 测轮胎气压时，应顺时针旋转拧下气门嘴保护盖。(　　)

3. 同轴两侧轮胎气压应保持一致。(　　)

四、简答题

1. 轮胎气压过高的危害有哪些？

2. 轮胎气压过低有哪些危害？

任务8　轮胎花纹深度尺的使用

任务目标

通过本任务的学习，学生应实现以下目标：

1. 掌握轮胎花纹深度尺的用途及分类。

2. 掌握轮胎花纹深度的测量方法。

3. 了解轮胎花纹的类型及磨损的特征。

任务描述

使用轮胎花纹深度尺测量轮胎花纹的深度。

相关知识

一、轮胎花纹深度尺的作用

轮胎花纹深度尺是用于测量轮胎花纹深度的专用工具。通过深度尺对轮胎花纹深度的测量，车主可以获得轮胎是否超出安全花纹深度、磨损状况等信息，实现对轮胎的科学使用。

二、轮胎花纹深度尺的类型

轮胎花纹深度尺按照数据读取方式不同分为数显式轮胎花纹深度尺和游标式轮胎花纹深度尺，如图 3-8-1 所示。

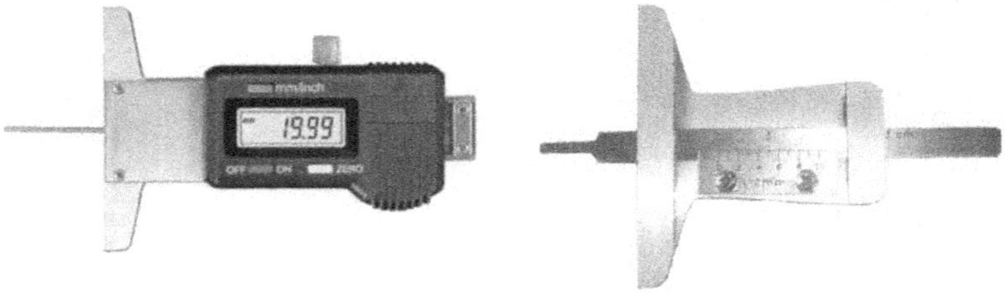

a) 数显式　　b) 游标式

图 3-8-1　轮胎花纹深度尺

三、轮胎花纹深度尺的结构

数显式轮胎花纹深度尺和游标式轮胎花纹深度尺的结构如图 3-8-2 所示。

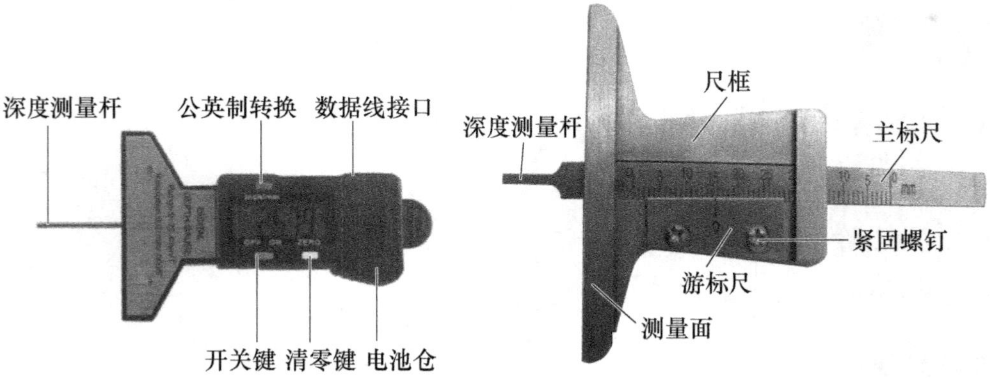

a) 数显式　　b) 游标式

图 3-8-2　轮胎花纹深度尺的结构

四、轮胎花纹深度标准

不同车型轮胎花纹深度标准略有区别，以厂家发布的车辆使用手册为准。

一般情况下，轮胎花纹深度不小于3.5mm为良好状态；花纹深度为2.5～3.5mm时，需要增加检查频率；当花纹深度小于2.5mm时建议更换；当花纹深度不大于1.6mm时，为轮胎花纹使用极限，应立即更换。如果轮胎老化、龟裂严重，也应该提前更换。

任务实施

一、工量具、设备及材料准备

轮胎花纹检查所需要的工量具、设备及材料见表3-8-1。

表3-8-1 轮胎花纹检查所需要的工量具、设备及材料

材料及工量具名称	数量	是否准备
手套	1副	是□ 否□
轮胎花纹深度尺	1把	是□ 否□
抹布	2块	是□ 否□
4～6in一字槽螺钉旋具	1把	是□ 否□
车轮	1个	是□ 否□

二、轮胎花纹的检测步骤

1. 游标式轮胎花纹深度尺的使用方法

1）使用前，应先使主标尺与测量面平齐，检查游标尺“0”刻线与主标尺“0”刻线是否对齐，若未对齐，应调节游标尺螺钉使之对齐，如图3-8-3a所示。

2）测量轮胎花纹深度时，测量面必须与轮胎花纹表面平行。

3）测量时在花纹沟槽内应轻轻滑动，避免磨耗标记影响测量结果，如图3-8-4所示。

4）读数时，视线要垂直于尺面，否则测量值不准确，如图3-8-3b所示。

2. 数显式轮胎花纹深度尺的使用方法

（1）检查　按下开关键开机，检查显示是否正常。

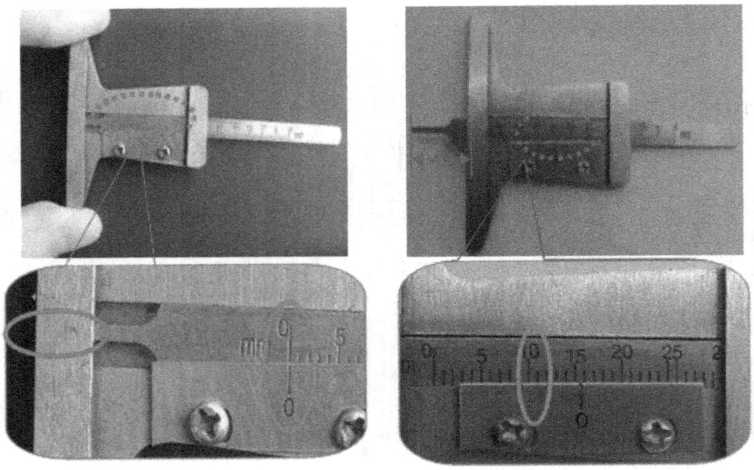

a) 测量前的校准　　b) 读数时视线垂直于尺面

图 3-8-3　游标式轮胎花纹深度尺的使用方法

（2）清零　测量面紧贴在平整平面将测量杆推到底，按 ZREO 清零键，显示 0.00 即可。

（3）测量　测量面垂直紧贴在轮胎胎面上，把测量杆插入花纹沟槽底部即可显示测量数值。测量 2 ~3 次，取平均值，如图 3-8-5 所示。

图 3-8-4　轮胎花纹深度的测量

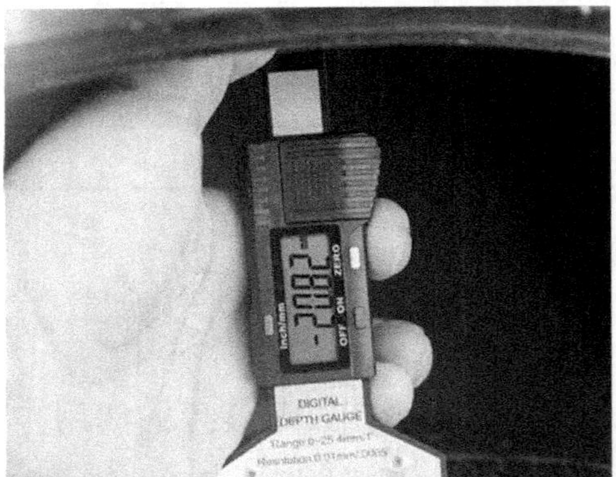

图 3-8-5　数显式轮胎花纹深度尺测量

知识拓展

一、常见轮胎花纹的类型和特点

轮胎的花纹根据类型，主要分为 3 种：普通花纹、越野花纹和混合花纹。

（1）普通花纹　适合于在硬路面上使用。它分为横向花纹、纵向花纹和纵横混合花纹，如图3-8-6所示。

a) 横向花纹　　b) 纵向花纹　　c) 纵横混合花纹

图3-8-6　普通轮胎花纹

图3-8-6a所示横向花纹的特点是：胎面横向连续，纵向断开，因而胎面横向刚度大，而纵向刚度小。因此，这种轮胎抗滑能力呈现出纵强而横弱，汽车以较高速度转向时，容易侧滑；轮胎滚动阻力也比较大，胎面磨损比较严重。这种类型的花纹适合于在一般硬路面上、牵引力比较大的中型或重型货车上使用。

图3-8-6b所示纵向花纹的特点是：胎面纵向连续，横向断开，因而胎面纵向刚度大，而横向刚度小，轮胎抗滑能力呈现出横强而纵弱的特征。这种花纹轮胎的滚动阻力较小，散热性能好，但花纹沟槽易被嵌入碎石子。综合来看，具有这种花纹的轮胎适合在比较清洁、良好的硬路面（如城市道路和高速公路）上行驶。例如，轿车、轻型及微型货车等多选择这种胎纹。

图3-8-6c所示纵横混合花纹的特点是：花纹介于纵向花纹和横向花纹之间。在胎面中部一般具有曲折形的纵向花纹，而在接近胎肩的两边则设计有横向花纹。这样一来，胎面的纵横方向抗滑能力比较好。因此，这种型式的花纹适应能力强，应用范围广泛，它既适用于不同的硬路面，也适宜安装于轿车和货车上。

（2）越野花纹　如图3-8-7所示，越野花纹的特点是：花纹沟槽宽而深，花纹块接地面积比较小（一般为40%～60%）。在松软路面上行驶时，一部分土壤将被嵌入花纹沟槽之中，必须将嵌入花纹沟槽的这一部分土壤剪切之后，轮胎才有可能出现打滑。据测试，在泥泞路上，同一车型的车辆使用越野花纹的牵引力可达普通花纹的1.5倍。

图3-8-7　越野轮胎花纹

越野花纹分为无向和有向花纹两种。有向花纹使用时具有方向性。越野花纹轮胎适合于在崎岖不平的道路、松软土路和无路地区使用。由于花纹块的接触压力大，滚动阻力大，故不适合在良好硬路面上长时间行驶。否则，将加重轮胎磨损，增加燃油消耗，汽车行驶振动也比较厉害。

二、常见轮胎花纹异常磨损的现象和特征

轮胎异常磨损特征及原因分析，见表3-8-2。

表3-8-2 轮胎异常磨损特征及原因分析

异常磨损特征	异常特征图片	原因分析
胎冠内侧磨损，呈内锥体		前轮外倾角过小、前轮内倾、车轴弯曲变形
胎冠外侧磨损，呈外锥体	与上图中胎内侧磨损相反，在轮胎外侧异常磨损	前轮外倾角过大、前束值过大、前桥变形、破坏了前轮定位关系
胎面中部严重磨损，胎纹磨光		轮胎气压长期偏高、轮胎胎面过宽、轮辋过窄，轮胎的磨损主要由胎面中部承担
胎面两侧严重磨损，胎缘磨光	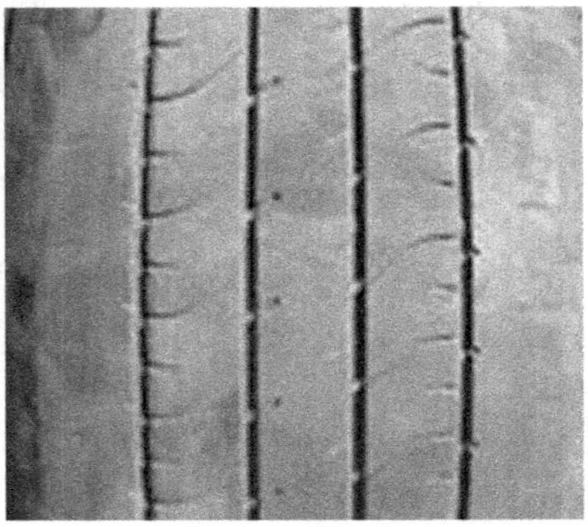	轮胎气压长期偏低、轮胎胎面过窄、轮辋过宽，轮胎的磨损主要由胎面两侧承担

（续）

异常磨损特征	异常特征图片	原因分析
胎面圆周方向局部凹痕状磨损	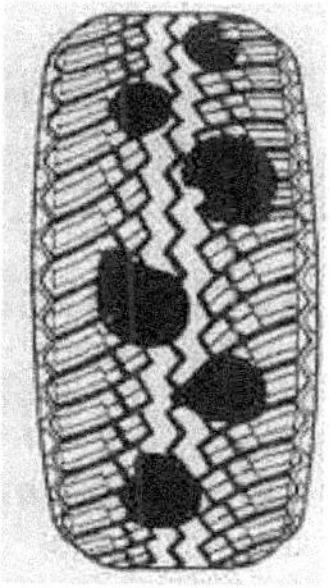	轮胎气压不足、车轮不平衡、钢圈变形或制动鼓失圆、前束过大、转向杆件连接松旷、车轮定位参数不正确
胎面圆周方向呈波浪状磨损		轮辋变形、车轮不平衡、轮毂轴承磨损松旷、前轮定位参数不正确、主销后倾角过小
胎面两侧花纹呈锯齿状磨损		轮胎气压偏低、负荷过大、轮毂轴承磨损松旷、前轮定位参数不正确

知识巩固

一、填空题

轮胎花纹深度尺按照数据读取方式不同分为__________和__________。

二、选择题

1. 一般情况下，如果轮胎花纹深度为2.5～3.5mm，意味着轮胎（　　）。

A. 状态良好　　B. 需要增加检查频率

C. 需要更换　　D. 需要提前更换

2. 关于游标式轮胎花纹深度尺的使用方法，说法正确的有（　　）。

A. 使用前，检查游标尺“0”刻线与主标尺“0”刻线是否对齐

B. 测量时，测量面必须与轮胎花纹表面垂直

C. 测量时在花纹沟槽内应轻轻滑动

D. 读数时，视线要垂直于尺面

3. 关于数显式轮胎花纹深度尺的使用方法，说法正确的有（　　）。

A. 使用前，按下开关键开机，检查显示是否正常

B. 测量前，测量面紧贴在平整平面将测量杆推到底，进行清零

C. 测量时，测量面垂直紧贴在轮胎胎面上

D. 应测量 2 ~ 3 次，取平均值

4. 轮胎的花纹根据类型，主要分为（　　）。

A. 普通花纹　　B. 越野花纹

C. 混合花纹　　D. 以上说法都不准确

5. 关于轮胎花纹深度标准的说法正确是（　　）。

A. 轮胎花纹深度不小于 2.5mm 为良好状态

B. 轮胎花纹深度不小于 3.5mm 为良好状态

C. 当花纹深度不大于 1.6mm 时，为轮胎花纹使用极限，应立即更换

D. 当花纹深度不大于 2.6mm 时，为轮胎花纹使用极限，应立即更换

三、判断题

1. 轮胎花纹深度尺是用于测量轮胎花纹深度的专用工具。（　　）

2. 各种车型轮胎花纹深度标准完全一样。（　　）

3. 越野轮胎花纹的特点是花纹沟槽宽而深，花纹块接地面积比较小。（　　）

4. 轮胎气压长期偏高或长期偏低，都会造成轮胎磨损。（　　）

四、简答题

汽车轮胎胎面两侧花纹呈锯齿状磨损，请分析可能的原因。

任务9　前束尺的使用

任务目标

通过本任务的学习，学生应实现以下目标：

1. 掌握前束尺的用途。
2. 掌握前束尺的使用方法。
3. 掌握前束尺的使用注意事项。

任务描述

使用前束尺对汽车前束进行测量。

相关知识

一、前束尺的用途

前束尺是对汽车前束进行调整和测量的工具。为保证汽车稳定地直线行驶，应使转向轮具有自动回正的作用，即当转向轮在偶然遇到外力（如碰到石块）作用发生偏转时，在外力消失后能立即自动回到直线行驶的位置。这种回正作用是由转向轮的定位参数来保证实现的。前轮前束就是这些定位参数中的一种。为了消除车轮外倾带来的不良后果，在安装车轮时，使汽车两前轮的中心面不平行，两轮前边缘距离 A 小于后边缘距离 B，两者的距离之差即为前轮前束，如图3-9-1所示。如果前束失调，轮胎就会发生偏磨，因此检查和调节车轮定位时需要对前束进行检查。

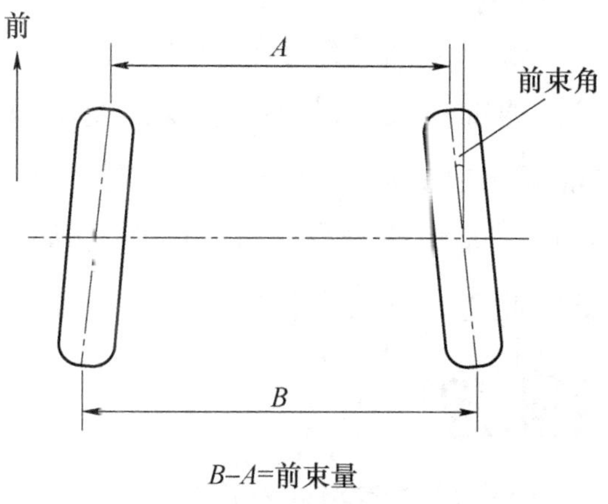

图3-9-1　前轮前束

二、前束尺的结构

汽车前束尺由滑尺、尺身、螺旋套筒等组成，滑尺一端与螺旋套筒连接，另一端装于滑尺座和尺身中，如

图 3-9-2 所示。滑尺能在滑尺座和尺身中自由滑动，以调整测量汽车前轮的基本尺寸。

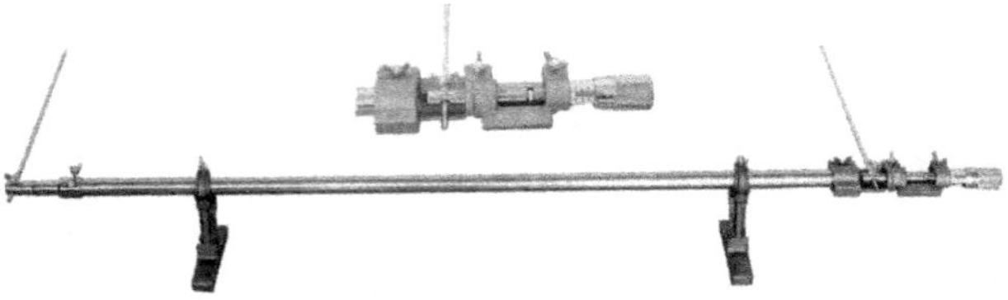

图 3-9-2 前束尺

任务实施

一、工量具、设备及材料准备

前束测量检查所需要的工量具、设备及材料见表 3-9-1。

表 3-9-1 前束测量检查所需的工量具、设备及材料

材料及工量具名称	数 量	是否准备
前束尺	1 把	是□ 否□
记号笔	1 支	是□ 否□
轿车	1 辆	是□ 否□

二、使用前束尺测量前束的步骤

1）将汽车置于平坦的场地，保证车辆轮胎清洁，保证前轮轮毂轴承紧度适当，保证轮胎压力在标准范围内。

2）使汽车前轮处于直行状态。

3）将前束尺两端水平地支撑在两前轮轮胎内侧最小距离处，即胎侧最高点，再将前束尺放好后移动标尺，使指针对准“0”位。

4）向前推动汽车，直到前束尺转动到后面与车轮中心线同高时为止。

5）此时，标尺上指针所指的数值就是测得的前束值。

知识拓展

1. 前束尺的使用注意事项

1）由于前束尺钢管壁薄，严防弯折变形，各固定螺钉不能旋得过紧。

2）测量中不准用手扶指针，测量时指针应刚好触及记号点，严防接触过重，使指针变形，影响测量精度。

3）防止与酸、碱等腐蚀性物质接触，使用后擦拭并进行归置。

2. 汽车前束调整方式

前轮前束可通过改变横拉杆的长度来调整。调整时可根据汽车生产厂家规定的测量位置，使两轮前后距离差符合规定的前束值，一般前束值在0～12mm为正常。

如果汽车横拉杆是平直的，可以先旋松横拉杆两端接头的锁紧螺母，用套筒扳手扭转横拉杆，使横拉杆伸长或缩短。拉杆伸长，前束值增大，拉杆缩短，前束值减小，直到前束符合标准后，拧紧螺母。

如果汽车横拉杆是弯曲的，在调整时不能旋转横拉杆，而应旋转横拉杆两端的拉头。又因为左右两端螺纹螺距不同，因此在调整时应先旋转某一边的横拉杆接头，如果旋转一圈就会超过前束值而退回一圈又达不到要求时，可以再旋转另一边的横拉杆接头，配合调整，直到符合要求时为止。调整好后将锁紧螺母拧紧。

知识巩固

一、填空题

前束尺是对汽车前束进行__________和__________的工具。

二、选择题

1. 为了消除车轮外倾带来的不良后果，在安装车轮时，两轮前边缘距离应（　　）后边缘距离。

A. 大于　　　　B. 小于

C. 等于　　　　D. 以上说法都不正确

2. 汽车前束尺的（　　）一端与螺旋套筒连接，另一端装于滑尺座和尺身中。

A. 滑尺　　　　B. 尺身

C. 标尺　　　　D. 以上说法都不正确

3. 滑尺位于滑尺座和尺身中，其位置是（　　）。

A. 固定在靠近滑尺座一端　　　　B. 固定在靠近尺身一端

C. 固定在居中位置　　D. 自由滑动

4. 汽车前束尺由（　　）等组成。

A. 滑尺　　B. 尺身

C. 螺旋套筒　　D. 弹簧片

5. 关于前束尺测量前的准备工作，说法正确的是（　　）。

A. 测量前保证轮胎压力在标准范围内

B. 测量前应保证车辆清洁

C. 测量前应确保前轮轮毂轴承紧度适当

D. 测量前汽车前轮处于直行状态

6. 使用前束尺测量的做法正确的有（　　）。

A. 测量时将前束尺两端水平地支撑在两前轮轮胎内侧最小距离处

B. 测量时应将汽车置于平坦的场地

C. 前束尺放好后再移动标尺

D. 汽车前轮应处于直行状态

三、判断题

1. 如果汽车前束失调，轮胎就会发生偏磨。（　　）

2. 前束尺应防止与酸、碱等腐蚀性物质接触。（　　）

四、简答题

前束尺的使用注意事项有哪些？

任务 10　车轮动平衡机的使用

任务目标

通过本任务的学习，学生应实现以下目标：

1. 掌握车轮动平衡机的结构。

2. 掌握车轮动平衡机的使用方法。

任务描述

使用车轮动平衡机进行车轮的动平衡检测与调整。

相关知识

一、车轮动平衡

一般认为汽车动平衡是车辆行驶时车轮之间的平衡，即通常所说的加装平衡块。

汽车车轮是由轮胎、轮毂组成的一个整体。但是，由于制造上的原因，这个整体各部分的质量分布不可能非常均匀。当汽车车轮高速旋转后，就会形成动不平衡状态，造成车辆在行驶中车轮抖动、转向盘振动的现象。

为了避免或消除已经发生的这种现象，就要使车轮在动态情况下通过增加配重的方法，校正车轮各边缘部分的平衡。这个校正过程就是人们常说的动平衡，也就是通常所说的加装平衡块。平衡块是用铁合金、铅合金做成的，以克为单位，规格有5g、10g、15g等。不要以为平衡块质量小，当车轮高速转动时就会产生很大离心力。平衡块上有一个钢钩，可嵌扣在轮圈边缘上。

二、车轮不平衡的原因

1）轮毂、制动鼓（盘）加工时轴心定位不准、加工误差大、非加工面铸造误差大、热处理变形、使用中变形或磨损不均。

2）轮毂螺栓质量不等、轮毂质量分布不均或径向圆跳动、轴向圆跳动太大。

3）轮胎质量分布不均、尺寸或形状误差太大、使用中变形或磨损不均、使用翻新胎或垫、补胎。

4）并装双胎的充气嘴未相隔180°，单胎的充气嘴未与不平衡点标记相隔180°安装。

5）轮毂、制动鼓、轮胎螺栓、轮辋、内胎、衬带和轮胎等拆卸后重新组装成车轮时，累计的不平衡质量或几何偏差太大，破坏了原来的平衡。

三、车轮动平衡机的种类

常用的车轮动平衡机有离车式车轮动平衡机和就车式车轮动平衡机两种类型。

1. 离车式车轮动平衡机

在离车式车轮动平衡机（见图3-10-1）中，目前应用最多的是硬式支承离车式车轮动平衡机，其机械结构和传感装置简单，造价低廉。

硬式支承离车式车轮动平衡机由驱动装置、主轴与支承装置、显示与控制装置、制动装置、机箱和车轮防护罩等组成。驱动装置一般由电动机、传动机构等组成，驱动主轴旋转。

图3-10-1　离车式车轮动平衡机

主轴由两个滚动轴承支承，每个轴承均有一个能将支承力变为电信号的传感器。主轴的外端通过锥体与快速锁紧螺母固定车轮。驱动装置、主轴与支承装置等均装在机箱内。车轮防护罩可防止车轮高速转动时，轮辋上的平衡块或轮胎花纹内嵌入的杂物飞出伤人。

2. 就车式车轮动平衡机

就车式车轮动平衡机可以在不拆卸车轮的前提下，对汽车进行车轮动平衡和静平衡检测。就车式车轮动平衡机一般由驱动装置、测量装置、指示与控制装置、制动装置和小车等组成。驱动装置由电动机、转轮等组成，能带动支离地面的车轮转动。测量装置由传感磁头、可调支杆、底座和传感器等组成。

它能将车轮不平衡量产生的振动变成电信号，送至指示与控制装置。指示与控制装置由频闪灯、不平衡量表或数字显示屏等组成。频闪灯用来指示车轮不平衡点的位置，不平衡量表或数字显示屏用来指示车轮的不平衡量。不平衡量表一般有两个档位：第一档往往用于初查时的指示，第二档往往用于装上平衡块后复查时的指示。制动装置用于车轮停转。除测量装置外，车轮动平衡机的其余装置都装在小车上，可方便地移动。

任务实施

一、工量具、设备及材料准备

使用车轮动平衡机进行车轮的动平衡检测与调整，所需要的工量具、设备及材料见表3-10-1。

表 3-10-1　检测与调整时所需要的工量具、设备及材料

材料及工量具名称	数　　量	是 否 准 备
车轮动平衡机	1 台	是□　否□
轮胎	1 个	是□　否□
轮胎压力表	1 个	是□　否□
平衡块	1 套	是□　否□
平衡锤	1 个	是□　否□
车轮	1 个	是□　否□
手套	1 副	是□　否□
抹布	2 块	是□　否□

二、车轮的动平衡检测与调整操作步骤

1. 准备工作

1）清除被测车轮轮胎花纹内嵌入的泥土、石子等杂物，取下轮辋上的旧平衡块。

2）检查轮胎气压，并视必要充至标准值。

3）根据轮辋中心孔尺寸大小选择锥体，仔细地装上车轮，用快速锁紧螺母锁紧在主轴轴端。

4）打开电源开关，检查指示与控制装置的面板是否指示正确。

2. 开始检测

1）用卡尺测量轮辋宽度 b、轮辋直径 d（也可由胎侧读出），用平衡机上的标尺测量轮辋边缘至机箱距离 a，再用键入或选择器旋钮对准测量值的方法，将 a、b、d 值输入指示与控制装置中去。

为了适应不同计量制式，平衡机上的所有标尺一般都同时标有英制和公制刻度。

2）放下车轮防护罩，按下起动键，车轮旋转，平衡测试开始，计算机自动采集数据。

3）车轮自动停转或听到“滴”声，按下停止键并操纵制动装置使车轮停止转动，从指示装置读取车轮内、外不平衡量和不平衡位置。

4）抬起车轮防护罩，用手按箭头方向慢慢转动车轮，当指示装置发出指示（音响、指示灯亮、显示检测数据等）时停止转动，在轮辋的内侧或外侧的上部

（12 点位置）加装指示装置显示该侧的不平衡质量。内、外侧要分别进行，平衡块装卡要牢固。

5）安装平衡块后有可能产生新的不平衡，应重新进行平衡试验，直至不平衡量小于 5g 为止。当不平衡量相差 10g 左右时，如能沿轮辋边缘左、右移动平衡块一定角度，将可获得满意的效果。

6）测试结束，关闭电源开关，取下车轮总成。

3. 检测标准

若不平衡量小于 5g，指示装置会显示“00”或“OK”。虽然这种平衡结果最为理想，但是完全做到较难。

一般检测评定办法是：小型车不平衡质量不大于 10g，重型车不大于 20g，且每侧轮辋边缘所加平衡块以不超过 3 块为宜。

知识拓展

轮胎应当定期做动平衡检查，用动平衡检测仪检查。轮胎平衡分为动态平衡和静态平衡两种。动态不平衡会使车轮摇摆，令轮胎产生波浪形磨损；静态不平衡会产生颠簸和跳动现象，往往使轮胎产生平斑现象。因此，定期检测平衡不但能延长轮胎寿命，还能提高汽车行驶时的稳定性，避免在高速行驶时因轮胎摆动、跳动，失去控制而造成的交通事故。

一、主要优点

1）增强驾驶舒适感。

2）减少燃油消耗。

3）增加轮胎使用寿命。

4）保证车辆的直线行驶稳定性。

5）降低底盘悬架配件的磨损。

6）增强行驶安全。

二、需要做动平衡的情况

1）更换新胎或发生碰撞事故维修后。

2）前后轮胎单侧偏磨。

3）驾驶时转向盘过重或飘浮发抖。

4）直行时汽车向左或向右跑偏。

虽无以上状况，但出于维护目的，建议新车在驾驶 3 个月后做动平衡，以后半年或 1 万 km 一次。

知识巩固

一、填空题

1. 常用的车轮动平衡机有________________和________________两种类型。
2. 汽车动平衡是车辆行驶时__________之间的平衡。

二、选择题

车轮动不平衡的原因是（　　）。

A. 车轮在高速运转时，由于车轮质量分布不均匀，发生摆动、振动的现象

B. 车轮在高速运转时，由于转向机构安装间隙，造成摆动、振动的现象

三、简答题

1. 什么情况下需要做动平衡？

2. 车轮动平衡的操作步骤是什么？

任务 11　四轮定位仪的使用

任务目标

通过本任务的学习，学生应实现以下目标：

1. 掌握四轮定位仪的结构、功用。
2. 掌握四轮定位仪的使用方法。

任务描述

使用四轮定位仪对汽车进行车轮定位参数测量与调整。

相关知识

一、认识四轮定位仪

四轮定位仪（见图 3-11-1）是用于检测汽车车轮定位参数，并与原厂设计参数进行对比，指导使用者对车轮定位参数进行相应调整，使其符合原设计要求，以达到理想的汽车行驶性能，即操纵轻便、行驶稳定可靠、减少轮胎偏磨损的精密测量仪器。汽车四轮定位仪可对汽车的主要四轮定位参数，包括外倾角（Camber）、后倾角（Caster）、前束（Toe-in）、内倾角（SAI）等进行测量和调整。

市场上主要的四轮定位产品还是以 CCD 为核心技术的产品。CCD 汽车四轮定位仪的数据采集部分有 4 个测量探头。测量探头中的（CCD）传感器分别感应与其相对的测量探头上的红外发射管的光线坐标，经无线发射器传输到机柜中的无线接收器，再经工控机中的 COM 端口传输到计算机主机，进行运算与处理。由于 CCD 传感器反映了其自身与相对应的测量探头上的红外发射管的相互关系，而测量探头通过 4 个轮夹与汽车轮辋相连，所以通过 8 个 CCD 传感器可以测量出 4 个轮辋的相互关系，从而确定车轮的定位参数；8 个 CCD 传感器形成一个封闭的四边形，可实现车辆的四轮定位测量。在实际应用中，4 个测量探头上的 8 个 CCD 传感器，其镜头前面都装有滤光片，以消除可见光对红外发射二极管亮点图像的干扰。

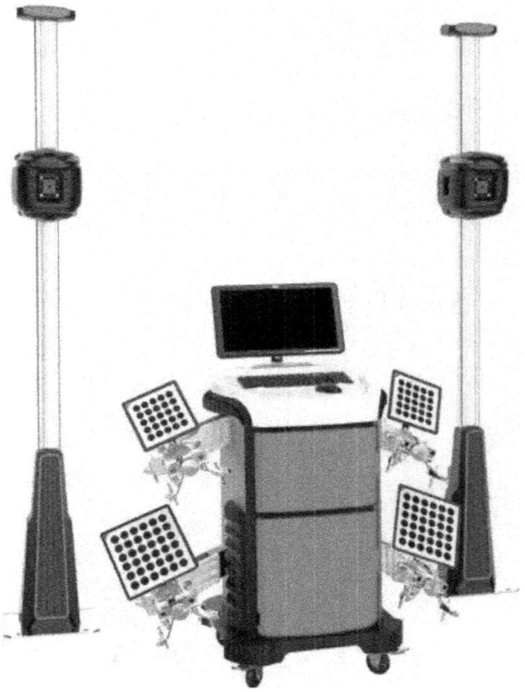

图 3-11-1　四轮定位仪

数据处理部分为四轮定位仪主机，主要包括一套计算机系统、电源系统及接口系统。其作用是实现用户对四轮定位仪的指令操作，对传感器的图像数据进行采集、处理，并与原厂设计参数一起显示出来，同时指导用户对汽车车轮进行调整，最后打印出相应的报表。

二、四轮定位仪的分类

1）按通信方式：有线通信、红外无线通信、射频无线通信433MHz、蓝牙无线通信、ZigBee无线通信。

2）按测量方式：拉线式角位移传感器+重力锤式倾角仪、拉线式角位移传感器+电子式倾角传感器、激光与光电接收板+电子式倾角传感器、红外与PSD+电子式倾角传感器、红外与CCD+电子式倾角传感器、红外与CMOS图像传感器、3D技术（采用面阵CCD）。

三、四轮定位仪的结构

（1）安装夹具和测量探头　这些夹具可以安装在车轮轮毂的外缘或内缘上，甚至还可以安装在内圈抛光的表面上，而且不受轮毂变形的影响。因此，它可以适应任何车轮，不需附加装置，而且可自动满足对中的要求。6/8个测量探头可以建立左右前轮和左右后轮之间的通信，从而保证测量准确，操作快捷。

（2）CD-ROM光盘驱动器　光盘可以存储包括了很多程序的信息，既能节省硬盘空间，又不怕病毒干扰，程序更新时也很方便。

（3）光学传感器　CCD或红外线都属于光学传感器，它们比起拉线式传感器对正的要精确得多了。

（4）快速处理计算机　好的四轮定位仪的功能越来越多。例如：中文显示；顾客信息管理；车辆预检查；完整的车辆定位参数；屏幕在线帮助信息；图形、动画、录像的播放等。这些功能多数都需要把数据调到内存中去运算以便显示。

（5）定位仪主机　定位仪主机由：机箱（大机箱带后视镜）、主机（含显示器、打印机）、四个机头（定位传感器）、通信系统、充电系统、总供电系统共6部分组成。

（6）附件　必要的附件由：转向盘固定器、制动固定器、转角盘、夹具共四部分组成。

（7）其他　要很好地完成定位调整工作，用户还应自行配备必要的工具，如：各种型号的呆扳手、梅花扳手、套筒、接杆、快速扳手、扭力杆、钳子、螺钉旋具、气动扳手、拉杆球头拆装器、外倾角校正器、调整垫片和调整螺栓等。

四、四轮定位仪的适用情况

1）车辆的行驶性能受到影响的车辆。车辆在平路直线行驶时转向盘不正，在平路直线行驶时会向左或向右偏滑，车身会跳动不稳，转向盘会左右晃动，行驶时有浮游的情形。

2）轮胎磨损不正常、有严重吃胎的现象，但也要考虑到是否是因胎压不正常才导致了异常磨损，一般情况下，胎压过高会加剧胎面中央的磨损，而胎压过低会加剧胎面两侧的磨损；如果一侧出现偏磨，则有可能是外倾角出现偏差。

3）因事故造成底盘及悬架的损伤。

4）更换悬架、转向系统、三脚架或连杆等底盘零件时。

五、四轮定位仪的种类

1. 激光四轮定位仪

激光是一种新型光源，它是作为测量系统的光源应用于四轮定位仪，由于激光都是以垂直的直线输出的，因此决定了激光束的测量范围较窄，无补偿且需人工计算推力线，其测量精度低，检测速度慢。因光点与刻度的关系，存在人为误差，而且激光很容易受外界干扰，因此用激光作为光源应用于四轮定位仪并不理想。

2. PSD 四轮定位仪

PSD 又称为位置传感器。这种四轮定位仪的工作原理是：当 PSD 的受光面某一位置存在光照的情况下，其输出电流会有所变化，从而可以得到光照位置，它是一种模拟器件。虽然通过使用一些特殊技术可以在一定程度上避免产生这些问题，但是从原理上限制它只能测量单一光点却是改变不了的。PSD 只能使用在工业环境里，也就是说，PSD 的温度漂移严重并且受环境光线的影响。温度变化可以使其输出的零位变化几十毫伏，光线的影响使系统取值不稳定，这两项叠加在一起，便使 PSD 失去了测量精度和设备稳定性。

3. CCD 四轮定位仪（见图 3-11-2）

CCD 是一种半导体数字元器件，又称为光电耦合器件，它可分为线阵 CCD 和面阵 CCD 两种。CCD 是 20 世纪 70 年代初发展起来的新型半导体集成光电器件，它是在一块硅面上集成了数千个各自独立的光敏元，当光照射到光敏面上时，受光照射的光敏元将聚集光电子，通过移位的方式，将光量输出，产生光位置和光强的信息，因此 CCD 具有测量精度高（0.05°以内）、无温度系数、使用寿命长等特点。CCD 技术有良好的环境适应能力；其他技术都有各种各样使用上的限制，比如不能在光线复杂的地方使用、不能有强电磁场、温度不能有太大的变化等，而这些都是普通汽车修理车间的典型环境。那些不能开门、不能开窗、早晨凉快时的测量数据和中午炎热时的测量数据不同、不能有大的电动机在附近的要求，对于四轮定位来说，工作条件非常苛刻。因此，欧美国家生产的四轮定位仪均采用 CCD 技术，这也足以说明 CCD 产品的优势。

4. 3D 四轮定位仪（见图 3-11-3）

3D 测量方式采用图像识别技术，用 CCD 数码相机采集安装在车轮反光板上的图像信息，以测量出车轮的相对精度，人工推动车轮前后移动，由 CCD 摄像头采集信息，求出其坐标和角度。这是一种相当先进的测量方式，欧美用得最多。

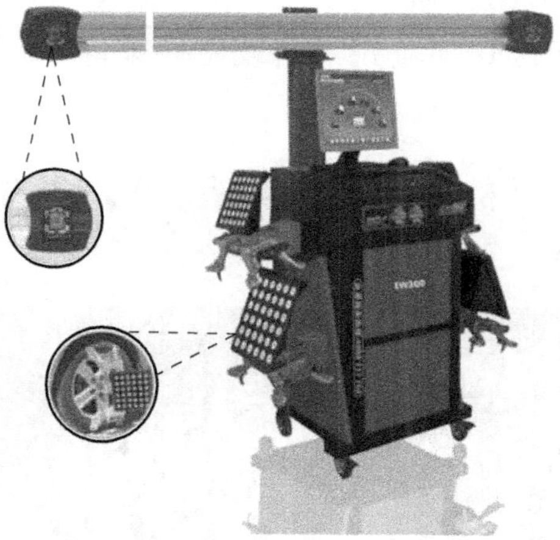

图 3-11-2　CCD 四轮定位仪

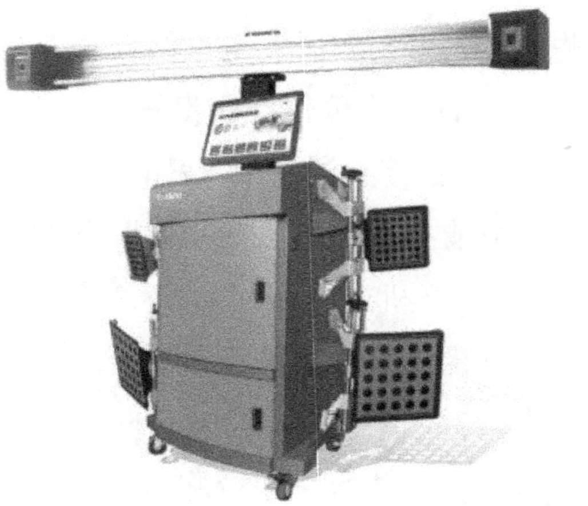

图 3-11-3　3D 四轮定位仪

任务实施

一、工量具、设备及材料准备

使用四轮定位仪对汽车进行车轮定位参数测量与调整所需要的工量具、设备及材料见表 3-11-1。

表 3-11-1 测量与调整所需要的工量具、设备及材料

材料及工量具名称	数　量	是否准备
轿车	1台	是□　否□
四轮定位仪	1辆	是□　否□
四轮定位举升机	1台	是□　否□
轮胎压力表	1台	是□　否□
其他配套工具	1套	是□　否□

二、使用四轮定位仪检测的步骤

1. 检测前的准备工作

1）把汽车开上举升平台，托起四个车轮，把汽车举升0.5m（第一次举升）。

2）托起车身适当位置，把汽车举升至车轮能够自由转动（第二次举升）。

3）拆下各车轮，检查轮胎磨损情况。

4）检查轮胎气压，不符合标准的应充气或放气。

5）进行车轮动平衡，动平衡完成后，把车轮装好。

6）检查车身高度，检查车身4个角的高度和减振器技术状况，如车身不平应先调平；同时检查转向系统和悬架是否松旷，如松旷则应先紧固或更换零件。

2. 四轮定位仪检测步骤

1）把传感器支架安装在轮辋上（见图3-11-4），再把传感器（定位校正头）安装到支架上，并按使用说明书的规定调整。

2）开机进入测试程序，输入被检汽车的车型和生产年份。

3）轮辋变形补偿。转向盘位于直行位置，使每个车轮旋转一周，即可把轮辋变形误差输入计算机。

图 3-11-4 安装传感器支架

4）降下举升机（见图3-11-5），使车轮落到平台上，把汽车前部和后部向下压动4～5次，使其进行压力弹跳。

5）用制动锁压下制动踏板，使汽车处于制动状态。

6）把转向盘左转至计算机发出“OK”声，输入左转角度，然后把转向盘右转至计算机发出“OK”声，输入右转角度。

7）把转向盘回正，计算机屏幕上显示出后轮的前束及外倾角数值，如图3-11-6

所示。

图 3-11-5　降下举升机

8）调正转向盘，并用转向盘锁锁住转向盘使之不能转动。

9）把安装在4个车轮上的定位校正头的水平仪调到水平线上（见图3-11-7），此时计算机屏幕上显示出转向轮的主销后倾角、主销内倾角、转向轮外倾角和前束的数值。

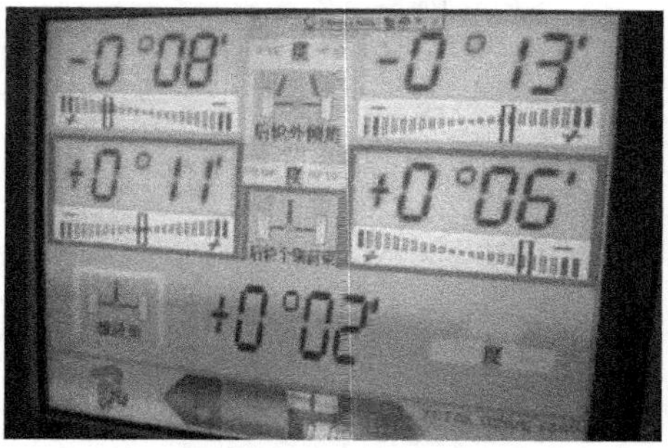

图 3-11-6　数值校对

10）调整主销后倾角、车轮外倾角（见图3-11-8）及前束，调整方法可按计算机屏幕提示进行。若调整后仍不能解决问题，则应更换有关零部件。

11）进行第二次压力弹跳，将转向轮左右转动，把车身反复压下后，观察微机屏幕上的数值有无变化，若数值变化应再次调整。

12）若第二次检查未发现问题，则应将调整时松开的部位紧固。

图 3-11-7　水平仪调整

图 3-11-8　车轮外倾角调整

13）拆下定位校正头和支架，进行路试，检查四轮定位检测调整效果。

知识拓展

一、四轮定位的基本常识

1. 四轮定位维修的好处

1）增加行驶安全性。

2）确保直行时转向盘正直。

3）确保转向后转向盘自动回正。

4）减少燃油消耗。

5）减少轮胎磨损。

6）维持车辆直线行驶。

7）增加驾驶控制感。

8）降低悬架配件磨损。

2. 需要进行四轮定位的情形

1）车辆每行驶 10000km 或 6 个月后。

2）直线行驶时车辆往左或往右拉。

3）直行时需要紧握转向盘。

4）直行时转向盘不正。

5）感觉车身会漂浮或摇摆不定。

6）前轮或后轮单轮磨损。

7）安装新的轮胎后。

8）碰撞事故维修后。

9）换装新的悬架或转向有关配件后。

10）新车每行驶 3000km 后。

二、四轮定位仪保养维护须知

1）该系统为精密设备，为确保系统正常运行，减少故障，延长使用寿命，应保证系统严格接地。

2）由于该系统有高精密电子部件，应轻拿轻放。

3）要保证系统的净洁，避免灰尘对系统的损害，因为灰尘容易产生静电，若设备太脏容易因静电而受损。

4）选择空气流通的地点安装设备，设备的后盖应距离墙面10cm以上。

5）系统工作中，避免移动机箱，以免造成计算机硬盘的损坏。

6）在没有切断系统电源的情况下，请不要插拔系统上的任何部件。

7）请不要快速开关机头电源开关，否则极易损坏内部元器件。

8）由于采用Windows操作系统，按说明书的要求进行计算机的开、关机。严禁非法关机。关闭系统后要再次开启系统，至少等待90s。

9）采用Windows操作系统，因此系统偶尔会有死机现象，一般情况下应视为正常，重新启动就可恢复正常。

10）本产品所带计算机为四轮定位仪专用，无特殊情况用户勿将其移作他用。

11）应避免计算机病毒对计算机的侵害。

12）系统上电后，机头座上有两充电电极，此时电极带电，切记勿使两电极短路。

13）本系统为精密电子产品，远离水、油等导电液体，若液体进入系统，严禁开启系统，应将液体吸干后再进行操作。

14）不要在化学、烟尘集中的场所保存或使用设备。

15）为了精确测量，请确保转角盘、侧滑板的卫生。

16）若环境卫生较差，请定期进行设备卫生清理和保养。

17）确保各个接收视窗干净，以免阻挡光线，影响信号接收。

知识巩固

一、填空题

1. 车轮定位的四个参数分别是__________，__________，__________和__________。

2. 若想改变前束值的大小，只需改变__________的长短。

二、选择题

1. 四轮定位过程中，前轮必须处于四轮定位仪（　　）。

A. 转角盘中心　　B. 转角盘前端　　C. 转角盘后端　　D. 前后均可

2. 安装检测标靶时，检测标靶与车轮的位置必须（　　）。

A. 水平　　B. 铅垂　　C. 左倾斜　　D. 右倾斜

三、判断题

1. 在给车辆做四轮定位时，不需要对四个轮胎的气压进行检测。(　　)

2. 使用四轮定位仪举升起汽车后，不需要起动安全锁，对操作安全无影响。(　　)

3. 四轮定位检测时，车辆可以倾斜地停在四轮定位仪上。(　　)

四、简答题

1. 车轮定位的好处有哪些？

2. 什么情况下需要做四轮定位？